以房养老

柴效武　程扬　著

华龄出版社
HUALING PRESS

图书在版编目（CIP）数据

以房养老 / 柴效武，程扬著 . -- 北京：华龄出版社，2021.2

ISBN 978-7-5169-1824-1

I. ①以… II. ①柴…②程… III. ①住宅－抵押－信贷管理－研究－中国 IV. ① F832.45

中国版本图书馆 CIP 数据核字（2021）第 003145 号

责任编辑 苏 辉　　**责任印制** 李未圻

书　　名	以房养老	**作　者**	柴效武　程扬
出　　版 **发　　行**	华龄出版社 HUALING PRESS		
社　　址	北京市东城区安定门外大街甲 57 号	**邮　编：**	100011
发　　行	（010）58122255	**传　真：**	（010）84049572
承　　印	北京建宏印刷有限公司		
版　　次	2021 年 2 月第 1 版	**印　次**	2022 年 5 月第 1 次印刷
规　　格	787mm × 1092mm	**开　本**	1/16
印　　张	15.25	**字　数**	220 千字
书　　号	ISBN 978-7-5169-1824-1		
定　　价：	96.00 元		

前　言

随着人口老龄化、家庭空巢化问题的日益突出，也随着独生子女政策负面效应的日趋显现，养老已逐渐成为日益沉重的话题。老人该如何养老，才能度过漫长的晚年，并在有限的资源拥有和社会家庭的扶持下，尽量过得舒适快乐，是每个老人和其子女都很关心、引起全社会关注并积极参与的民生大工程。

将老年人身故后仍然遗留房产的巨大价值，通过一定的金融保险或非金融保险的机制和手段，使其在老人生前提前变现套现，形成一笔稳定可靠并延续至终身的现金流入，以补充晚年生活中养老金的不足，即为以房养老。它对加固日益短缺的养老资源保障，减弱日益严重的老龄化危机，提供了一条新的解决途径，对目前多见的“房产富人，现金穷人”尤为适用。

笔者于21世纪初涉猎以房养老和反向抵押贷款的研讨时，这一领域还是冷冷清清，鲜有“光顾”。时至今日，已有大量研究成果出台并成为社会的热门话题。2003年7月，我们在浙江大学召开了以房养老研讨会，会上我提出第三个老太太以房养老的新理念，将以房养老的实质归结为“死后钱财生前用”，并用“60岁前人养房，60岁后房养人”的清晰明白的语言，形象说明了以房养老的指导思想，对以房养老推出将会带来的社会经济效应，以及将会遇到的种种风险等，做出较为清晰的勾勒和描画。

2006年的全国“两会”上，笔者撰写并委托时任全国政协委员、国家建设部科技司赖明司长提交的以房养老提案，一经发布即轰动了全国，上千家新闻媒体、各家网站纷纷转载消息或发布评论，还搞了规模大小不等的各类调查，各种访谈、对话节目也大量出现，成为当年度最为轰动的提案。众多的经济学家、政府官员、金融保险业界人士对此发表谈话，大有“洛阳纸贵”之势，相比较“中国老太太和美国老太太天堂对话”引起的轰动效应而言，可谓不相上下。

2007 年，我们以《以房养老模式研究》为题，获得国家社会科学基金的资助，标志着学术界对以房养老的研究，终于给予了应有的正视和认同。2013 年 8 月，国务院发布《关于加快发展养老服务业的若干意见》，明确提出在我国“开展老年人住房反向抵押养老保险试点”，标志着以房养老正式纳入国家政策的视野。2014 年 6 月 23 日，中国保监会发布《关于开展老年人住房反向抵押养老保险试点的指导意见》，为贯彻落实该文件的有关要求，鼓励保险业探索完善我国的养老保障体系、丰富养老保障方式的新途径，标志着以反向抵押贷款为形式的以房养老在我国正式推出。时至今日，已经有幸福人寿和中国人寿两家寿险公司先后开办了这一业务。

为反映最近多年来我和我的学生对此课题的研究成果，2008 年，我们出版了《以房养老研究系列丛书》，包含《以房养老机理》《以房养老模式》《反向抵押贷款制度》《反向抵押贷款运作》《反向抵押贷款功用》《反向抵押贷款运作风险与防范》《反向抵押贷款产品定价》七本论文集，共计 230 余万字。随后又先后出版了《以房养老漫谈》《以房养老释疑》《未来靠啥养老》《以房养老理念与模式》等通俗读物和《反向抵押贷款》《反向抵押贷款产品定价机理暨方法体系研究》专著。2019 年 12 月，我们出版了《养老保障与养老模式探寻》《以房养老机理与模式运作》《基地养老机理与资本运作》《反向抵押贷款状况与运作》《反向抵押贷款产品定价与风险防范》五本论文集，又以 332 万字的篇幅对以房养老、反向抵押贷款及其他相关内容等，做了全方位的探讨。同时，我们还翻译了来自美国、英国、日本乃至澳大利亚等国同行对本课题研究与运作的资料文献，多达百余万字。

以房养老是一种新的养老理念和生活方式，是一种横跨房地产、金融保险、养老保障三大领域，并涉及各相关学科的新的思想体系。反向抵押贷款则是基于该理念基础之上的一种具体的操作工具和金融产品。以房养老是有关国计民生的宏大课题，又是前人尚未给予很好开拓的全新课题，对此的理论研究今日已有了众多成果，但有关我国老年人群的收入状况、房产状况及以房养老参与意愿的详细调查统计数据，尚是十分缺乏，相关的产品定价、风险防范体系的探讨，也有诸多缺陷。作为一项宏大事业的开办，并真正能走向千家万户的晚年生活尚是任重道远，需要我们为之付出毕生的努力。

尽管以房养老的理念与运作方式，在中国还处于理论探索与实践操练中，但却渐渐跃入眼帘，成为人们可以随手触摸的现实。这里将我们的研究成果奉献给大家，为的是抛砖引玉，希望有更多的学术界人士和关注这一话题的人员，积极贡献自己的聪明才智，共同参与本课题的研究，并大力投入这一宏伟事业之中。更希望有众多的银行、保险机构积极推出相应的金融寿险产品，为社会和亿万老年人的养老保障大业造福。

可以预想的是，以房养老理念的深入人心，以及相关的基地养老、以地养老等宏大事业的连带运作，一定能在我们的神州大地生根、开花并结出丰盛的果实，最终成长为一棵棵参天大树。我们只要遵循以房养老的理念，认真实践本书介绍的若干操作办法，完全可以让老人的房子变为晚年足以舒适享用的衣食之源。对加固我国本已脆弱的养老保障体系，丰富过于短缺的养老资源，并以此拉动国民经济生活的全面增长和整体进步，产生出巨大效应。笔者为此感到十分荣幸之时，也深刻地感受到巨大的社会压力和责任，这都促使我们将这一造福于亿万民众的宏大课题，作为值得终生为之拼搏的大事业，运用毕生的精力持续不断地做下去，做大做好，做出实效，以对得起大家的厚望。

目 录

第一章 养老 001
一、养老问题的提出 001
二、老年人的收入与消费 005
三、家庭养老 018
四、家庭养老的状况与变革 025
五、社保制度的缺陷与补救 032
六、以房养老是社会养老保障发展的大趋势 038

第二章 住房 041
一、住房的特性 041
二、住房的价值 044
三、住房的功能 049
四、住房养老保障功能的特别解说 054

第三章 以房养老机理 061
一、以房养老的缘由 061
二、住房为何能用来养老 066
三、什么是以房养老 068
四、三个老太太的 PK 大赛 074
五、60 岁前“人养房”，60 岁后“房养人” 078
六、以房养老的参与对象 082
七、以房养老应具备的住房资格 086
八、以房养老的理论依据 090

第四章　以房养老的功用 096

一、以房养老增加养老资源，提升老人生活质量 096
二、以房养老促动金融保险业创新与发展 097
三、以房养老是融资理财养老新模式 098
四、以房养老可促成儿女的自立自强 101
五、以房养老促动社会文明进步 102

第五章　反向抵押贷款 104

一、反向抵押贷款的含义 104
二、反向抵押贷款运作的状况 105
三、反向抵押贷款的优越性 109
四、反向抵押贷款给付金额计算 111
五、反向抵押贷款业务开办示例 118
六、反向抵押贷款运作的问题 122

第六章　以房养老模式 126

一、以房养老运作模式的一般说明 126
二、售房养老 127
三、投房养老 128
四、换房养老 131
五、售房入院养老 136
六、租房入院养老 140
七、合作建房共住养老 142
八、合居共住养老 143
九、招租养老 149
十、购房养老 150
十一、合资购房养老 155
十二、父母联合儿女购房 158
十三、家内售房养老 161
十四、以房换养 163
十五、融房理财养老 164

第七章 三子养老 167
一、家庭的财富积累与养老模式 167
二、"三子养老"理念的提出 168
三、养儿子还是养房子 170
四、房子养老与货币养老 178
第八章 风险 185
一、风险初评 185
二、主要业务风险列示 186
三、其他业务风险 197
四、防范风险的若干举措 205
第九章 需要做的工作 207
一、调查 207
二、以房养老市场 209
三、各种难题制约以房养老 211
四、形势展望 215
五、应做工作 217
测试：你适合哪种养老模式 223
一、以房养老的模式有哪些 223
二、了解自己的基本状况 224
三、评析原则 227
四、以房养老研究课题列示 230

第一章 养老

一、养老问题的提出

以房养老理念的出现并非空穴来风，也非我们灵机一动的产物，而是有着深刻的思想内涵和深厚的经济社会背景。今天我们为什么要推出这种特殊的养老模式？诸如社会保障体系不健全、养老资源匮乏、社保制度碎片化严重、养老金欠账难以弥补等，已为大家密切关注。20 世纪 70 年代末期推出的独生子女政策，积极效应固然十分明显，但由此导致的负面影响也日趋显现。老龄化、高龄化、少子化和空巢化等诸多问题，在我国正以比国外快得多的速度日益显现。以房养老这种新型养老模式在我国的实施，不论是迫切性或社会意义，都更甚于其他经济发达国家，对此话题的热切研讨是十分必要且很及时的。

既然谈到养老这个“火热”的话题，首先需要对我国的老龄化和相关的养老状况有所了解，大致可呈现出以下方面。

（一）目前老龄化状况及发展趋向

按照联合国制定的标准，一个国家或地区 65 岁以上人口占到总人口的 7%，或 60 岁以上人口占总人口的 10% 以上，即宣告进入老龄化社会。我国选择的是 60 周岁的标准，据此评判，我国于 1999 年就已步入老龄化社会，且老龄化程度持续加深，速度日渐加快，养老问题日益突出。时至 2020 年底，60 岁及以上老年人已达到 2.64 亿人，占全部人口的比例达 18.7% 之多。

据专家考证，我国有利于经济发展的低抚养比的“人口黄金期”，将于2030年宣告结束。预计到2040—2050年之时，我国老年人口的数量将达到峰值状态的4.54亿，占到届时我国总人口的38%之多。21世纪下半叶直到2100年，我国老年人口的规模、老龄化乃至高龄化程度，都将在高水平上保持基本稳定，老年人口总量虽有所下降，但仍将保持在3亿以上。展望整个21世纪，都将是我国人口老龄化最为严峻的时期。今天大家都在高喊“狼来了”，对此有了空前的紧迫感。可设想，当社会发展到某一天，举目望去到处都呈现一片白发苍苍、老态龙钟之景象，又将会发出何种感慨呢？

再从微观小家庭来说，目前是几个子女养活一个或两个老年人，大家还都在发愁照管不过来，养老重负难以承受，养老金不够花销，一旦老父母得了大病重病等，更是全家人难以安宁。父母子女之间有关房产、赡养的纠纷、虐待老人等也是频频出现，还出现了孤寡老人在家中亡故十多天儿女、邻居还不知情的惨状。到将来盛行的“四二一、四二二”式家庭里，两个中年夫妇同时养活四个乃至更多的老年人，还要养育自己的一个到两个孩子，又将会出现何种状况呢？

（二）我国人口老龄化的特点

我国的人口老龄化同世界上其他国家相比较，有如下特点：

（1）人均寿命大幅增加。随着经济社会发展、居民生活质量提高和医疗水平改善，人均寿命大幅增加。20世纪五六十年代里，我国人均寿命还只有50多岁，发展到90年代已达到约70岁，目前部分发达省市的人均寿命已接近或超越80岁，处于发达国家的高水平。过去是人活七十古来稀，今日是人活九十不稀奇。据科学家预测，到2300年，世界人口的平均寿命将达到创纪录的100岁，大家都是百岁老寿星。

（2）老年人口基数大，增长速度快。有关统计资料表明，英国完成老龄化进程大约用了80年，美法等国实现这一转变分别用了上百年时间。我国则是从1980年到1999年的短短19年间，人口年龄结构就完成了从年轻型、成年型向老年型的快速转变，老年人口增长率远快于总人口的平均增长率，成为老年人口最多和增速最快的国家。

（3）人口发展的趋势已非老龄化，而是高龄化。目前，我国 80 岁及以上的高龄老人为 3000 余万人，约占老年人口的 14%，近几年更以年均 4.7% 的速度增长。未来，这一指标将保持在 8000 万人以上，高龄化水平达 25% ~ 30%，重度老龄化和高龄化问题愈益突出。

（4）我国面临人口老龄化和人口总量过多的双重压力。人口过多是中国的基本国情，长期坚持计划生育的国策，人口增长势头得到有效遏制，但人口总规模仍然高达 14 亿人，预计到 2030 年将达到最大规模 14.65 亿人。人口过多使得计划生育政策的松动姗姗来迟，又进一步加快了老龄化的进程。整个 21 世纪里，两方面压力都将始终交织一起，给我国的经济社会发展带来严峻挑战。

（5）人口老龄化与社会经济发展水平不相适应。欧美发达国家进入老年型社会时，人均国内生产总值一般都达到 8000 ~ 10000 美元的高水平；我国则是在经济尚未充分发展、居民收入尚未大幅提升的 1999 年，提前进入老龄化社会。当时，我国人均国内生产总值尚不足 900 美元，目前也才刚刚跃出 10000 美元，可资利用的公共养老资源匮乏，是典型的“未富先老”。

（6）独生子女占多数。人口快速老龄化的缘由，不仅是人均寿命快速提升和死亡率大幅降低，还在于出生率加速下降。我国自 1979 年实行计划生育政策以来，迄今独生子女数量已接近 2 亿人，独生子女家庭超越家庭总额的半数。预计到 2030 年，独生子女与独生子女通婚成家的比例将会高达 60% ~ 70% 之多，使得家庭养老保障的功能急剧弱化。

（7）家庭空巢化。国家老龄委曾对全国 10 余个大城市老年人口的生活状况抽样调查，得知空巢老人的比重已占到老年人总数的 56.1%，空巢率最高的沈阳某区达到 73.1%。这些老人虽然有子女，但因子女出外工作、学习或婚后分居等，又都不在身边，生活起居无人照料，精神慰藉常感缺乏。随着独生子女家庭的增多，家庭生命周期逐步进入老年，空巢家庭比例将会更高。不仅是年轻人婚后就迫不及待地要求“分灶吃饭”，大多数老年父母也在做着同样的打算，使得老人处于主动或被迫自己照料自己的境地。

（三）养老的重任

传统的养老形式是养儿防老，但人口老龄化、家庭小型化和空巢化日益严重的态势，使养儿防老的现实性大为减弱。金钱不是万能的，但没有金钱是万万不能的，对养老而言更是如此，首先需要考虑的就是“钱从哪儿来”的大问题。根据我国人口的发展态势，未来我国养老资源保障体系的建构，必须考虑到如下状况。

（1）我国长期实行“一孩化”计划生育政策，饱受宠爱被娇惯成“小皇帝、小公主”的独生子女，目前已相继步入婚配成家、承担社会责任的年龄，开始组成新的家庭，导致结果是“四二一”家庭大量涌现并日益占据主导地位。未来人口发展态势是“父母越来越多，儿女越来越少”。这一严峻局面加重了他们的经济和精神负担，稚嫩的肩膀能否担当起养老重任呢？值得怀疑，单单依靠养儿防老不大现实了。

（2）20 世纪五六十年代里，人均寿命只有五六十岁，往往是大家刚退休没有过上几年好日子，就已一命呜呼；目前大家轻轻松松就可以活到七八十岁。中国男性一般为 60 岁退休，平均余命 19 年；女性 50 ~ 55 岁退休，平均余命 25 年，养老时间日益延长。20 世纪 90 年代初，我国尚且是 15 个在职人员养活 1 个退休老人，现已变成三四个在职人员养活 1 个退休老人，不远的未来将会是两个在职人员养活一个退休人员。寿命延长是大好事，但养老负担大幅加重却非令人高兴之事。

（3）目前的老年人，大都是从过去的苦日子中走来，勤俭持家为生活信条，对晚年生活的期望标准和要求较低。认为现在状况与过去相比已是好得太多，人老了没有太多追求，只要不“冻着饿着，凡事凑合着”就行。但目前的中年人走向晚年后，却绝对不会再如此思考问题，他们从“将就”走向“讲究”，要求的是生活体面与人格尊严，追求的是人生的美好享受，谈论的是“没有千万元积累无法养老”，对养老质量与标准提出高要求，使得未来需要动用的养老资源大幅增加。

（4）过去的家庭大多是经济困难，住房小，条件差，三代同堂，父母与子女一起生活居住；今天大家生活好了，住房大了，子女婚后大都同父母分开单独居住。一个家庭分割成两个生活单位，“人多力量大、生活成本节约”的规模效应大幅丧失，居住与养老生活费用大幅上升。

（5）长期延续的通货膨胀，负面影响不容小觑。即使每年通货膨胀率只有3%，25年后物价也足以翻番。老年人的消费品以食品、日用品、医疗保健和护理服务为主，物价涨幅表现得更高一些。经济体制改革的40多年来，物价已增长数十倍，三四十年后的物价又将维持在什么水平呢？肯定比目前高多了。

综上所述，生活质量提升，医疗保健技术升高，导致人均预期寿命大幅提高；出生率快速下降，死亡率大幅降低，养老期拉长，养老标准与质量提升，空巢家庭增多，物价连年上涨，使得养老成本翻番增长；家庭养老功能大大减弱，子女养老较大程度上已沦为一句空话。这固然是经济发展、科技进步、生活水平提高的必然趋势，但日益增多的老人和日渐提升的养老负担，又是我们必须面对的一大危机。

二、老年人的收入与消费

（一）老年人收入有限，储蓄补充养老占据主流

根据国家老龄委对老年人生活质量调查的报告显示，我国老年人口的生活状况较之前有较多改善，达到了温饱状态，或距小康水平也差距不远。但在有退休金的老年人中，有四成老人对仅靠养老金维持退休后的生活缺乏信心，担心有限的退休金养活不了自己，六成老人觉得还得“靠自己另外攒钱养老”。

对中国大众而言，储蓄存款是保障晚年生活的主要方式，如81%的受访市民打算用储蓄的钱款养老，仅有12.4%的人表示会通过其他办法完成存钱目标。调查还显示，65%的人表示，自己的理财规划中有针对养老保障的内容；66.5%的受访市民购买了养老保险，17%的受访父母打算购买相关保险，35.9%的受访父母购买过储蓄返还型保险。

我国目前的城乡居民储蓄总额已经达到70余万亿元，其中为将来养老做准备的份额为多大呢？有19.9%的人认为有6万元是为将来养老储备，16.3%的人表示将拿出其中的7万~10万元用于养老；19.2%的人表示10万~20万元用于养老；2.9%的老年人表示养老储蓄达到100万元以上，才

能安享晚年生活。

漫长的晚年生活里，老年人单靠退休金远不足以维持正常生活。事实上，国家给老年人发放的退休金，最多只相当于退休前收入总额的 58.5%。且退休前工资收入越高，退休后养老金的占比就越低。假设某人平均月薪 5000 元，养老保险缴费期 15 年，退休后每月可领取养老金不足 2500 元。如在职时工资不到 4000 元，未来能拿到的养老金肯定只有 2000 元左右。

（二）老年人退休后支出有减有增

就目前的生活水平而言，人们退休后需要多少养老金，才能维持退休前的生活水准呢？并无一定之规。据来自多方面的观察看，人们退休后要维持与退休前同等的生活水平，并非一定要有退休前 100% 的收入。原因如下。

（1）人到老年时代，最大变化是身体的持续衰老及因此引起的心理状态变化。老年人不仅身体器官易生病变，且易被外界的病毒侵蚀，发生疾病，同时因身心衰老引起心理性格的变化，也会导致某些病态的发生。老年人口的患病率较高，对医疗卫生保健方面的需求显著上升。老年期开销加多的一项，是将有较大花费用在医疗保健和护理上。如 2020 年的新冠病毒感染者中，大多数属于老年人，且感染后的康复也大大弱于年轻人。欧美的众多养老机构，更成为新冠病毒搅扰的重灾区。

（2）文化娱乐需求量猛增。老年人退出工作领域后，活动范围突然间大大缩小，闲暇时间大量增加，若不积极参与文化娱乐活动，极易产生不适应清闲生活的感觉，如经常出现的“退休综合症”等。文化娱乐生活对老年人身心健康的效用，甚至会超出医疗保健。许多老人尤其是女性老人，退休后的文化娱乐需求丰富多彩，如跳舞、旅游、作画、理财、体育、打牌等，要求住区附近有相应的服务设施。

（3）居住方面更注重生态环境与交通便利。老年人对居住环境的要求较高，希望住得宁静舒适，独立的卧室是基本需要，有相当数量的老年夫妇，希望配有厅、厨、卫等设施齐全的套间。周边环境要安静、空气清新、环境优美，但不宜远离城区，以免造成相对的隔绝感，最好能靠近交通干线或公交线路，方便家人常来探望。某些老人居住房屋因年代久远，需要有较多开销用于住房的维护修缮上。

（4）人们退休后，吃穿行用等需求下降，文化娱乐、上下班交通费、交际招待费、职业着装费大幅减少。但吃的方面讲究健康与营养，穿的方面讲求舒适方便，不赶时髦，行的需求大量减少，但对旅游观光、休闲度假则产生较高兴趣。

（5）退休老人同中青年人员相比，大都有了自己的住宅，还房贷压力大幅减轻或完全消除，住房开销要低得多。据美国的一项数据，60～69岁的老人中，有71%拥有自己的住房，且其中80%已完全付清贷款本息。我国的这一状况则要更优一些。

（6）退休前获取的收入，有相当部分要缴纳个人所得税和五险一金，退休老人的养老金收入则完全免税，其他需要缴纳的税费也有较大优惠或免除。

老年人退休后的生活方式和相关费用的变化，大致如下表所示。

退休后费用变化情况

费用项目与标准减少	费用项目与标准增加
年龄越大，食品消费越少	身体状况逐渐变差，医疗保健受到关注，相关费用大幅增加
外面就餐、工作餐和交际往来的餐饮将会有较多减少	健康计划、牙科计划、团体医疗计划等有较多提出
衣服和清洁不再需要业务套装，穿着以舒适便利为主	根据年龄，将大量借助于社会服务，自己做家务会越来越少
房屋清洁（对居住生活质量不再做过多讲究）	加大旅游娱乐力度，越来越多地享受娱乐保健活动
会搬入较小的房屋或居住于养老机构	可能会改善住房质量，搬入更适合养老地段的房屋
住房按揭贷款已全部或基本付清，压力减弱	医疗护理保健费用将有较多增加
各项税费的缴纳将会有较多减少或免除	旅游文化娱乐费用会有一定增加

据美国一项研究家庭人均收入与平均生活费开销的报告表明：1990年，一般家庭的平均生活费开销是28369美元，年龄在65岁至75岁之间的老人，平均开销是20895美元；年龄在75岁以上的高龄老人，年均开销则降低至15448美元。相关专家认为，退休人员只需要退休前收入的75%，就可以大致维持退休前的同等生活水准。依照这一标准，我国现在执行的58.5%的替代率显得较低，大家要想退休后的生活水平不致降低，就必须

增加新的养老金来源。

通过调查来看，老年人经济状况的基本表现是：女性老人比男性老人的经济状况要差，高龄老人比低龄老人的经济状况要差，总体生活水平普遍比其他年龄段人口要差。鉴于自我养老的储备较少，除部分城市老人外，农村老人普遍担心退休生活的经济来源和医疗用费开销。

（三）老年人的消费特点

退休老人的消费特点是：收入相较在职时大幅下降，财富积累则几乎达到人生的最高状态，各项开支有增有减。需要将部分凝聚在住宅上的财富转化为现金收入，用于弥补消费的需要。

（1）老人有一定财富积累，如储蓄存款、股票债券等金融资产和住房资产。改革开放后，部分老年人拥有可观的资产，能充分满足其晚年提升生活质量乃至改善居住环境的要求。但多数老人的经济状况和财富积累并非十分宽裕，且不同老年人之间财富积累有较大差异。

（2）大部分城市退休职工拥有较可观的养老金和子女赡养收入，但多数农村老人和部分城市老人的养老保障机制才初步建立，必须依靠儿女养老，或年龄很大时还在继续劳作，活到老干到老，难以很好休息。

（3）子女养育和受教育费用可称为人力资本投资，老人的日常花费则纯属消费行为，不能称为投资。多数老人退休后成为纯消费者，部分老人还会继续参加社会劳动，到 65 岁才会真正退回家中休息。

（4）老年人的寿命预期带有较大偶然性，要在一般寿命状况的基础上，根据个人的生活方式、居住条件、经济状况、身体健康及其他原因等调增调减，最终得出尚存余命，并据此安排养老期间的财务规划。高龄老人有着更加漫长的消费年数，女性老人退休早，寿命长，纯消费年限更要长得多。

（5）随着老人年龄增长，身体状况逐年变差，各种病症接踵而来，难以应对，医疗护理需求带有较大偶然性，尤其是老人患有大病重病时，医疗护理费用开销更属于“无底洞”。

（6）老年人的财力大多来自中青年时代的财富积聚，随着寿命延长和收入大幅减少，财富存量只能是坐吃山空，有减无增。

（7）老人所处年龄段不同，消费会有侧重，低龄老人以休闲旅游消费为主，高龄老人以医疗健康和护理服务消费为主。老年消费较看重商品和服务质量，休闲与服务性消费占比较大。

（8）老年人的生活消费力求勤俭节约，对资金的配置要求稳妥，慎言投资冒险，讲求经济核算，注重资金的使用效益；消费观较为成熟，讲究实惠，冲动型消费和盲目消费减少，富有为家庭、为子女的牺牲精神，但消费观显得相对保守，对新潮消费的反应较为迟钝。

（四）我们需要多少钱养老

我们决定是否需要参与以房养老之时，首先需要了解漫长的退休时代需要多少钱来养老，按照目前的收入状况还差多少，住宅换钱又可以弥补多少。或者说，我们可以借助这一办法将在多大程度上提升自己的晚年生活。通常来说，它需要以“现在的收入状况和生活水平为据，估算预期余命尚有几何，以不降低当前的生活水平为标准，计算距离死亡时大致需要多少钱财使用”。如老人甲准备 60 岁退休，预计每月生活费 3000 元，按平均寿命 80 岁计，需要 3000×12×20=72 万元养老金。当然，这只是保守算法，并未考虑物价上涨和医疗护理因素，以 3% 的通胀率计算，上述数据会上升到 96.7 万元，再加难以预计的医疗护理用费，减除医疗报销的钱款，120 万元是需要的。一个家庭以老两口计算，总计数值的确定就可想而知。

日常生活费的计算是相对容易的，晚年生活中特别关注的生病护理等，则是难以估量。各人可以根据自己的身体健康状况和可能需要的医疗费，减除医保承担部分等，再加上一个庞大然而又很不确定的数额。

上述计算以 3% 的物价上涨为基数，如回顾改革开放的 40 多年来，我们的工资和物价涨了多少倍，年均数值远不止 3% 所能体现。如期望退休后仍保持较高的生活品质，光靠社保金是远远不够的，应尽早为退休做好物质准备，既包括通常谈到的积极参与养老储蓄、商业养老寿险和医疗保险，更需要考虑为以房养老而事先储备好房屋。

小资料

1. 退休养老需要资金的测算

合理可行的退休养老规划，离不开对如下环节的细致考察：

（1）确定退休目标，意指人们退休后追求的某种生活状态，可将退休目标分解为退休年龄和财务目标两个因素；

（2）目前年龄和希望退休时的年龄，尚存年龄差距还有多大。预测自己退休后可能会生活的年数，一般根据当地社会平均余命，考虑个人的生活习性、身体健康状况、居住环境，等等，适当增加或减少一定年限设定；

（3）预测并确定退休收入目标，这是制订退休计划的重要步骤。现实情况是晚年财务预算和实际执行状况会受到社会经济环境变化的影响，包括薪资水平变化、投资市场行情变化等。

（4）依据国家规定的社保金发放的标准或所服务公司的退休章程，计算自己退休后每月可能得到的养老金、鳏寡孤独补助、低保金的数额。

（5）预测来自商业寿险养老金返还、公司年金、子女的定期馈赠、自我投资收益、养老储蓄、兼职工作收入、资产出售收入及其他资金的来源渠道和数额为几何。

（6）根据退休当时的月生活水准，考虑晚年生活的需要增减若干项目，提升或降低某些档次标准，预计退休后每年的消费额度。

（7）预期漫长退休期间可能会遇到的通货膨胀率，及个人用于养老补充资金的年投资报酬率的高低。

（8）考量退休后每年度需要养老资金和每年度能够得到养老资金的数额，计算两者之间的差额。供应大于需求时，可相应提升养老生活的质量和品位，入不敷出之时，则应对不足部分组织相应的资金来源，并做出相应的退休养老规划。

（9）具体执行编制好的退休养老规划，并根据实际情形变化相应调整和修订规划。

需要说明，准确预测退休收入和支出消费目标较为困难，需要把问题和困难考虑得多一些，从最坏处打算，才能得到最好的结果。

2. 自我测定退休养老期间的财务状况

当你年届退休，请用下面的检查表评估自身的财务状况，千万不要等待，否则会丧失提高未来理财独立性的机会。

（1）你是否和家庭成员定期和坦率地讨论理财计划？家人是否认同你年老时的理财目标和生活方式？

（2）你的身体健康状况如何，是否有何种大病重病；你的生活习惯如何，预计还有多少存活寿命？

（3）你的儿女和孙儿女的收入财富状况和情商状况如何，是高于、低于还是相当于自己的收入财富状况，能否在你有需要时给你以较好的援助和支持？

（4）你目前拥有住房的面积、功能和价值状况如何，是否考虑过在资金不足时参与以房养老？

（5）你退休后的收入来源有哪些？如社保金发放、发挥余热赚取收入、养老寿险金返还、储蓄存款支取、子女资助等。

（6）退休后养老收入来源的金额有多大，能否满足晚年生活需要，还有多大欠缺？

（7）各项养老收入来源的时间和进程如何安排，能否赶上养老支出开销的需要？

（8）目前每个月的生活费开销有多大，如期望退休后仍旧保持目前的生活品质不致下降，每个月需要开销的费用又会达到多大？

（9）你希望的晚年退休生活是高于、低于还是相当于目前的生活状况，为此需要开销的费用是高于、低于还是相当于目前状况？

（10）退休后每年度的收入状况能否满足该期生活费的开销状况，不足部分准备如何解决？

（11）退休后可能发生的某些重大事项开销，如大病重病、生活不能自理时，是否有个大致预计和较好的财务安排？

（12）你的人生还需要安排哪些重大事项，是否退休之时已在财务上有了较好保障？

（13）是否对为子女或孙子女留得较大限度的遗产存有很大兴趣，甚至不惜降低自己晚年的生活水平?

（14）退休后准备每年旅游度假吗，花费费用预算如何，是否已有较好安排?

（15）退休后是否还有未竟事业要继续完成，为此需要的财务开销是否有较好安排?

（16）是否按计划进行储蓄，并逐步从增长型投资转移到安全的收益型投资?

（17）你知道自己退休后的医疗健康保险来自哪里? 有无参加其他商业性的医疗健康保险，保险的范围有哪些?

（18）是否审查过自己的健康保险，考虑将此转换为现金、调换其他投资品种吗?

（19）是否有信用记录，信用记录的正负状况如何，会否对晚年生活带来某种负面影响?

（20）是否注意到晚年财产信托业务，是否准备参与这一事项?

（21）退休后准备在哪里生活养老，是现在的住所，或是购买更适合的住所，或是到养老机构或养老基地养老?

（22）是否知道自己的退休规划以及将财产遗传给后代时的税负状况，有何负面影响?

（23）是否已立有遗嘱，或律师委托书等法律文件说明你死亡或患上丧失意识的疾病时的意愿?

（24）你的子女或其他家庭成员是否知道你保存重要文件的地方，以及一旦有问题发生时的联络人?

3. 退休养老金供应不足时的养老规划修订

（1）退休期间养老生活质量和标准有较大提升，服务内容有较多增加，生活用费需要大幅提升，故此养老金显得有较大不足。

对策：想方设法增加晚年的收入途径和数额，否则降低晚年的生活标准和质量品位，能不花的钱财尽量不花，节约各类生活费用开销。

（2）个人自我投资的收益率没有达到预想的标准，或还出现巨额亏损，为此养老金储备出现了较大短缺。

对策：学习投资理财的技能，整理好资产投资组合，搞好项目投资，尽可能提升投资收益率，减少亏损，否则就坚决撤出投资理财市场，改为其他更为妥帖的投资方式。

（3）通货膨胀率超出预定的标准，每月需要支付的生活费可能大大超出预期。

对策：从四十岁开始，尽早做出参与商业险养老寿险，退休投资理财，为抗御通货膨胀事先做好储备养老金的打算。

（4）每月生活费结余大幅减少，或要将该笔款项用到其他预料不到之处。

对策：开源节流，想方设法增加收入来源的渠道；减少日常生活中的人情往来、奢侈浪费等无谓的费用开销，家庭预算中增设预备金项目，应对此类事先难以预料的开销。

（5）子女生活遇到较大困难，要给予相应资助，或希望身故后能给子女留取较大数额的遗产。

对策：子女教育时期，尽力培养好子女的智商和财商、情商，增强子女的独立自主意识和能力，晚年生活来自子女的赡养金可望有较大增加。子女生活遇到困难应予帮助，父母子女合力共渡难关，但遗产传承给子女的情结不必过于浓郁。

（6）身体健康，寿命超出预想的期限大幅延长，原本准备的养老金出现较大缺口。

对策：利用房子在自己身故后仍然具有的较高价值，提前变现套现实现以房养老。

（7）漫长的退休生活中，出现某些难以预料的大病重病事项，致使费用开销远超出预算。

对策：加强身体锻炼，提升身体素质，减少疾病发生；缴纳医保费用，参与商业性医疗健康保险，减弱退休后的医药保健费用的开销。

（8）考虑晚年生活适当留有余地，备而有余，勿使短缺。年轻时穷困不算穷，老年时贫穷才是真的穷。

对策：延长退休年龄，或退而不休，发挥余热，继续从事有报酬的职业劳动。

（9）退休后希望能够居住到山清水秀、生态环境优美的地域安度晚年，可能为此要增加费用开销。

对策：变换晚年居住养老的场所，到生态环境优越的农村或养老基地居住，不会增加费用开销，相反会大幅降低生活用费，提升养老质量和品位。

（五）老年人的房产与收入

老年人的养老资源拥有状况及配置如何，需要分析其财富与收入消费的状态。这种分析并非简单以当时获取收入为唯一标准，还要考虑老人拥有房产和金融资产几何，以及抚养子女的状况为何。至于锅碗瓢盆、家具衣物等资产，固然为养老生活所必需，却不必做重点考虑。老人对房产和货币的拥有大致可分为如下四种。

1. 无房产无养老金收入

这些老年人是标准的城乡贫民，既无归属自己的独立房产，也无较多的储蓄存款和稳定可靠的现金流入。他们只能租住狭小且不适于居住的房屋，或还需要接受救助、低保等，才能勉强维持生活。

这些老人如子女孝顺生活还算差强人意，日子在子女接济下可勉强维持。如子女的经济状况也很窘迫，或子女的经济状况虽好，却对贫穷父母的晚年是不闻不问，日子就很难打发了。前类老年人应是政府的重点救济对象，后类老年人除政府给予一定救济资助外，还应强令其子女担负起应有的赡养责任。如在子女每个月的收入预算中，强制截留部分用于供养父母，或要求子女为父母建立专项保险，供父母晚年生活专用。

2. 无房产有养老金收入，有笔储蓄存款

老人手头有一笔储蓄款用于养老，却无归属自己的房产和持续稳定的退休收入。在运用得当的状况下，可借此形成稳定可靠的现金流入来养老。如某老太太有 50 万元年金式储蓄存款，年复利率 4%，预期该老太太尚有 15 年寿命。计划到老太太寿终正寝时，将 50 万元存款及累计利息收益都花销得干干净净。经计算，每年可得到本息收入 48170 元，每月 4000 元。老太太用这笔钱交付房租和生活费，或直接入住养老院均可，虽不能说很宽裕，却能较好地维持自己的晚年生活，或还可以适度节约，防备很可能出现的大额开支。

老太太若有自己的子女，子女又能给予一定照顾时，晚年生活不会有太多焦虑。但如老太太没有子女，或有子女也和没有差不多，若发生某些偶然事项需要大笔钱财时，还需要政府给予相应资助。再者，刚才谈到老太太将50万元存入年金式养老储蓄，利率也以较高的4%复利计算。但我国目前尚未开办这类高计息、免税并专门用于养老的年金式储蓄，是个大缺陷。全国老龄委有必要协调财政、税务、中国人民银行等部门，将这类新储蓄业务开办起来。

3. 有房产无养老金收入

目前，许多老年人虽然拥有较好的住宅，却是“抱着金饭碗讨饭吃”，整日发愁没钱用。如某老太太手头有一套颇有价值的住宅，但储蓄存款和其他养老金收入却是全然短缺。通过对该住宅资产的金融运作，即我们这里谈到的反向抵押贷款，老太太仍可继续住在自有住房，每年还能得到一定的现金流入，晚年生活应是较为宽裕，且会显著高于未进行金融运作的老太太。老太太如有儿女，儿女对老人又很孝敬时，晚年应当是很幸福。假如老太太没有儿女，一个人居住在大房间颇感寂寞时，还可以申请入住优质的养老机构，自有住宅出租获取租金收入补贴，又是一番新天地了。这类老太太目前为数众多，号称“穷得只剩下一套房子了”，精心运作用房产养老，值得给予重点关注。

4. 有房产有养老金收入有储蓄存款

老年人在晚年生活中既拥有可观房产，有较多储蓄存款，又有雄厚的养老金收入时，晚年生活应是十分幸福。他们不需要儿女或社会的接济资助，甚至也不必要考虑这儿谈到的以房养老，就完全可以凭借自己拥有的各种财力，将晚年生活安排得舒适如意。这时需要关注的是如何为老年人提供更为舒适的养老环境和条件，供其幸福安康地安度晚年。

当然，这部分老年人愿意接受以房养老时，可将其晚年生活安排得更为妥帖，如像传说中的美国老太太那样周游世界各地、吃西餐、爬长城等，也是完全可行。据称美国正有一批老年人借助于住房的价值变现，过着可称作“奢侈”的生活。

以上谈到的第三与第四类老年人，正是以房养老模式服务的对象；第一类老年人是社会救助的对象；第二类老年人则需要金融保险机构开办新的金融保险产品，助其渡过难关。

（六）贫困老人的标准

经济体制改革开放以来，我国人民群众的生活水平有了大幅提高。经济的快速发展要求社会保障体系随之完善，低保制度也相应建立起来。对贫困老人发放生活费补贴，保障其晚年生活的基本条件，是政府对贫困老人应尽的义务和责任，非常必要。低保救助制度的实施，使得低收入老人露出了笑脸，同时也带来种种议论值得商榷。如补贴标准应怎样制定，使得救助金发放能真正起到济困扶弱的功用，减少和避免其间可能出现的某种不合理现象。

何谓贫困老人？需要界定相应的标准，如替代以低保对象，大家不会有太多反对。目前我国低保救助的工作实践中，低保对象的评定往往只看当时期固定收入的有无，如每年家庭收入低于某一标准者，即可申请补助金，高于这一标准者则不予救助。这一标准虽说简单易行，却对申请者是否有足额储蓄存款，是否拥有独立房产，未共同生活子女的经济状况如何，对父母是否孝顺等，全未触及，执行起来就有了种种不合理性。

从严格意义来讲，家庭拥有子女、货币与住房三大财富，界定贫困老人的标准，同样包括子女、货币与住房三大方面内容，而非仅仅货币收入这一单个标准。当然，如详细追究子女的经济与赡养状况，过于复杂，这里除去不论，但对老人拥有房产与储蓄状况的考察，则还是必要的。若两者都感觉非常欠缺，无固定收入、无储蓄存款也无房产的“三无老人”，才是真正的贫困，否则就只能是相对贫困。

老人拥有房产、金融资产的状况如何，同子女是否赡养及赡养状况优劣等有直接关联。父母有可观资产，儿女乐于为其养老从而继承该项资产。而一般状况是，当父母有可资养老的可观房产时，储蓄存款、证券等其他金融资产也都拥有较多，并不特别期望来自儿女的经济资助。相反，按我国目前的状况，老年父母对成年子女的经济资助反要更多一些。但若父母拥有的房产是又小又破不值钱，其他金融资产更难以谈到，无论是房子或票子养老都很感困难。如子女的状况十分不错，不能对赡养父母辞其责；但如子女的状况同样糟糕，政府就应当对这些老人担负起应有责任来。

但如某人收入较低或全无收入，却有着极好的住宅，银行还有较多存款，就不应视为贫困并列入低保名单。某位民政局工作人员在为低收入老人发放低保金时，时时发现某些人士家居三室两厅，价值数百万元，虽有劳动能力，却因要舒适过日子，不愿意再出去工作，就有了每月前来领取低保金的资格；某些人士居住条件很差，存折数额也是寥寥无几，却因每月收入刚过底线，就丧失了领取补助的资格，显然大不公平。

当以房养老理念出现时，大家才清楚地看到目前的低保制度和养老保障存在的这些缺陷。如同样状况的两个孤寡老人，晚年养老金都无着落，积蓄存款也都很少，只是一个拥有住房的状况很差，另一个拥有很好的住房。虽然两个老人都属于应予补助的范围。但笔者认为，后者完全可以通过住房价值的良好运用过上小康生活，并不属于贫困，适当减少甚至不发放救济金，也应认为正确。用房子养老就可以得到很好的生活，为什么不这样做呢？前者则应大幅提高补助养老标准，才是公平合理。

小资料

老太太与四个不孝儿女打官司

上海电视台法制节目曾经报道，一位七旬老人一生养育了四个儿女，都有较好的工作和收入。但老太太每个月向每个子女要200元的赡养费，却是推三阻四，拿不到手，又被子女骗走全部存款2.5万元，衣食无着，在邻居帮助下迫不得已把子女告上了法庭。经电视台曝光后，真正是家喻户晓。电视镜头上，老太太虽然退休金很低，日子过得很穷，却在浦东区有一套面积三四十平方米的住房，房子虽说又小又破旧，但搁在上海这种“寸土寸金”之地，价值三四百万是毫无悬念。如参与倒按揭，测算每个月可拿到3000元，加上养老金，自己晚年生活舒心适意，还可以贴补这些不孝儿女的生活。或老太太将住房出售，自己挑个最好的养老院住下来，养老金真要“多得花不完”了，还需要和这些不孝儿女生闲气吗？情况是“秃子头上的虱子”明摆着，大家守着“金饭碗”不知道用来换饭，反而一定要向不孝儿女讨饭吃吗！

三、家庭养老

一个社会讲文明、有教养的重要标志之一，就是尽可能地尊重老人，并采取各种有效举措促使老人的生活质量提升和心情愉悦。西方国家崇尚体面有尊严的退休生活，将它视为晚年生活的最高境界。我国的经济社会发展状况固然达不到这一步，但作为文明古国，尊重老人，尽可能地满足老年人的合理需要，必须放在重要位置上加以认识。

（一）家庭养老的由来

家庭是社会的基本单元，抚养与赡养既是家庭的基本功能，又是家庭资源配置和财富代际转移的必要手段。人类很早就认识到家庭养老的重要性，有着晚辈赡养长辈、长辈抚育晚辈的好传统。抚养子女是中青年父母向少年儿童的财富转移，赡养父母则是中年家庭成员向老年父母的财富转移。这种代际财富交换与转移，有利于达成家庭不同生命周期阶段较为平稳的生活消费，促成赡老抚幼功能的实现，成为家庭乃至人类社会永久设立并延绵不绝的根本所在。

家家都有老人，人人都会有变老的那一天，生老病死的自然规律任何人都无法违背，年老与养老是人生的永久话题。我国古人对此话题就很关注。孟子曰："老吾老，以及人之老；幼吾幼，以及人之幼"；"制民之产，必使仰足以事父母，俯足以蓄妻子，乐岁终身饱，凶年免于死亡"。《孝经·纪孝行》说到"孝子事亲也，居则致其敬，养则致其乐，病则致其忧，丧则致其哀，祭则致其严。五者尚全，然后能事亲"。《礼记·礼运·大同》中则道出千古名句"大道之行也，天下为公，选贤与能，讲信修睦。故人不独亲其亲，不独子其子。使老有所终，壮有所用，幼有所长，矜寡孤独废疾者皆有所养。男有分，女有归。货恶其弃于地也，不必藏于己。力恶其不出于身也，不必为己。是故谋闭而不兴，盗窃乱贼而不作，故外户而不闭，是谓大同"。这些经典描述充分表达了古代先贤们追求经济生活安定、向往大同社会、追求小康生活的崇高理念。

在物质极度匮乏、人的心理状态远未开化的原始部落里，当遇到灾荒或其他变故，部落的食物积累不可能再供养全部人口时，儿童被视为部落兴旺发达的未来，是要着力保护的对象，而不再具有劳动能力的老年人则会被首先抛弃，以减轻食物供养的负担。如今社会财富极大丰富，尊老养老敬老就是应有之意。

国人自小以家为天下，“关起大门做皇帝”或“躲进小楼成一统”。在“家本位”浓郁文化的熏陶下，家庭抚养赡养的功能发挥到了极致。传统社会有两个显著特点增强了家庭的凝聚力：一是老年父母拥有家庭资源的处置决定权，对家人拥有较强控制力；二是女性较少参与家庭以外的社会劳动，使得本来需要社会化的许多家庭需求，包括养老保障等，都可以在家庭内部得到相应满足和基本实现。

（二）养儿防老有前提

西方社会有个笑话，是说某人每日都要买 6 个大面包，别人问他何故如此，他回答 2 个面包是自己和老伴吃的，2 个面包是用来放债的，剩余 2 个面包是用来还债的。面包的食用和分享，为何同放债、还债相联结呢？原来放债的 2 个面包为要抚养一对尚幼小的子女，还债的两个面包则是要赡养一对年迈的父母。

养儿防老是很好，但父母首先要养儿育女，然后才能靠其养老。当前的价值观念下，在某种程度上，养儿育女似乎成为一种可有可无的事项，而非每个家庭的必尽义务。丁克式家庭更以一个子女也不要生养为典型代表。养儿育女本身又需要很高的成本，在目前的状况下，将儿女养育成人，成为一名自食其力的社会劳动力，不考虑国家社会为此的开销，单计算家庭花费已达数十万元乃至百万元之多。若再供养子女接受高等教育乃至海外留学，这一数额还需要再增加数十万元之巨。如按正常状况每个家庭生养两个孩子计算，这笔数额又需要再翻上一番。

养儿育女需要高昂花费，这笔花费又可以视为一种资本积累，只是这种积累的具体表现不是货币、住宅或其他实物，而是一种人力资本。父母通过养育子女创建了这种人力资本，也就取得了向子女索取相应回报的权利。父母对子女的付出，不只是可以明确计量的金钱物资，更是难以估算的人力、时间、精力心血的耗费；子女对父母做出的回报，也并非单纯的钱财物资给付，更重要的是对父母晚年生活的劳务提供与精神慰藉。

子女养育成本巨大，使众多家庭养育子女的积极性大为减弱。一胎化曾是计划生育国策的严格规定，目前每个家庭都可以养育两个孩子了，众多家长是否会纷纷响应这一号召呢？很难如此期望。某种正在迅速蔓延的趋势是，众多白领阶层只愿意生养一个孩子，原因就是花费太大负担不起。大城市里所谓的丁克家庭，即父母有双份收入却无一个孩子的家庭已是逐年增多，几乎要占到年轻家庭的 10% 以上。

（三）家庭养老的特点

个体家庭诞生到现在已历经五千余年，一直延续至今，家庭养老都是普遍存在，其特点可以简单归纳为：

（1）赡养人和被赡养人，大多局限于具有血缘关系的父母子女的两代人之间；

（2）以财产物资和劳务服务的单方面无偿转移为前提，不具备商品等价交换的色彩；

（3）适应老年生活的特点，除经济物质资助外，还包括劳务服务和精神慰藉等综合性内容；

（4）赡养老人是做人子女的必尽义务和责任，并在伦理道德上严格规范，国家法律中做出明文规定；

（5）血缘性、无偿性、强制性和综合性，是家庭养老的特点，又是家庭养老的优越性所在。

养老首先是家庭养老，以房养老也是在家庭内部首先出现。如儿女每月出钱出力资助经济状况不佳的父母，父母死亡后将住房留给儿女继承，即“养儿防老，房产继承”。这是人类社会几千年来一直流传，直到时下仍很普遍的传统养老模式。在某种程度上来说，又是一种最为古老然而又是通用的“以房养老”。对此做深入细致的探究，以期在今日的新时代里，仍能让这种家庭内部的古老以房养老行为焕发青春，同时又相应摒弃其不切合新时代要求之处，是很有必要的。

（四）家庭养老具有天然的优越性

养儿防老，遗产继承，是我国也是整个人类社会几千年来一直流传的养老和财富传递模式。就人类生命延续的历程来看，也应当是最为自然和贴合实际的。这一做法流传了数千年，直到今天仍能发扬光大，为众人推崇，既有其深刻的思想内涵和文化底蕴，也有其现实的经济合理性和必然性。家庭养老的优越性具体表现为：

（1）父母养育儿女是不惜一切代价，尽最大可能将儿女培养为社会的有用人才；儿女成年后，又凭借其拥有的知识技能等，最大限度地提升自己的社会地位和价值，积累足够财富供养父母的晚年生活。父母临终时再将全部家产（其中包含价值最大的房产）遗留给儿女继承。老一代家庭消失，新一代家庭则在老家庭涅槃的基础上重新形成，整个人类社会正由此而连绵不断、持续永恒。

（2）符合人们的传统习惯和社会习俗，被大家普遍接受，有益于父母子女间的情感维系。家庭资源的优化配置与财富代际传递等，一切都是自然而然发生，不会出现任何的人为扭曲。抚养子女与赡养老人，在家庭内部得到了最好的对立统一，父母与子女两代人之间的利益关系和权责利机制，得到最好的协调与均衡。

（3）养老不仅是物质钱财的资助与给付，还在于日常生活中无微不至的照料和体贴，更在于来自儿女的关切和亲情呵护，三者又是紧密联系在一起难以分割，勉强分割后其效果也难以做到很好。三者的满足又是以父母与子女之间来得最为率真，最让做父母的接受，做子女的安心。

（4）父母子女之间主要是伦理情感因素起主导作用，不应受到商品社会的过多干预，财富代际传递和抚养赡养往来中的“吃亏占便宜”，大家不会刻意算账，至少是不必要将它算得很清晰。家庭实体一代连接一代永远延续下去，家庭财富也是一代代传递继承下去。这就免除了大量中介组织对财富转移交接的参与，免除了众多的交易运作花费和相应的制度管理成本，使得可能会出现的纠纷和争执等降到最低。

（5）房产继承、赡养抚养等行为，都在家庭内部得到完全体现，肥水不流外人田。两代人完全可以根据自家的实际情形，对涉及其间的种种事项自主决策安排，相关联的种种复杂人际关系友好协商调处，各种矛盾和问题在家庭内消弭于无形，也减少了社会的动荡不安。今天我们大讲特讲建设和谐社会，家庭和谐正是社会和谐的重要层面，没有亿万家庭的和谐，是谈不到整个社会和谐的。

（6）养儿防老、遗产继承最适用于代际关系和谐、父母子女共同生活居住的三代同堂家庭。共同居住使得家庭生活开销和养老成本大幅降低，老人有儿女的很好关照，伦理亲情得以充分释放，家庭资源得以节约合理运用。不只是个人一生的收入总额要在个人的一生中平均运用耗费，使消费效用达到最大化，还加入了父母子女之间代际财富传递的内容，使其更符合家庭生活的实际。此时不必要考虑住房资产与货币资产的流动转换，也简化了其间种种额外事项的无谓发生。

如父母与已成年的子女关系融洽，大家共处一个屋檐下，和谐长久地生活在一起。对方的困难就是自己的困难，父母拼尽心力帮助子女克服困难。父母生活中遇到了麻烦，儿女不辞辛苦为父母分忧解难。依照最简单也是最为通行的自然法则，儿女担负养老职责，房产则作为遗产最终交由子女们继承。它减少了许多人为的麻烦、中介环节的盘剥，免除了不必发生的种种风险。在这种状况下是不需要依靠房子养老的。

（五）家庭养老的经济评析

经济学今天号称是“经济学帝国主义”，正在持续不断地开拓自己的研究疆域，要用所谓的经济学理论与方法走进社会家庭生活的一切层面。家庭内的赡养与继承行为则往往表现为一种“反经济学”现象，单单运用经济学理论无法对此作出有效解释。比如，成本与效用的经济分析是大家清晰的，花费代价越大，由此得到的效用就应越高，反之也一样。但子女赡养父母的成本与由此可能获得的效用，则可能是正好相反。如子女赡养父母越是尽心尽力，所需要耗费的时间、精力与钱财越多，父母晚年生存的时间愈长，子女最终继承到的遗产却可能愈益减少。子女赡养父母表现得越是不负责任，父母晚年健康生存的时间越短，子女花费在赡养与照料父母上的时间与精力越少，最终可能获取的遗产反而越多。

倘若富有经济头脑的子女试图提早继承到父母的较多遗产，而又不希望为此付出太多，应采取何种举措呢？只能是父母的寿命尽可能缩短，甚至是用过激甚或“人为”犯罪的办法达到这一目的。“最好”的结果是，当父母的年收入与年消费额持相同态势，甚至是年收入逐渐滑落已低于每年需要消费的额度时，即很快离开人世，对子女的效用可达到最大化。否则，当父母的生命不间断延续，对子女传递财富的效用逐步递减，乃至最终完全成为“负数”。持这种想法的所谓“儿女”，我们能否保证在目前的社会里已全部消失呢？答案是否定的。但若这种所谓的“儿女”出现过多时，也只能感叹我们的人类社会，在很大程度上要沦落为“动物世界”了。

有人要询问，我们今天生活在社会主义市场经济社会，更为清晰地说是生活在金钱商业社会。那么，社会与家庭之间是否应筑起“篱笆”，以避免弥漫于市场化社会的金钱计算、商业意识进入家庭，以免将家庭的亲情伦理完全淹没入铜臭气味，为冷冰冰的金钱算计所笼罩。这一点不应出现，事实上也做不到。家庭生活乃至父母子女的亲情关系中，金钱气味不可能消除，适度融入也为必要，却不应有浓郁的表现。

从道义上说，亲情伦理是国人维系家庭的主要支撑，这一传统文化已深深融于炎黄子孙的骨血并将永远延续。中华民族的传统美德中，父母总是以儿女的利益为重。父母生活的重要目的之一，就是精心照料子女的健康成长，为子女留下包括住房在内的较多遗产，同时也就把自己的晚年生活寄托在子女身上。许多老人花重资购买新房，固然有晚年舒适居住的打算，但更多是考虑自己百年之后，可将该房产留归儿女继承。这种传统养老思路已不适应现在社会的要求。现实的经济生活中，太多儿女的自私自利行为，也使得众多父母不可能再做这种奢望。

从世界各国的子女养育成本与收益的对比来看，在各种养老模式中，养儿防老可能是最不合算的。中国有养儿防老的优良传统，有成年子女必须赡养老年父母的法律规定，儿女不赡养父母也为社会舆论坚决斥责。尚且出现有儿女不孝顺父母、不赡养父母的众多恶行，且最近多年来在全国各地还有一定程度的上升。欧美等经济发达国家里，法律也没有这方面的必须规定，父母甚至也不再做儿女奉养自己的美梦。欧美国家的社会舆论上，认为父母将子女带到这个社会，就必须将其抚育成人，虐待、遗弃子女甚至是父母外出将幼小子女一人留在家中，都会受到法律的起诉，但却很少有成年子女必须赡养好父母的相同认识。在这种状况下，抚养教育子女，并在子女身上倾注的全部物质钱财、心血与时间、精力，是很难在自己老年时得到子女的相应回报，甚至是极小回报。这种状况必然使得养育子女已成为极不合算之事。

（六）养儿防老需要有“四商”

养儿防老首先要有儿女，且儿女应具备一定的能力和素质，才能担负起养老重任。提高子女的养育质量，同最终借此实现养老的目标，其间有着一系列的中介变量应予考虑。有篇《正确对待财富》的文章讲到：个人为实现富裕努力打拼的同时，应注重“四商”的培养，即智商（IQ）、情商（EQ）和财商（FQ）和健商（HQ），用函数可表示为：W=f（IQ，EQ，FQ，HQ）。

（1）儿女有较高的智商，能凭借这一先天赋予的优势，上个好大学，读个好专业，得到较好的教育，取得较高的社会地位，将来到社会上找份好工作。否则，按照通常的说法，考不上好大学，找不到好工作，人生的第一步就走错了方向，父母前期的大量投入即被白白耗费。

（2）儿女具有较高的财商，即具有较强的赚钱意识和理财技能。智商能保障我们凭借学到的知识和技能，使自己有个好职业，财商则是要将自己的好职业，在今日的市场经济社会里大力发掘、包装运营，以早日积聚起属于自己的众多财富，从而为赡养好父母做好充足的物质准备。高学历并非总是同高收入保持最大的相关性，高智商还需要有高财商，才能使高投入得到高产出。否则，只有聪明的脑袋和智慧，可能成为优秀的科学家或工程师，却无法实现“日进斗金”。

（3）儿女具有较高的情商，子女的高收入理应带来对父母的高回报。但儿女打拼出的钱财是拿出相当份额，与年迈的老爸老妈共同享用，使父母晚年过上幸福生活，还是只顾及自己的开销，就要看子女是否具有较高的情商了。否则，父母含辛茹苦将儿女养育成人，儿女的各个方面都是很棒，是高智商再加高财商，却是个只顾自己享受，完全不顾父母死活的“白眼狼”，父母的处境显然很是难堪。有或没有这种子女，情况可能都差不多，或者说有了这种子女情况更为糟糕。父母以养老保障为期望对儿女实施的高投入，仍然不会带来好成效。

（4）儿女具有较好的健商，这就是说要有好的身体，能健康快乐地成长，凭借自己拥有的智商、财商、情商，很好地在职场上打拼数十年。否则，一旦健商出问题，其他方面做得再好，最终也难以得到好的结果。

健商衡量个人维护保障身体健康的能力，智商衡量个人学习思考解决问题的能力，情商衡量个人培育并控制情感的能力，财商则衡量个人获取并驾驭金钱的能力。财富与“四商”的相关程度不一样。智力对人的成才和事业成功的作用，远远没有人们想象的那么大。获取财富并不需要过高的智商，只要能达到一般水平就行。人们能否成才成功的关键，是有没有高尚健康的人格，持之以恒的毅力，敢冒风险的胆识，与人沟通合作的能力，善于理财的技巧及良好的身体素质。我国传统的教育模式，主要是培养学生的智力，其他方面的教育则很少顾及，智力教育的评价又主要是应试能力如何，这是个大缺陷。目前亟应对这种应试教育的模式和内容做重大改革，加强对受教育者的情商、财商和健商的培养。个人更应有意识地为增强个人的多方面能力而加强学习和训练。

尽管众多父母对子女成才抱有很高的期望，相继为子女加大投入，但培育出的子女都能达到如上四种标准者，实在是凤毛麟角，绝大多数状况下都不可能达到如此美满的结果。有位大老板公开宣称，只要子女能读上好大学，并最终成为一个大博士，愿意为做家教的老师酬谢 100 万元。但事情是否就如此简单呢？并非如此，最终结局只能是大失所望。大博士并非可以用诸多钱财随便“堆出来”。再者，现实生活中，还有为数众多的子女或是智商有碍，或系财商不足，不能找到好工作，不会发家致富，自顾不暇，无力关照父母，或是情商有严重欠缺，终日少算计父母已属不错，更无法指望他们能精心养老。

四、家庭养老的状况与变革

（一）养儿防老的现状

据我们组织的各项调查显示，多数国人对年老后的生活是关注的，有半数受访者觉得退休后自己的生活水平会下降，逾半数的人对未来的养老问题表示担心，近 60% 的市民担心自己年老后会成为孩子的负担。尽管多数受访者赞同以房养老，但持反对意见者的人数也不可小觑。有 53.2% 的人认为能给予自己最大帮助的，是自己的妻子或丈夫；认为自己老后靠孩子养老的比例仅为 19.2%。这说明夫妻相互扶持的价值逐步为大家认同，孩子对父母的价值则在大幅减弱，至少是父母已不对养儿防老抱有太多期望。

事实上，今日老年人对子女养老的依赖性正在减弱，老年人也不再乐意为儿女所累。独生子女的父辈们，较之他们的祖辈，一般都接受过不同程度的教育，具有较好的经济独立能力，并积累了较多财富。许多城市老人改变“围着家务忙、绕着儿孙转”的窘况，纷纷走出家庭，参与旅游观光与休闲度假，或从事各种社会事务和个人事业发展。如退休前曾在某小学任校长的刘女士和老伴，退休后为孙子自掏腰包专门请了一位家政工，自己乐得清闲。她说:“忙了一辈子，退休后又上了老年大学，社会活动多，不想把自己拴在家务上，我们的育儿观念也有些过时了。”据某“热心大嫂”服务中心介绍，老人主动为儿孙请家政工的比例已占 1/3 左右。老年人开始考虑自身的健康和晚年生活安排，乐意从照料子女中脱身出来，享受单独的生活空间和生活乐趣。

还需要考虑的是，计划经济向市场经济体制的转型中，家庭作为经营投资、生活消费的经济组织重新出现于世。父母子女之间、夫妻间经济利益的考虑，已呈现为强烈的上升趋势，传统伦理情感因素的影响则是大幅减弱。如经济核算、AA 制、婚前财产公证等行为，已在家庭内部有较多出现；凡事讲投入论产出，计较成本效益算经济账也成为时代潮流。又如，父母历经千辛万苦养育子女，却并不能像期望的那样，在晚年得到来自子女的相应回报。这就不免要提出询问，我们有必要将大部分精力和时间都花费在子女养育上吗？是否投入自己身上，安于自己享受更为相宜？

（二）家庭养老受到前所未有的挑战

应当承认，随着经济社会的快速发展，大工业生产推行和商品意识的增强，养儿防老、房产继承的传统养老，正受到前所未有的挑战。独生子女政策的推行固然是成绩巨大，但其负面影响也同样不容低估。人口年龄结构的重心，正在逐年然而又是快速地向上推移。家庭的日益空巢化和小型化、少子化，使家庭养老日渐衰微，无法担负应有功用。

在早期的中国，“养儿防老”的理念一直盛行，父母抚养孩子通常是把子女视为一种财富的特别储备和晚年生活的来源。甚至在我国20世纪的五六十年代里，大多数家庭都是无钱无房，财务穷困，但却都养育有数个孩子，将其视为自身的最大财富，尤其是自己晚年生活必须依赖的人力资本。

今日，人口结构老龄化和家庭规模缩小的大趋势，使得越来越多的年轻人无暇、无力或无心照顾老人的日常生活。家庭养老功能日益退化，养儿防老的古训面临着巨大挑战。据国家卫生健康委提供的最新数据显示，我国超过1.8亿老年人患有慢性病，患有一种及以上慢性病的比例高达75%。中国需要特殊照料的老人占比很高，老人的自我养老已经逐渐被提上议事日程。

老人家庭的空巢化，是生育率下降和现代因素增强共同作用的结果。现代社会的时间和精力资源总是稀缺，激烈竞争赋予人们只争朝夕的使命感。年轻人要同时扮演好成功人士、合格父母和孝顺子女的三重角色，只能是勉为其难，陷入角色困境难以自拔。譬如，从总体上说，中青年人的经济状况并不理想，每日都在为生计紧张忙碌，无法购买市场上提供的有偿服务，承担不起昂贵的医药费，甚至影响着对子女的教育及正常的生活开支，要供养好老人存在着不少困难。限于工作太忙，时间、精力、经济的紧张，也很难将奉养两对父母的重任完全承担下来，既照料不了老人，且影响自己的正常生活，“心有余而力不足”是普遍感受。

（三）抚养子女的投入超越赡养老人

独生子女如何在抚育子女的同时，承担赡养双方老人的重任，复杂状况难以设想。推出以房养老，同这一大环境直接关联，从现在开始，就应对此话题深入思考。

目前的家庭，不论是农村还是城市家庭，确实存在着“重小轻老”的现象，抚养子女的重要性远远超越了赡养老人，“子女身上不能马虎，父母身上马虎些不要紧”。资源短缺的状况下，有限资源在一家三代人间分配时，只能是重小轻老，子女持有这种看法，老父母也同样富有牺牲精神。贫困地域的农家婚姻生活中，往往有“儿子因结婚致富，父母为儿娶妻致贫”的说法。为何会出现这一情形，正是结婚成家促成了家庭财富在两代人间的再分配。

以儿养老是挺好，但儿子要尽到自己应有的职责首先要有能力，如果儿子自己的生活都过得拮据，又拿什么去为父母“养老”呢？如儿女生活不富裕，供养父母就只能是一句空话。城市如此，农村更为严重，儿子婚后和父母分家单过者已是常规。如目前中青年农民纷纷进城打工，留在家中务农的只能是老父母。两代人的思想观念有很大差距，很难生活在一起，即使生活在一起也难免没有矛盾，父母辛苦为儿子置家娶妻，家中却难有父母的一席之地。

（四）独生子女时代的家庭养老功能弱化

我国已经实施了30多年的计划生育政策，大部分城市家庭都是独生子女，现已逐渐长大并结婚成家。同时赡养双方的四个老人，就是这些独生子女的最大特色。故此，养儿防老在今日已非很现实，父母大多只有一两个孩子，不必要将大量金钱和时间用于子女养育，完全有可能将节约的资金积累起自己的物质财富，如货币金融资产和住房资产等，足以晚年生活用度。故此，绝大多数老人都有了自己独立产权的房产，有了较多的积蓄和稳定可靠的养老保障金，他们并不期望也不需要得到子女的经济资助，相反还可以为子女买房、婚嫁给予较多物质补贴。他们更希望的是子女“常回家看看”“谈谈家常聊聊天”，是生活起居的多多关照和精神上的抚慰。但就是这一点，在现实社会中也常常会因子女工作忙碌等，沦为难以如愿的奢望。子女婚后相继脱离父母的怀抱，出外学习、工作、生活，空巢家庭、两代分居家庭的比例日益增多。

我国传统观念认为“不孝有三，无后为大”，生个孩子是为了自己年老时有个依靠。养个男孩来防老，在我国的农村依然有着广泛的群众基础。真的是必须养儿才能防老吗？答案是否定的。如果可以，为什么还有那么多的老人，讲到自己的儿女时“一把鼻涕一把泪”？有那么多老人虽然有儿有女，自己却是到处漂泊、居无定所？还有一些老人整日节衣缩食，甚至是出外讨饭捡拾垃圾，来补贴自己的不肖儿孙？父母与子女之间这种“剪不断，理还乱”的关系，是外人难以搞清楚的。

我国正在大量成长的独生子女，从小受到爷爷奶奶姥爷姥姥、爸爸妈妈的无比宠爱，被惯养成家庭的“小皇帝、小公主”，当他们成长为社会的中坚力量，面对工作和事业发展的巨大竞争压力，同时要赡养四位或更多位老人，抚养一个或一双儿女，他们稚嫩的肩膀能否担当起养育父母、努力工作等诸多重任呢？结论是不容乐观的。

应当认为，家庭养老只能在一定程度、一定范围内发挥作用，超出该程度和范围，如未来将普遍存在的“四二一、四二二”家庭里，微薄的小家庭力量显然无能为力。可以设想，当“四二一”家庭占据家庭结构的主体形式之时，目前的独生子女将纷纷进入中年，成为社会和家庭的中坚力量，而其父母则纷纷进入老年期。经济钱财上，子女不可能支持起父母的长期养老开销；时间和精力上，子女整日忙工作，参与市场竞争，经管自己的小家庭，不可能将照料父母的事项放到首要位置；精神慰藉上，即使说子女有孝心，希望能尽心尽力赡养好父母，却又往往是心有余而力不足。子女对老年父母，尤其是生活起居已无法自理的老父母，不要说经济实力无以承担，日常生活起居照料也会因工作繁忙、社会竞争加剧而力不从心，这将会出现何种可怕的局面？这就是一没时间，二没精力，三无足够的孝心，四没有好的经济物质基础。

现今的社会里，孝道尽管受到大家的重视，生活水平逐步快速提升，大家对父母尽孝也变得容易起来。但不容否认的是，孩子不孝顺父母乃至盘剥父母的事情也出现得太多，以至于产生一个新名词“噬老族”或“啃老族”。不仅国内是如此，在整个家族观念浓郁的华人圈都是如此。即使家族观念较为淡漠的西方欧美等国，“啃老一族”也有较多出现，值得给予很好反思。故此，养儿防老的传统今天已未必行得通，不仅是儿女是否有经济条件和时间，还在于儿女是否有心情有意愿乐意养育父母。不仅儿女这一意识不大强烈，父母也不指望儿女会在养自己老方面发挥大效用。

（五）家庭养老需要发扬更需要变革

在社会养老保障受到极大重视，以房养老新理念日益发展之时，家庭养老应处于何种位置呢？是否像某些人士谈到的那样，是一种落后、传统亟待消除摒弃的内容呢？绝非如此。即使在今日的新时代下，家庭养老仍然需要发扬光大，家人间的天伦之乐是再多金钱也无法换取的。但要询问的是，家庭养老能否做到发扬光大，实现大家期望的理想状态呢？说实在话很难做到。我国数千年来流行家庭养老，大家信奉的是养儿防老与遗产继承。在社会养老资源匮乏、保障机制尚不健全和不完善的条件下，家庭养老起到了社会稳定器的作用。随着社会向大工业生产的现代化转型和社会发展的潮流，家庭养老功能的急剧弱化的大趋势又是难以逆转，养儿防老客观上已是越来越不现实。故此，社会对家庭养老的政策支持就是应有之义。

比如，今日的家庭尚且是数个子女养活一个或两个老人，大家还都在喊负担沉重难以承受，老人若是生病或有其他差池，更要叫苦连天。如某位老太太生病住进了医院，病是不大也不小，住院时间不短也不长，但排队挂号、化验拍片、联系住院、寻找大夫、筹集医疗费，白天轮班请假为老太太瞧病，晚上轮流值班照顾，忙得焦头烂额，将孝顺子女折腾得不轻。到明天的社会里，两个独生子女结成的夫妇要同时照料四个老父母，子女是越来越少，父母却是越来越多，老人的身体若再出点小差池、大差错，又将会是何种情形呢？而这种身体欠安乃至大病重病等，在老年人身上又是会经常发生的。

随着人们的收入与财富显著增长、生活水平逐步提升，养育子女对父母的功效，是在子女对父母或父母自身经济物质供养的基础上，着重于来自子女的精神慰藉和生活起居的照料。城市家庭对父母经济物质供养上的问题尚非突出，难得的是让子女拿出大块时间和精力，在生活和精神上精心照料好老人。要满足这一功用，并不需要过多追求子女的数量，只要提高子女的养育质量即可。所以说，曾经的计划生育已成为众多人士的自觉行动。“养儿子不如养房子”，“身边儿女成群，不如票子等身”，因而，“电视机代替了摇篮车”，养育子女的数量大为减少。城市如此，农村也同样如此。

最近多年来，韩国、日本、俄罗斯相继出现了人口的负增长现象，即大量年轻人为解脱财务负担，不愿意多生养子女，导致每年新出生人口不足以弥补当年死亡人口的空缺。西欧的某个国家在子女生育问题上，还出现了所谓的“三三制”现象，即一个子女都不要的“丁克”式家庭、只要一个子女的家庭和两个及以上子女的家庭分别占到 1/3。可以设想该局面若任其自由发展，不说劳动力就业、社会养老保障等事项会出现重大危机，单单人类自身的延续繁衍，也会出现很大问题。

正因如此，自我养老、积极养老的观念在我国得到了大力提倡。它鼓励老人充分发挥自身的作用，年轻时就为晚年养老生活做准备，包括参加各种养老储蓄和商业养老寿险，从事力所能及的社会公共事务，积极从事体育健身、旅游度假，保持身心健康，减少对子女的过度依赖等。上海市在21世纪初就开始“时间银行”的试点，低龄老人照顾高龄老人，同时在专设机构登记其提供服务的时间，称为劳务储蓄，待自己年老需要照顾时，就可以借此获得他人的帮助。山东省在探索个人早期拿出一定份额的资金作为养老投入积累，鼓励参加商业养老保险和储蓄。同时，积极推进退休人员的社会化服务，引导低龄健康老人踊跃参加经济文化建设和社会活动，使老年人以“为”促“养”，使家庭养老压力得到大大缓解。

尽管经济社会大环境今天发生了较大改变，国家与社会仍应大力倡导和推动家庭养老，宣传鼓励乃至财税政策的优惠与减免等，更能将此落到实处。具体办法可有如下内容：①对老年人与子女共同生活的家庭，可在个人所得税法中作出专项规定，依据当地的生活费用标准，划出固定数额的赡养费允许从税前专项列支，减免应纳税额。子女同父母分居者则不做此项免税规定，或者只给予较小额度的税前减免。②对无子女赡养的老年人给予一定的生活费补贴，或通过以房养老的办法对其拥有的房产价值给予很好的处置支配，使其生前能借助于房产价值过上较好生活。③将目前开办的个人所得税向家庭所得税过渡，税种制度要素的设计上，充分考虑赡养、抚养、就业面、扶养系数、子女教育用费等家庭因素的影响，将发生的相应费用在缴纳所得税前列支。如上方法对政府税额减少有限，却有助于在社会中形成尊老养老的良好习气。

（六）老年人生命周期特性引发的资源配置缺陷

1. 资产配置不合理，房产与现金资产的配置发生较大偏差

老有所养和老有所住，是老年人晚年生活的两大基本依靠。前者需要有源源不断乃至延续至身故为止的现金流入，以应对同时期的现金流出；还需要有一定的货币储备，以应对随时可能出现的大病重病乃至因意外变故而来的对巨额资金的需求；后者则需要在适合养老的地段有较为满意的住所。但在现实生活中，空有房产却无必要的现金资产，或有一定的现金资产却是住房状况很不适应居住需求者，也是比比皆是。有房产而缺乏现金流入者，可用房产的变现套现或其他多种方式实现以房养老；有雄厚现金资产却对现有住房状况不满意者，则应首先改善居住条件，基地养老、房产置换等正是较好办法。

2. 老年人只能在有限寿命中尽量考虑资产的合理配置

中青年人做出购房、投资等长远打算时，不必顾虑时间的限制，老年人则需要考虑这一点。年过 70 岁的老人花费百万元购置一套使用年限达 70 年的新房，几乎是不大可能。他会考虑能否健康长寿，死亡之后遗留房产会到何处去的问题，有这笔钱财在自己生前尽量过得潇洒自在是否更好？尤其是老人并无可继承遗产的子女，或不愿意给子女遗留较多财产，或子女并不期望继承这笔遗产，或国家要对遗产继承征收很高税款时，更是如此。死亡期限的不可预知，再加老年人的勤俭保守、留有后备的心理，完全不留遗产的做法不足效仿，也是危险的。但在预期寿命有限、拥有资源同样有限的情况下，将既定的钱财、房产资源，在整个寿命期限内统筹分配，尽量做到自己死亡时少留或不留遗产，自然是应有之义。

3. 老年人现金流入在大幅减少，财产存量却是坐吃山空

老年人拥有房产占据其全部财富的价值，因住房私有率的增加、房价的持续升高等，往往达到较高比例，如 60% 或更多。这笔财富又大多于老人身故时，作为遗产传承给后代，而非是自身消费。老人拥有的货币资源则会坐吃山空，日趋减少乃至匮乏不足日用。这就使得自身的资源配置并未达到最大化的目的。为弥补这一欠缺，需要动用所拥有的资源，尤其是房产资源转换实现以房养老的目标。

根据如上评析，老年住房不仅在设计建造和使用功能上，要最大限度地符合老年人身心活动的特点，在营销出售、租赁质典、产权控制、使用支配等方面，也应当最大限度地符合老年人财务活动的特点。

五、社保制度的缺陷与补救

老龄化危机及相关的养老事项，已经表现得十分严重，但究竟严重到何种程度，却非每个人都可以深切感受得到，并对其迫切性有较充分认识。比如，养儿防老的观念与功能，今天已经是大大弱化。我国目前以“社保”为主的票子养老呈现为何种状况，有哪些缺陷，能否承担未来养老的重责，同以房养老有何种连带关系等？应有必要的说明。

（一）养老保障制度的缺陷与不足

人口老龄化危机使得劳动力大军持续减少，退休人数日益增加，养老压力持续加大，对养老资源的顺利寻觅，养老保障体系的健康运行等，提出了严峻挑战。但我国养老保障制度不健全，养老资源缺乏，养老金发放的就高不就低的刚性效应，使得巨大的财务压力难以应对。许多地区因养老金缴纳过少，支付比例相对过高，养老金亏空严重等，还出现了“空账”运行现象。2017年底公布的《中国养老金发展报告》声称，我国逾半数省份的养老金是收不抵支，需要中央财政每年度拿出巨额补贴，养老金制度面临着严峻挑战。

按照国家对基本养老保障制度的总体思路，养老保险金的目标替代率为58.5%。这就是说，职工退休后每个月可领取的养老金，相当于退休前工资收入的58.5%。这一数额本不算低，但考虑到我国职工的收入呈现多元化状态，工资收入占个人总收入的份额仅半数而已，其他福利补贴奖金等为数不少，且员工的总收入越高，工资外的附加收入越多。退休后工资收入的降低并不多，但其他福利补贴收入则几乎全无，总收入额度即宣告大幅减少。

我国推出基本养老保障的目的，在于退休员工能按月领取养老金用于维持晚年“基本”生存的需要，而非保证大家期待的较高生活质量的追求。如期望提高养老保障金的收缴力度，又受到种种经济社会条件的制约难以成行。个人要想提升自己晚年的生活水平，或还期望追求较高的质量品位，就必须依赖自己的经济实力，缴纳商业养老寿险、养老储蓄乃至以房养老等方式自行解决。

简单的情况介绍，勾画出一幅令人忧心忡忡的画面。人口老龄化大趋势的日益显现，老龄化程度的快速持续加深，对我国社会经济发展和人民生活的各个领域，都将带来长期、广泛而又深刻、严重的影响。老年人的生活状况不仅是个体问题，更将演变为严重的社会性问题。大家不免会发出询问，严重短缺的养老金储备，能承担保障老人生活的重大责任吗？许多中青年人感觉现在按月缴纳养老保险金，却可能在老年时代无法足额得到回报，发出“未来到哪里领取养老金”的感叹。民众对政府承诺养老保障的信心不足，将会动摇现有社保体系的制度基础和未来的可持续进行。

（二）国际社会的养老困境

面对今日乃至未来严峻的养老困境，大家应当怎样做呢？《钱江晚报》曾载文《苦于养老金发不出，英国人将干到 70 岁》。文章指出，年满 60 岁就“功成身退”，领取丰厚的养老金安享天年，是许多英国公民人生规划的一部分。现在，这个美满计划已被打破。据统计，到 2041 年，英国退休金领取者将达到 1500 多万人，公司退休金将出现 1000 亿英镑的亏空。为应对养老金发放的危机，只好把退休年龄往后压一压，退休金支付标准向下降一降。政府不得已，只好由英国工业联合会颁布新规定，用 10 年时间推广实施女性 65 岁退休，男性 70 岁退休的新政策，作为补偿，每人每周退休金将增加 20 英镑。这一政策推出后，受到整个社会尤其是老年群体的强烈抨击。

随着科技进步和生活条件的改善，法国同样面临寿命延长、人口老龄化的问题。法国退休导向委员会提出悲观假设，2050 年法国将会出现 1.2 名在职员工为 1 名退休人缴纳退休养老金的情况，退休养老赤字远超过 1000 亿欧元。随着就业人口愈益减少，人均寿命愈益增长，此种退休制度显然难以为继。专家认为法国退休金制度如不改革，必然会导致养老保障体制的危机甚至全面崩溃。但法国的国民却始终抱着社会福利的教条拒绝变革。

2010 年，拉法兰总理上台伊始锐意改革退休金制度，决定把退休年龄从 60 岁推迟到 62 岁，欲领取全额退休金的退休年龄则逐步推迟到 67 岁，以期使严重赤字的退休体制恢复收支平衡。这本来是一件再正常不过、必须要予以操办的事项。但法国工会和在野党却对政府的规定齐声鞭笞，酷爱罢工的法国人 1000 多万人，即 20% 的法国国民群起抗争，形成继 1995 年后规模最大、历时数个月的全国总罢工，使法国交通、教育、通信、邮政、医疗和社会服务等行业面临全面瘫痪，负面影响巨大。

即使像美国这样的社会保障制度健全、制度设计堪称一流的国家，庞大而沉重的社会保障体系也有不堪承负之隐扰。据有关专家权威论证，美国政府若再不采取积极应对措施，这一保障体系必将在2030—2040年宣告崩溃，真到了那一天，首先要提出的问题是，中青年人目前每个月都要缴纳的养老保障金，究竟到何处去了，这批人员的晚年养老应由谁保障呢？

（三）完善养老保障制度的障碍

目前乃至未来社会里，大家认为解决养老问题的最好方法，是建立健全社会养老保障制度，这种观点是对的。我国政府正为此做着艰苦卓绝的工作和资金积累，将经济物质、制度观念的相关准备尽量做得充分完善。个人养老储蓄、商业养老寿险、企业年金等，都在发挥其应有效力。但是，仅仅依靠这一制度健全完善就行吗？它绝非单单依赖于此，就能宣告万事大吉。

按照相关制度规定，养老保障基金账户的钱财，是由职工和单位各自缴纳相应比例共同汇入。大家希望晚年生活过得好，多领养老金，就需要现在早交钱、多交钱，需要个人和国家的养老基金账户做大做实。大家会想养老金账户亏空严重，为此大幅提升在职劳动者及工作单位的缴费标准，每期多交一两倍的钱不就解决问题了？这一做法易于想到，却是顾虑重重，缺陷多多，难以付诸实施。加强养老保障的力度，提高养老保障金交付的标准，固然重要，但与提升经济发展状况、增长社会财富的大目标对比抉择时，后者无疑更具有决定性的影响，没有后者的经济发展就不可能有前者的财富积累。

大家希望社会养老保障体系和个人账户制度做大做实并真正发挥功用，反映了多数人员的现实考虑。但目前养老基金的形成正处于“现收现付”向“基金制”过渡的转型期。这就意味着目前在职的一代人，既要承担继续供养上一代“老人”的义务，又要为自己将来的养老积累个人账户。这种双重负担给企业运营和职工个人生活，带来了沉重压力，实际操作中也引发很多问题。在职职工和企业不愿意缴纳这笔愈益升高的用费，退休职工又因为养老金发放标准过低产生诸多不满。这一问题如不及时解决，将会导致严重的社会后果。

比如，个人从有限的工资收入中拿出较大部分钱财缴纳养老金，必然会减少日常生活中的消费购买，影响拉动内需和国民经济的较快增长，导致企业单位生产的产品难以实现价值，无法继续生产下去，带来结果又是工人下岗与企业倒闭。企业向国家缴纳养老保障金的比例过高，又会导致生产成本上升和利润下降，减弱企业投资经营的积极性，降低对内对外的竞争力。这对国民经济增长和企业的经营壮大同样是十分不利。故此，养老保障金的缴纳水准需要提高，但又只能是客观地限制在一定水平上，不可能无限制拔高。过度提升单位和个人缴纳养老金的标准，必然会在较大程度上不利于目前经济社会的持续增长，并在相当层面上减弱国民经济增长的积极性和发展活力。这是目前有相当部分劳动者个人和企业单位无法做到的。

再者，大家对参加养老保障并非完全没有顾虑。如养老储蓄、商业养老寿险的产权是非常清晰，完全以存单或保单所附的姓名为准。但大家每月缴纳“社保”，这笔资金是供给上代人还是本代人使用，张三用还是李四用，则是不大清晰。它取决于养老保障模式是现收现付制还是基金制、个人账户是虚是实而定。再如，工作期间养老金的缴纳额度与退休后可享受的额度之间，有着较为清晰明确的演算公式，但在具体额度发放上又是大不确定。这就是说，大家目前缴纳的养老金，同其退休后每期可以领取的养老金之间有一定的关联度，但又非完全相关，国家还需要在其中做一些“一平二调”和提前推后的工作。

（四）寻求养老保障新途径

从这些分析中我们可以看到什么呢？老龄化危机迅速到来，养老金发放标准“就高不就低”的刚性态势，巨额养老金亏空难以弥补，引以为自豪的养老保障体系的运行崩溃将在所难免。但如对这一保障体系作出微小的变动，又会面临数百万老人群起蜂拥、示威抗议的可怕景象。在此种状况下，改造传统的养老金制度，推出新的养老模式就是非常必要，具体内容可以包括：

（1）推迟发放养老金的年龄。这一做法对解救养老金制度危机，应付生育率下降而来的劳动力和养老金供应的日益缩减，是非常有用，却又是不得人心的。欧美各国相继推迟退休年龄，并由此引发种种的社会危机就是明证。我国政府提出推迟退休年龄的新规定，尽管力度并不算大，变革时期也做了大幅延长，以尽可能地避免引发社会反对，但仍然引起高达90%之多的反对声音。人们并不希望在辛苦工作数十年，年至60岁仍要再辛勤操劳数年之多。

（2）降低养老金的给付标准。养老金给付具有能上不能下的刚性效应，它不仅是个经济问题，更是社会问题乃至政治问题。这一做法是有效的，但却更不得人心。即使是最有远见的政治家，也很难冒着支持率大幅降低、被公众赶下台的风险提出这一举措。各国政府但凡推出提高退休年龄，降低福利标准的政策，得到的反响不外乎是各界人士的群起反对。我国最近多年的退休金发放已经出现了“十六连涨”，国家连续十多年为退休职工提升养老金发放标准，这固然是一件好事，但也有国家财力捉襟见肘、难以为继之弊端。降低养老金的给付标准，就更难以谈到了。

（3）创新养老保障制度和观念，增加新的养老模式，加固脆弱的养老保障体系。如将老年人大都拥有的最大财富——住房所蕴含的巨大价值给予很好运用，尤其是老人身故后遗留房产价值的提前变现套现，来弥补养老金发放与消耗的巨量短缺，担当养老重任，正是笔者目前大力倡导的以房养老。

（4）利用生态环境优越的地域，大规模建造养老基地，并将最好的设施、服务和理念大量灌输于养老基地的建造和运营之中，使之成为养老天堂。然后将城乡老人遵照自愿原则，迁移入基地养老，使得养老质量和品位大幅上升的前提下，养老成本和养老资源耗费能有较大降低。这是笔者大力主张的基地养老。

（5）城市老人可以实施以房养老和基地养老，农村老人该如何操作呢？农村的住房不值价，老人也无多余财力居住高档次的养老基地。但农村老人却有着城市老人不具备的承包农耕地和宅基地，这些土地在广大农村并不具备太多价值，但如能通过一定的产权转让、使用权出租和价值流转置换，立刻就会身价十倍，很好地担当起养老的重任。这正是笔者十分关注，且在神州大地正四面开花的以地养老。事实上，基地养老在相当的程度上需要相应的土地资源作为支撑；房子能够用来养老，其最大功臣不在于愈益陈旧老化的住宅本身，而在于住宅附着土地的不断增值上。

如上措施中，大家喜欢选择哪种模式呢？前两种办法是必要的，却又难以得到大家衷心拥护，即使说必须采取这一举措，也应尽力将其负面效应减少到最低。以房养老、基地养老和以地养老，将大家都拥有的住房、土地和优越的生态自然环境视为养老资源，以求增多目前可动用的养老资源，加固已很脆弱的养老保障体系，是今天乃至不远的将来要大力推行与倡导的。可以设想，三种新型养老模式的三管齐下，共同对养老保障事业发挥巨大功用时，完全可以在不花费或较少花费代价的同时，将现存的各种养老资金不足、养老服务平台欠缺等问题解决大半。除外，还将对国民经济增长、和谐社会建立、家庭新型代际关系打造以及国民生活方式、思想观念的更新等，产生相当之积极效应。

六、以房养老是社会养老保障发展的大趋势

以房养老不仅是当代经济社会发展的需要，也是国人意识观念变革的必然，是人口老龄化对养老保障体制变革和养老观念模式创新提出的客观要求。研究以房养老并将其付诸实践，是有特殊意义的。

我国目前正处于新旧经济社会体制转轨的重要时期，旧的养老保障与服务体制已经打破，新的养老保障与服务体制尚在建立完善。养老问题已引起政府、社会和学术界的广泛关注，相关研究课题和具体举措逐渐增多。但目前的学术研究与实证对策，大多还处于现状分析与对策监管的层面。或不客气地说，研究内容还普遍处于“钻钱眼”状态，大家仅仅围绕养老保障金的来源筹措、运用管理、缺口弥补、风险防范等事项大做文章，应对资金不足的措施则比较缺乏，养老制度与观念的创新等更有较大的不足。今天“钻钱眼”的文章自然是非做不可，非大做不可，但如仅仅局限于此，导致结果就是大家越算账，养老保障金越感到极度匮乏，问题解决越难以实现。

面对老龄化危机的日益严重，在养老资源匮乏、养老保障体系尚不健全的状况下，仅仅着眼于一般状况的修修补补，显然是无济于事。非常之

时必须有非常之人行非常之事，如换种方式看问题，“跳出养老看养老”，结果就立时会显得大不一样。必须大力解放思想，认真深入地思索解决问题的良策，亟待对传统养老模式以强有力的观念创新和制度开拓，想方设法增加新的养老资源和养老模式，开辟新的养老制度和思路。确立个人自我养老的新型保障机制，同国家养老与社会养老保障一起，构成整个养老保障体系强有力的三大支柱。个人自我养老的内容，除个人缴纳社保金、养老储蓄、商业养老寿险等票子养老外，以房养老正是其中的重要一环。

我们设想以房养老新理念，并期望将其做成反向抵押贷款或房产养老寿险的新型金融产品，向全社会推出。随着我国经济社会形势的发展和人们思想观念的快速变化，尤其是自有房产拥有量的增加和质量改善，以房养老这一新型养老模式作为家庭养老制度的积极变迁，将成为未来完善养老决策的最佳方案。社会保障体系将因此进一步加固完善，并带动各类老年服务事业和老龄产业的较快发展。

推行以房养老模式有充分的理由，住房产权清晰，我国绝大多数家庭都拥有了归属自己的产权住房；我国的住房价值又是异常之高，为以房养老推出提供了必需的经济物质基础。即使我国住房体制改革后有一些房改房，产权上也是清晰归为己有，即使使用支配权初期尚有一定限制，随着时间推移也在逐步消解。除地震、火灾等意外事项外，住房的实体和价值都具有坚固保障，房子本身不会灭失毁损，房价比较坚挺，房主拥有住房的数量、价值、功能比较稳定，作为养老保障应是绰绰有余。况且这真正是老人用自己的房子为自己养老，是用自己年轻时代积累财富养育晚年的自己，不会对儿女和社会增添任何额外负担。

应该提醒注意的是，以房养老并非我们的主观认定，而是经济社会形势的发展，人口老龄化和家庭空巢化凸现，家庭养老功能急剧弱化，严重养老形势的极大“压迫”下，客观上必须要这样做，否则就会有相当多数老人无法安然养老，甚至无法保障起码的生存水平。以房养老的出现，正是日益严重的老龄化危机和家庭空巢化的现实生活情形，对现有养老保障模式变革与创新的“逼迫”，正可谓形势逼人不得不为之。这种“形势逼迫”的严重程度，多数不关心此事的人士还无从感觉，或感之甚少。但只要稍稍思考我国人口年龄结构的巨大缺憾，关注我国养老保障金巨额缺口的现实，就会对此有深刻理解。

以房养老的核心意义，在于它立足于老年人自身所拥有的住房资源，并给予价值和形态的有效转换，构成老年人晚年生活非常需要的养老资源，形成对现有养老方式的极好补充，以大大缓解国家和个人面临的养老压力。可以认为，以房养老和伴随出现的基地养老、以地养老，三种新型养老模式的提出，正如一声春雷，打破了现有的养老困局。

第二章　住房

一、住房的特性

住房为何能发挥养老保障的非凡功用，家庭拥有的其他各类物质实体能否发挥同等功用呢？这就提出了一个很好的话题：为什么房子能用来养老，其他非货币财产却不能担当这一重任。现从住房的特性一一说起。个人的财富积累，尤其是作为晚年养老必备的财富积累，应当具备哪些特点呢？应注意把握的原则有以下几个方面。

（一）产权清晰

物品的归属权要清晰，避免可能出现的那种无法明晰产权，不能界定归属权益的财富积累。尤其是像住房这类价值大、使用期长、家庭地位异常重要的物品，更需要明晰产权，然后才谈得到在晚年生活中真正发挥作用。产权不明晰，随时处于被收回状态的物品，人们不可能对其做太大投入，更不能指望它会对人们晚年的长期生活发挥应有效用。比如，大学生刚刚毕业进入城市，只能租房居住，同时积攒钱财，凑够首付款后，再加申请贷款购买属于自己的房屋。花费偌大的财力终于买到新房后，第一件大事就是费心费力修缮装潢，尽量搞得舒适、温馨后再去入住。临时租住的住房，产权不属于自己，随时都会丧失居住权时，就很少会有人想到如此操作，更谈不到用租屋担负晚年养老保障的职责。

（二）安全无风险

家庭的各项财富积累中，货币储藏家中很不安全，投资股票期货有较大风险；储蓄存款、购买国债或参与养老寿险则相对安全牢靠，能将货币财富积累起来供需要时使用，但收益性却表现得太低。相较而言，住房使用安全放心，无风险，不会丢失被盗，不会移动遭损，不会平白贬值毁损，是人们为未来做长期打算时首要考虑的。住房作为家庭拥有财富中最为牢靠的一项，安全性应是棋高一着，完全可以承担起养老保障的大任。

（三）流动性

资产流动性受到人们的推崇，即大家拥有的实物资产能否在需要时，无损失地迅速变换为现款的能力。货币的流动性最强，可随时用于任何需要支付货币的用途；住房的流动性则是最差，价值几乎全部被凝固起来难以运转。生活开销可以直接消费货币，却无法“吃砖头啃瓦片”直接消费住房。用于养老的资产，必须能在关键时刻通过一定的金融保险机制和手段，将其拥有的价值顺利而又持续稳定地变现，最好是能根据人的存活寿命形成在长期乃至于延续终生的、稳定可靠的持续现金流入。经过银行和寿险公司的特殊运作后，以房养老正好可以发挥这一功用，人的寿命有多长，就会将住房蕴含的价值支付到多久。

（四）固定性

土地与建造其上的房屋，一旦以某种形式固定连接后，就会形成持久性无法脱离，且此地的房屋不能搬迁到彼处，彼处的房屋也不能迁移到此地。故此，房地产的交易市场是固定的，房主不可能移动住房的位置以寻求更合适的价位，窃贼面对房产的昂贵价值也是无法可想。一般性物品或是一次性消耗，或至多只有数月或数年就需要更新换代。住房则可以超长期使用数十年乃至上百年，流通转让带有被动性和耐久性。

（五）保值增值

住房的长期耐用特性，使其使用价值并不因时间推移有所减少，即使外观陈旧也可通过维护修理而整饰一新。随着时间推移，住房因外观陈旧、使用磨损会发生价值贬值，但其附着土地的价格，却会随着经济社会发展、居民收入增加、土地资源稀缺、人口膨胀、大量农民进入城市等渐渐升值，且升值幅度会远远超出前者的贬值。故此，人们除了将住房作为一般生活居住场所外，还将其作为投资获利、财富积累保值的工具，以阻击通货膨胀的侵袭。

（六）价值昂贵

住房是超高档、超长期使用且价值超昂贵的物品，买房是家庭的重大开支。京沪广深等一线大城市，房价畸高，随便一套百十平方米的住房，价值即达到数百万元。而且房价往往达到家庭年收入总额的二三十倍，大家为取得一套住房，需要辛勤工作二三十年，并将所赚取钱财全部积蓄起来，不吃不用其中一分钱才能如愿。对每个家庭而言，买房都是十分慎重之事，需要多年财富积累外加长期贷款还款才能做到。大家买到住房后，价值随意变现就是数十数百万元到手，用于晚年养老是绰绰有余。住房作为养老保障的手段，可发挥效用巨大。

根据如上原则的评判，个人家庭拥有资产虽然多种多样，可作为养老保障工具的只能是货币金融资产与住房资产，衣物、设备、器具、车辆等实物资产，虽说对家庭日常生活不可或缺，却无法达到养老保障的要求。最好的货币资产又属于养老年金寿险和社会养老保障，养老储蓄显然不大合算。住房资产价值昂贵又增值保值，且能满足产权明晰、安全可靠、长期使用等特性，只是流动性较差。货币金融资产流动性强，可长久存储于晚年养老使用，但安全与保值增值特性则表现得较低。

以房养老正好弥补了住房流动性的缺陷，既发挥了住房资产产权明晰、保值增值的优势，又使其在需要时能通过金融保险的手段，转换为货币资产据以养老，值得引起我们极大关注。面对养老困境，家庭完全可以将拥有的住房资产作为后备资本。

二、住房的价值

为何房子可用来养老，需要从其价值与功用的发掘上做文章，如住房对房主而言的价值何在，日常生活中又可以发挥哪些功能等先搞搞清楚。

（一）住房的社会学价值

住房在家庭生活和人们心目中历来居于重要位置，尤为我们华人圈所重视，可从如下方面予以评说。

（1）住房是家庭得以存在、运行并发展的空间，是家庭人际关系得以正常维系、多功能活动顺利履行的基础。在某种程度上可以说，无房不成“家”，没有住房，家庭的正常生活就无法进行。

对“家庭”的简单理解上，“家”是指以婚姻和血缘关系为纽带并在一起共同生活的若干亲属人员；“庭”则是指庭院、住房，是指这些共同生活的人们，为满足其多方面需求必应具备的空间场所。只有将这些“特定人员”置身于特定空间，才成为一个真正意义上的家庭。否则一家三口出外旅游观光，尽管可能居住豪华型酒店，享受特优服务，心理感受上却很难承认它是个家。再如20世纪70年代的中国城市里，许多大龄青年已领结婚证多年，却因在单位中分不到住房，只能依旧在各自的职工宿舍生活。结婚与成家本是形同一体，却因缺乏婚房被人为分割无法成家，也不算有了家庭。所幸，这种局面今日已有了翻天覆地的变化。

（2）购房是家庭最大的一项支出，几乎要耗去人们大半生的积蓄，购买住房多要依靠按揭贷款等金融手段，不可能是一蹴而就之事。任何情况下，住房都不可能是中高收入者可以轻松购买的，低收入人员欲指望买到属于自己的住房更是难以期待。即便在美国，也有多达1/3的居民要租房住，露宿街头的赤贫户、贫民窟也非完全绝迹。

（3）常言道“安居乐业”，居之不安，何以乐业。安居是居民生活追求的重要目标，在吃穿行用等基本需求得以满足后，居民消费的目光将更多地聚集在居住状况改善上来。尽管我国城市居民的住房产权私有的比重已高达91%，人均居住面积已达到30平方米的较高标准，但某次家计调查发现，仍有30%左右的家庭希望能改善自己的住房。

（4）人们富裕后，吃穿用等日常消费的差异已是很小，人际之间的贫富差异主要表现为拥有住房和交通工具的状况如何。住房今日已是家庭拥有财富和社会地位的重要标志，住房的有无、数量及质量、坐落地段等差距将会愈益增大。房产商推销住宅中，就常有"豪宅""知本家乐园""帝王别墅"等广告语。

今天，随着大量独生子女的出生、成长及相继结婚成家，老人与子女分居者大幅增多，这意味着家庭对住房的需求数量大为增长，为多购置一套住房需要额外花费很大费用。同时也意味着老年人将拥有更多的生活空间和居住自由，有了用房子养老的更为雄厚的经济能力与实现条件。

（二）住房的使用价值

住房的使用价值是人们正常生活于住房可得到的效用，称为居住效用或居住收益。这是住房向房主提供的基本功能。住房的使用寿命高达数十乃至上百年之久，居住效用也就伴随着住房的终生，功能持续而稳定、长期。它会随着时光延续、环境变迁、住房的日渐陈旧、功能与装潢的落伍而渐渐减弱，也会随着周边环境设施的优化改善、住房的装潢陈设布置而持续提升。

居住效用可以是外观的，如青山绿水、空气清新、风光优美的自然环境，带给人们身心的极大愉悦，豪华的公寓、别墅带给人们的地位尊贵和外观感受，交通地理位置绝佳而带来的生活工作的极大便利。居住效用更应是内在的，如该住房的面积有多大、功能是否齐全、居住是否舒适便利、装潢布置的优劣等，都为大家选购住房时所看重。

住房作为一种价值昂贵、使用期限特长的不动产，总是遵循着自有规律，在整个使用期内（如五六十年或更多）近似平均地发生折旧磨损。可以通过我们精心保养维护、装潢改造加固等来延长住房的寿命，或因地震、火灾、洪水、人为毁损等的发生急剧缩短住房寿命，却不可能呈现骤升急降之状态。如住房可提供效用人为地一举增长五倍的同时，其使用年限急剧地减少到原来的五分之一；或在缩减住房效用一半的状况下，将其寿命一举延长一倍。这都是不以人们的意志为转移的。

（三）住房的经济价值

这里主要考虑城市住房的经济价值，房价的确定计量主要包括如下内容：第一，住房商品化以来的 20 多年间，我国各地的住房投资建设的总额度；第二，住房制度改革时期，我国城市职工用较低价格购买国家和单位的公房（即房改房）所支付的价值额度；第三，住房商品化和改革以来的 20 多年间，我国城市房价的增值额度达到几何。这个增值幅度在京沪广深等一线大城市，已达到十数倍乃至数十倍之多，在二三线城市乃至县城乡镇而言，也是数倍或更多。

以不完全统计资料来看，目前我国城市居民拥有房产的总价值，据中房集团理事长孟晓苏教授在 2008 年的大致估计，就已高达 70 万亿 ~ 80 万亿元，远远超出同期居民拥有货币金融资产的数额及增长幅度。据 2016 年冯仑等房产商的估计资料，这一数值几乎达到 300 万亿元的天文数字。从微观家庭来看，住房资产在城市家庭总资产中占据比重已高达 60% ~ 70% 之多。许多人戏称“穷得只剩下一套房子，而该套住房的价值高达数百万之多”。这一状况又说明了我国实施以房养老具有雄厚的物质基础。

（四）住房价值与使用价值的背离

价值与使用价值，既是同一事物不可截然分开的两个层面，但在一定条件下又是可以“两值分离”的。住房的价值既蕴含于住宅本身的身价，又外在地反映了该住宅实体的状况。住房就其物质实体而言，是超长期耐用品，是固定于特定土地的附着物，一经移动就会发生不同层次的毁损，称为不动产。住房蕴含的价值则具有流动转换的特性，可通过产权出售转让、抵押质押、继承馈赠乃至使用权的出租分割等达到特殊需要。

住房价值同使用价值的背离，使得我们可以在正常生活居住的前提下，利用其蕴含的巨额价值大做文章。我们设想的以房养老的众多运作，如住房的购入售出、资产置换或租换、招徕房客、典当、按揭乃至反向抵押贷款、售房养老等，都是遵循了这一原理，既要运用住房的使用价值，继续发挥住房作为居住场所的功能；又充分运用住房蕴含的价值筹资融资，并将该价值通过一定的金融机制变现套现为持续可靠的现金流入，达到资产价值流动化的目的，履行养老保障的功能。

住房从规划建造、购买到长期的使用居住开始，到最终报废、彻底丧失使用价值为止，再到重新建造与更新，这一循环周转过程往往长达五六十年或更为长久。即使每年对其计提折旧，年折旧率也仅为 1% ~ 2%。考虑到住房保值增值的特点，从价值角度衡量评价时，它并非随着时间的推移，消极计提折旧并最终实现购房资金的收回，而是可以通过更为积极的产权抵押、担保、出售、转让乃至一定期间使用权的转让，即出租的形式将蕴含价值变现或流动起来，促使住房蕴含的巨大价值在家庭生活中发挥更为积极有效的功用。

在这一理念的指导下，人们可以根据自身经济生活的需要，进退自如地将住宅的价值与对应的使用年限拉长缩短或延伸。按揭贷款模式下，人们只需要首期付出住房价值的 20% ~ 30%，就可以取得该住宅的全部使用居住权；租房入住时，更可以用每期的房租支付来对应该期的入住，将长达六七十年的住宅支配权，在时间上予以无限分割。反向抵押贷款模式下，则将这一内容呈现为逆向运作，使得同一住宅为人们的养老生活发挥出重大效用。

（五）如何看待住房的价值——价值观的差异

某些人员说到，“大家辛辛苦苦大半辈子，好容易才买到一套住房，到晚年时又游说他们在自己的余生将住房的价值全部消费掉来养老，到自己死亡后，岂非一辈子白白辛苦，什么也没有落到吗？然后子孙后代又沿着父辈的足迹，周而复始地继续着这种悲剧”。这一说法是相当部分社会阶层的真实想法，体现了住宅在国人心目中的分量，但这一说法却又是我们不敢苟同的。这正是人们心目中的住宅价值观，不同人士的价值观有着较大差异。

1. 住房在不同人士心目中的价值差异

房子在老百姓的心目中居于何种位置，需要认真琢磨。有人讲到房子就代表了一个家，年轻时代辛辛苦苦地好不容易才买到一套房子，以房养老把晚年生活过好了，却把房子“养没了”，不可理解。说得再严重一点，房子“养没了”就是把家抛弃了，甚至是把“祖宗牌位”都扔到一边，后果十分严重。有人则讲到房子只是个临时客栈，是自己花大价钱购买的一件超长期的高档消费品。数百万元的股票是随时买进售出获取盈利；数百万元的住宅同样可以这样做，只是花费时间多一些，涉及面广一些，交易税费高一些，操作事项复杂一些，余外并无大的差异。

大家既然能花费诸多金钱长时期地供养房子，也同样能将房子中蕴含的金钱释放出来再用于养老，将房子“养没了”就是正常之事，不值得大惊小怪。再者，房子是一种“生不带来、死不带去”的身外之物。人是活的，房子是死的，把人养好了是大事。既然人不可能长生不老，即使说人的寿命“到站”把房子“养没了”，不正是一种对自己的人生，对住房蕴含价值的最好发挥吗！

大家花同样的钱财买车，经过十余年的使用，最终也会将该辆车“开没了”，但大家对此并无特别感觉。大家在股市中炒股，每日手中攥着七八只股票，一边买进，一边卖出，完全是以该股票的走势研判和盈利状况为准，正如过眼烟云，全无任何特殊感觉。有人以做“超短线”为荣，买进一只股票三天看不到赚钱，立马抛掉另换一只。再如，投资房市的收益特别可观，有炒房客在房市进进出出，左手买进，右手卖出，对过手的各类房产并无特殊感觉。唯独是买来居住的房子，不仅是用来居住，还同时担负了养老功用，最终结果是将房子“养没了”，大家心目中就很敏感。这正说明住房在人们心目中的特殊位置。

2. 住房在中欧美居民心目中的价值差异

美国的地域大，居民少，空间辽阔，公民居住迁移自由，住宅的购入售出是家常便饭，灵活机动。大家随时都可能根据家庭经济实力、人口、年龄的变动，自主随意地将小房换大房、大房换小房、本地房换取外地房。据资料统计，一个美国家庭在其一生中平均要更换 7.2 次住宅。如大学毕业刚参加工作，先购买或租赁个单身公寓过渡；新婚成家时再搞个二居室，正好居住使用；待人步入中年，经济条件已有较好储备，家中人口也日益增多，再换个三四居室的大房间；若经济条件可观，也不妨买套别墅、豪华住宅舒服享受起来；到了老年时代，孩子相继结婚成家，脱离开老两口的怀抱单独居住，自己的经济收入也日益下降之时，不妨将大居室重新出售，换个小房间居住，多出钱财正好用于养老。住宅蕴涵的资产价值，正好在整个一生中追随家庭经济状况和人口多少，给予最好的配备优化。住宅实体变换中应向国家缴纳的税额，也被递延至人生末期并被压缩到最小限度。

我国的居民买房则大多倾向于“安土重迁”，往往是年轻时代初始买房就议决“一次定终身”，百十平方米房子一旦到手，就准备在此长期居住，直到最终老死于此，再将该住房作为遗产传递于后代。即使是刚工作的年轻人初始购房，也都将目标瞄准100多平方米的大住宅。这种做法并非明智，也难怪未成房东先做“房奴”了。

西欧国家的人士从一个国家自由随意地转移到另一个国家工作发展，以取得更好的工资收入，并不将购买住宅视为生活必需，一辈子租房居住者大有人在。这些国家的地域小，人口少，又实行经济社会一体化，国境出入甚为方便，有必要时一天走上三两个国家也很简单。我国地域辽阔，除极少数人士外，国民很少能有机会到国外发展，购买自有住宅就是生活必需。

大家一生走的路各不相同，但最终的一条路却都一样，就是通向“火葬场”。既然人本身都不存在了，还一定要保留房子这种身外之物做什么呢！在自己生前就将住宅的价值按自己的需要给予最大化发挥，尽量将住宅价值消耗得干干净净，岂非更为干脆利索。

三、住房的功能

为何住宅在保证人们正常生活居住的前提下，还能作为养老保障的手段同时发挥功用？这一新型功能增加的最大好处，就是只要充分发挥个人的聪明才智，在住宅的使用和价值变换中来点新花样就可以做到，并不需要为此增添各种硬件设施和诸多费用成本。住房都包括哪些功能呢？下面一一解说。

（一）住房的居住功能

人们手中拥有各种资产，内容多样，其中份额最重、数值最大，能长期发挥功用的只能是房产。买房子是家庭的一项重大工程，家人为此要倾注毕生的精力，如广为流传的中国老太太攒了一辈子钱，终于在临终的前一天买到了属于自己新房的小故事，就形象生动地说明了这一点。人的一生中，约有一半乃至更多时间是在家中度过，住宅在家庭生活中发挥着重要功用，居住功能是住房的基本功能。

买房固然是一大开销，甚至是动用毕生精力才能实现，但房子为人们带来的收益也是很高的，房子一旦买到手，完全可以像大家已经认识到的那样，既有作为生活居住场所充分发挥住房使用价值的功能，又有借用住房产权、使用权的转移、出租、转让、抵押担保、典当等，充分发挥其投资品保值增值和特殊情形下融通资金，特别是晚年养老保障的功能。

如按常规仅考虑住宅的使用价值时，只能将其视为一种生活居住的场所，居住功能是通过人们对住宅使用价值的充分运用和发挥而实现。如还考虑住宅蕴涵的巨大价值，充分考虑住宅建造、购置中需要付出的昂贵代价，还有着投资营利、融通资金和养老保障等多种派生功能。这是从住宅价值的流动转换的角度来衡量和运用，是通过对其蕴含价值与使用价值的转换、转让、出租、置换、变现套现等，将这部分资产在价值上加以激活，实现不动产价值的流动化，就可以更好地实现个人拥有资源的合理配置。

（二）住房的投资盈利功能

今日出现了众多炒房客，这是将住宅视为一种投资品，通过房屋的买进卖出以取得比储蓄存款、股票债券、保险期货投资等更为稳定可靠的收益。住宅成为投资理财的重要手段，原因就在于它是一种价格高、使用年限长的特殊商品，且因附着土地稀缺而具有天然保值增值的功能。在今日资本市场、金融保险工具高度发达的状况下，大家完全可以在住房蕴含的极高价值上做文章，投资盈利就是首先想到的。大家选择投资房地产赚钱养老，比单纯的证券投资赚钱更为牢靠，到老年时代还可以出租或出售住房来获益养老。趁着现在的房价便宜，赶紧买房，说不定哪天房价就会上涨，等老了以后，用自己的房子养老，“不错”。

住房不同于一般物质实体的最大特点，是它紧紧附着于特定的土地。鉴于土地的稀缺性，住房价值将呈现为长期增值态势，而极少发生贬损，即使住房本身因时间流逝而磨损陈旧，寿命到期时其经济价值几乎为零，所附着的土地却因其不可再生性，随着经济发展而不断升值，这笔价值增长会远远超出住房实物磨损的价值。投资房产作为公众投资融资、盈利生财的手段，已成为人们的共识和追求目标，且获益匪浅。21世纪初期至今，房价涨幅远超出普通物品的上涨，京沪等地的房价几乎增长了数十倍。同期家电、服装、日用品的价格虽有一定涨幅，但同飞速上涨的房价相比仍是极为有限。十多年前，大家买辆家用轿车或买套住房，花费数额都差不多。如某甲于15年前花费30万元购买一辆小轿车，目前该汽车已因使用报废变得一钱不值；而某乙同时期花费30万元购买的一套房产，目前市值却可能上涨到二三百万元之多。两者价值的涨跌为何差异如此之大，为何购买的住房居住10年、20年后，仍然具有很高价值，甚至远远超过原买价，正在于附着土地的地价增值之故。

轿车足足开了15年，房子也是足足住了15年，若论两者为其主人可带来的效用，虽然不大好比，但不买汽车对生活并无太大影响，人们照样可以搭乘其他交通工具，房子不买就只能租房住，对日常生活和心理影响就要大得多，住房的效用还应更胜一筹。再就两者的日常维持成本而言，一年下来养车没有两三万元打不住，即使过于爱惜这辆车，整天在车库睡大觉，也需要各种费用万余元；养房要缴纳物业费、卫生费、电梯费等，每年下来只是三两千元之多。

老百姓有了闲钱后，大都用于低收益的储蓄存款，不敢轻易介入证券等高风险投资产品。房产的保值增值性及实体性，决定了它的投资风险较低、投资收益较高。炒作股票的结果可能是大亏或大赚，且大多情形下的亏损面会远远超出盈利面，炒作糟糕时最终只剩得废纸一张；房产炒作则大不相同，尽管价值可能上涨或下跌，大赚则会远远多于大亏，即使亏本到最后，房价大幅缩水，住宅的实体仍旧完好存在。

住宅作为投资品，同其作为居住生活场所，两种功能相互融合又相互背离。住宅的投资效益必须在房市交易变现后才能获取，否则单供自己居住，价值增加得再高再快，价格是120万元或是380万元，对其主人的日常居住并无特别感觉，该收益就只能是“水中月、镜中花”，可见而不可得。

（三）住房的融资功能

住宅蕴含有巨大价值，融通资本的功能就应予很好发掘，使得同样的住宅能发挥更大效益。随着金融工具的多样化，房产正在实现“存钱罐”稳步增值、随时提现的功能。如刚才谈到某套住宅的价格是保值 120 万元或飞跃到 380 万元，居住效用并未有任何影响。但如将该套住宅拿到资本市场融资时，其价值则立时会增大数倍。再如，某家庭购入第二套住宅后，将其长期出租，每月靠收租金就可补贴家用。子女某日出国留学要钱用，也可以将该房产通过抵押担保的方式套取资金，虽然要支付一定利息，但房产仍可保留在手中并继续增值，租金仍可按月收取，有朝一日子女学成归来还有现成的房子住。或可通过“售旧买新”的办法，购置一套自己更中意的房产。

家庭生活中往往会出现的某种状况是，某时期为参与投资、经营、理财，临时性需要大量资金无从迅速筹措到手，辛苦数个月向银行申请借款，即使款项到手，数额也难以如愿，向亲朋好友借贷则在短期内难以筹措到巨资，这就白白错失了投资谋利的大好机会。其实，这笔资金完全可以通过住宅的短期融资功能便捷获得，可谓是善莫大焉。如某家庭急需较多资金参与创业，或预期股市将有重大利好消息出台，会有一波大的行情发生，或家人生了大病重病急需大量资金等，就可以通过住房抵押、担保等向金融机构融通资金。虽然今日向银行融资尚难令人十分满意，但也算差强人意，至少比其他融资手段如高利贷等，成本要低得多。如将该住房典当数月半年，得来钱财同样可派用场，手续更为简单，时间上更为节约，但典当利息和相关税费会高达 30%～40% 之多，难以承受。

2015 年初，曾发生了一件将住房融资功能发挥到极致的典型事例。当时，我国的股票市场即将出现一波大行情，某冒险家预期到这一点，在多方融资仍未能如愿的状况下，毅然决然将自己唯一的住宅出售掉，获得资金上百万元，全家三口则临时租住 60 平方米的小屋艰苦度日。值得高兴的是，经过半年多的股市拼杀，股指从 2200 点上涨到 5000 多点，所购买股票和基金大有斩获，资金翻了一番有半。这位冒险家将部分股票出售掉，得到钱财完全可以买到两套原居住的房屋，还剩余部分资金继续在股市中冲锋陷阵。

当然，这一事例具有特殊性，大家也不必硬要向其学习的。如万一股市踏空（这不是万一，而是极有可能），就完全会面临房钱两空的局面。另一位冒险家将售房时期定在2015年的5月，股市正进入上涨的顶点，刚凭借上百万资金杀入股市，就遇到长期持续大跌，结果是股指从5000多点下跌到2500多点，仓位资金则跌到25万元，缩水3/4。最终结果是妻离子散，房、钱、人三空，自己的身心健康也受到莫大刺激难以恢复正常。

住房融资功能同养老保障功能有较大相似，前者是短期融资，投资理财生活中遇到短期性资金需要，临时抵押住房来换取资金，等投资赚到钱后，再将抵押贷款本息如数归还；后者则是一种长期融资，是晚年养老生活的资金长期短缺，动用住房资产尤其是自己身故后仍会遗留房产的价值变现融资来养老，这笔贷款在自己的有生之年是不需要考虑归还的。

（四）住房的养老保障功能

住房的养老保障功能是我们新近发掘，大家注意不多的。住房具有极高价值，通常超越了家庭拥有货币金融资产的总和，涵盖家庭拥有全部财富的大半，且该价值还比较稳定。大家不免会提问，这大笔价值在人们的养老生活中可以派上什么大用场呢？鉴于房屋产权的明晰性，这笔房产的巨额价值自然归房主所有并自主支配使用。释放房子蕴含的价值以养老，只有通过产权或使用权转移的方式得以实现，诸如出售、出租、抵押、典当乃至反向抵押等，都可以得到理想的结果。

现实生活中，老人拥有的财产往往会大半“凝固化”为房产，养老生活急需的现金或其他流动资产却颇感缺乏，这是老人群体的普遍现象。老人拥有住房的价值，因货币金融资产和其他实物资产的大量消耗，更是远远超出全部财产价值的半数。若能将住房资产用活用好，尤其是将住户死亡后仍然遗留的房产价值用活用好，对解决大家最为发愁的养老资金短缺，实现一生积累财富在自己整个一生的优化配置和效用提高等，显然有着决定性功用。这一功能的发掘与开拓，正为我们积极发展房地产事业，激活房地产交易市场，为激发众多的中老年人投身于住房的投资改善，为将住房作为自己养老的保障工具，增加新的养老方式提供了最为坚实的理论依据。

为何能用房子养老，并非在于住宅实体本身，人们不可能靠“啃砖头吃瓦片”度过晚年。它需要的并非住房的外观实体，而是该外观实体及附着地产蕴含的极大价值可资利用开发，尤其是人们死亡后遗留的房产仍然具有的巨大价值。这笔价值通过构思精妙的金融保险机制，提前变现套现，就足以供给晚年期生活用费。住宅保值增值的特性，使其担负养老保障功能是现实可行，也易于操作实现的。

住宅价值开发的最大好处，是同一套住宅在同一时期能发挥多种功能。且养老保障功能的发挥同生活居住功能是融为一体、并行不悖的。这就是说住宅既可以继续生活居住，正常发挥使用价值的功能；又可以坐享房价持续增值的受益和融通资金的便利；还可以通过反向抵押贷款或房产养老寿险等手段，用其价值的提前变现和转让发挥养老保障的功用。这正是“从一条牛身上同时剥下三张皮乃至四张皮来”。事实上，货币金融资产同样可以发挥养老保障功用，相比较住房资产更为便捷。但货币金融资产的数量一定时，要将其用于日常花费就不可能再派其他用场，要想派上其他用场就不可能再用于日常花费，无法做到多功能同时开发。

总之，以房养老的最大效用，就是使同一套住宅既能发挥正常生活居住的功用，又能同时作为养老保障的重要资源。住宅价值的这些特性，为我们充分发挥住宅的生活居住、投资盈利、融通资金而外的第四个功能——养老保障功能，奠定了雄厚的基础和提供了切实的可行性。当然，房主在尽情享用住房多重功能发挥带来的多种效用时，也需要付出相应代价，就是住宅产权或使用权的一定时期或永久性让渡他人。为实现更多收益，付出这一代价是必要、合算的。

四、住房养老保障功能的特别解说

今日的老龄化社会里，人口抚养比大幅攀升，养老压力日益加大，大力组织养老层面的技术创新、制度创新和观念创新，开拓新的养老思路，开拓养老资金的来源渠道，就显得十分迫切和必要。

（一）住房养老保障功能的提出

今日我国的经济社会生活中，加固养老保障，购买产权住房，为此采取各种有效手段筹措买房资金，开拓养老保障资金来源的新渠道，更好地实现老有所养与居者有其屋的目标，已成为个人家庭生活的重大事项，广大家庭为此付出了极大努力和太多代价。人们在工作期间，既要考虑准备数十万元到数百万元用于攒钱买房，又要考虑再拿出数十万元到数百万元用于晚年的养老，生活负担表现得很是沉重。众多的老年家庭既希望有个舒适满意的住宅来安度晚年，又发愁有限的养老资金会因此难以解决，陷入矛盾之中。以房养老正是化解这一难题的有效手段。

房屋的购建与晚年的养老，两者间是否有一定的连带关系，可通过一定的机制与办法，将两大事项紧密融合，使得同一套住房，既能发挥作为居住生活场所的功能，又能将其视为一种养老保障，以求在自己的晚年期间派上大用场，从而大大减轻乃至消除其中年期的经济负担，显然是大家很感兴趣的。

长期的计划经济时代里，受“低收入、低消费、广就业”的政策影响，我国大多数老人都是积蓄不多，只能靠有限的退休金和“小破旧”的住宅艰苦生活。农村老人“活到老干到老”，更无养老之说。20 世纪末，随着住房制度改革的深入和住房商品化的快速运行，大量公房对外出售，众多老职工用较低价格买下了价值较大的房产，再加商品房的大量开发，越来越多的家庭拥有了自己的房产，我国拥有自有住房的家庭已高达 91%之多。随着房价的飞速上涨，许多老人拥有房产的价值大幅升高，达到数十万乃至百万元之多，但他们每个月可支配的养老金收入却仅为数千元，难以满足晚年生活所需。房子再好，价值再高，首先要供自己晚年居住，就不可能先行出售或出租盈利来换取养老短缺的各种钱财，日常生活就只能是“端着金饭碗讨饭吃”，十分拮据。住房作为家庭的主要财富，在家庭生活中仅仅起到生活居住的功用或投资营利的目的。为此，充分利用住房蕴涵的极高价值，使其在家庭的养老生活中也能很好地发挥保障功用，就是当前很需要大力开拓和深入发掘的。

购买住宅，改善生活居住条件是大家向往的。为实现长期来就有的

“买大房、住好房”的美好愿望，特别是面对房价飞涨而来的心理恐慌和投资欲望，很多中老年人将毕生积蓄都投入到房产上。但就像许多家庭经常看到的那样，好不容易聚集毕生的精力和财力，买到了心仪已久的住宅，但已到了晚年退休时代，现金积蓄几乎被掏光，或还有众多的房贷未能还清，养老金该到何处搜寻，就是颇费踌躇。大力发展储房养老、以房养老，居住与养老两不误，就可以较为妥善地解决这一大矛盾。

房产是大多数老人拥有的最大一笔财产，用住房蕴含的巨大价值养老，无疑能大大改善老人晚年生活的质量，使其退休后的生活变得富足起来。众多明智之士积极主张以房养老，来弥补现行养老保障制度的缺陷。在我们多年来的大力推动下，浙江省已经将推行以房养老作为“十一五”养老保障规划的重要内容，受到大家的广泛关注。以房养老和与之相伴随的基地养老、以地养老，正是在这一背景下被我们郑重提出，并理所当然地映入公众的眼帘，为解决老有所住、老有所养的资金问题提供了全新的途径，得到社会的极大认可。

（二）住房作为养老的有力保障有充分理由

住房能否作为养老的强有力保障，应是有充分理由的。

1. 住房已成为家庭财产的重要组成部分

我国居民拥有住宅的比例高，房价贵，住宅价值大，世所罕见。据有关资料统计，我国的城市家庭目前拥有完全产权住房者，已达到 91% 的超高指标。国家统计局曾对上海、北京、成都、广州等城市的居民组织调查，发现住房已成为家庭拥有财富的半壁江山，占到家庭拥有全部资产的 48.39% 之多。美国的一项大规模调查也发现房产的价值占到家庭总资产的 48% ~ 50% 之多。房子今天已成为家庭的最大财富，以房养老是老年人获取养老资金来源的重头戏。

2. 住房能在长期内实现持续保值增值

住房能在长时期内实现价值的持续保值增值，且增值幅度一般要超出同期物价和利率的增幅。最近多年，我国的各大中城市的房价都在持续快速拉升。即使像日本东京、中国香港曾经出现房价与地价的直线下落，楼市财富大幅缩水，负债购房者一举成为“负产阶级”。今天的各个城市也有一定幅度的房价回落，但这只是特定时期的特定产物。如放到历史发展的长河中加以考察，说到底也只是对以往房价、地价上升过快过多的调整和价值回归，从最终的进程看还是趋于升值的。

3. 住房可在长时期内持续地给其拥有者带来可观的经济利益

住房是一种不动产，不会发生脱逃、遗失、被盗等事，可在长时期内持续地给其拥有者带来可观的经济利益。这一经济利益或表现为通常的居住效用，或表现为住宅出租出售而来的现金收益。人们在住宅上的投资，除可以为人们带来的居住效用外，还会随着房价升值而得到可观的投资收益，最终再将其运用于晚年的养老保障上。

（三）住房养老保障功能发挥的评判

将房子养老、儿子养老和票子养老置于一起，从养老保障功能发挥方面作出对比，是饶有趣味的。对比的标准，就是如何使人们生前积累的三大财富，在自己的晚年生活中最好地发挥养老保障的功能，评判标准如下。

1. 确保功能发挥

人们只要拥有对住房或货币的产权，就可以自由支配它去做希望它能做的任何事情，是绝对听话的。依靠儿子养老，则有“是否愿意养父母的老，能否养得起父母”之虞。这就是说儿女并非在任何情况下都具有孝心，都能完全听从父母的意旨办事，即使说儿女希望赡养父母，也还有经济能力是否供养得起、客观环境是否容许的问题。

2. 方便功能发挥

养老功能的发挥需要具备一定的条件。如子女养老需要具备一定的外在条件，才能很好发挥养老的作用，如最好是同父母完全居住一起，至少是同父母住得不远，才能切实发挥好对父母的赡养作用。但目前的子女结婚后，同父母仍旧共同生活者已是少而又少。货币养老不需要具备任何特殊条件，只要有货币积蓄即可直接用来支付种种养老用费，购买晚年希望享用的任何物品和劳务服务。反向抵押贷款等以房养老业务的开办，并非是简单随意之事，还需要假以时日和资格、条件才可。当然，采取其他各种以房养老模式则要简单得多。

3. 低成本功能实现

货币养老几乎不需要任何成本支付，但货币储存、投资中却极可能因通货膨胀等遭受损失。以房养老业务实现则必须支付相应的代价，如反向抵押时住房的市场价与借款人实际可到手的资金本息相比，会有较大差距，各种风险补偿、贴息、价值评定、手续操办等相关事项发生，都要付出较大费用成本。子女养老除需要为此付出的人力、精力和一定钱财物资付出外，则没有任何中介用费、税费的额外缴纳。

4. 运作风险较小

以房养老操作中，金融保险机构有较大的运营风险，参与此业务的老年人，除将住房产权交付或抵押于对方机构外，自身并无太多风险。但却可能发生业务开办机构将自身遭遇的各种风险，向老年人身上转嫁的问题，如机构有意识地在本业务的运营中，以各种名目收中介费用；如在谨慎性原则的过度考虑下，每期应当向客户发放的款项是巧立名目，七扣八扣，使客户感觉参与这一业务很不合算。儿女养老也有较多风险，如父母是否养育有儿女，儿女的经济能力、收入财富状况能否承担起对老父母的扶养；如儿女是否有较高的情商，愿意也乐意于将自己的财富、时间与精力与父母分享等。货币养老的风险主要是通货膨胀导致货币贬值，以及货币存储生息的状况如何，能否将货币存储起来很好地运用支配于养老等。

5. 仔细核算

对住房的养老功能发挥，应当认真核算经济账，盘查是否合算。如某中年人现拥有自己的产权住房，另有货币 100 万元，可供选择的养老路径有二：

（1）将 100 万元货币存储于银行或购买债券或其他项目，每年可获收益 3 万元。在通货膨胀率为零的情形下，3% 是正常情况下很不错的投资收益。

（2）购买价值 100 万元的第二套住房，每年收取租金收益或减少租房用费同样为 3 万元（已扣除出租住房中需要支付的税费及其他成本），房价每年增值 2%。

30 年以后，该中年人已步入晚年，存储于银行的货币仍是 100 万元（货币投资收益和住房的租金收益每年都是 3 万元，相互抵销后忽略不计），该住房的价值已上升为 100 万元 ×（1+2%）^{30}=181 万元，比前者的收益增长 80%，对晚年生活的保障也要高得多。同样，这里选择 2% 的房价增值率显得过于保守。如购置房产的初中期每年增值率为 5% 或 8%，即使后期不发生任何增值，仍保持原状，该房价的增长也并非简单地翻一番，而是增值更多，养老保障的力度更强。

（四）老年人拥有巨额房产为以房养老奠定了雄厚的物质基础

21 世纪以来，随着住宅制度改革和住房商品化的大力推行，房地产业在我国有了长足的进展，居民拥有了自己的住房，且住房的质量、功能和价值都在不断改善和提升。大家为购买心仪的住房付出了艰辛劳动，花费人力、时间与精力十分巨大，住房在家庭生活中的基础性地位及可发挥作用等，也是尽人皆知。据前文所述，我国城市居民拥有住房的价值，今日已经达到 300 万亿元之多，为我们提出的以房养老理念的实施提供了切实可行的物质准备。

国外状况同样如此。美国著名经济学家彼得·钦罗伊，声称根据美国 1989 年的统计资料，“全国 62 岁以上的 1210 万老年房屋拥有者的平均收入，只有 21266 美元，低于美国劳动力的平均收入水平。但他们拥有的房产平均价值却高达 86692 美元，比全国的平均水平要高两倍多”。据知，最近的 20 年来，美国的房价上涨 1 倍有余，即使 2007 年发生金融危机，房价缩水高达 20%，最近多年的房价又有较多涨幅，养老保障的力度十分强大。

2004 年 8 月 3 日出版的《金融时报》介绍来自日本的资料，“日本家庭持有全国拥有总资产的 50%，流动现金和存款为 14 万亿美元，另外 11 万亿美元为房地产等有形资产，即使日本消费者的实际收入没有增加，他们仍然具有巨大的消费能力。由于 65 岁以上的老人掌握日本近 50% 的家庭财富，下一代继承遗产后的消费能力还将进一步增强”。日本不同于中国的一点是老年人有着更高的住房拥有率，且普遍比中青年人员富裕，11 万亿美元的住房资产中，超出 5.5 万亿美元为老人拥有。这又何以说老年人太穷，无以支持养老呢？

小资料

父母与子女间房产代际传递的表现方式

父母与子女间房产的代际传递，是家庭财富代际传递的重要内容，通常可以表现为以下方式：

（1）父母临终时将自己的住房作为遗产向子女传承下去，这是最为普遍的；

（2）父母为即将结婚的子女购买房屋，或为其支付购房的首付款，馈赠给子女作婚房，这是目前出现较多的；

（3）父母将自有住房的使用权部分或全部免费出让，供已经结婚成家但无力自己购房的子女一起生活居住；

（4）成家的子女为年老的父母购买养老房，供其晚年生活居住，并于父母百年后仍继承该套房产；

（5）成家的子女将父母接到家中共同生活居住，父母的住房则提前出售，房款用于养老，贴补生活日用；

（6）父母将自有住房以市场价或低于市场价出售给儿女，房款可以一次性收取或分期收取，作为晚年的养老金补充；

（7）父母将自有产权的住房出租给儿女居住，并按期收取租金做自己的养老用费。

前五种方式基本考虑家庭人际之间的伦理情感的特殊要素，经济因素参与不多；后两种方式则属于父母将家庭财富向儿女的有偿传递，在欧美等国有一定出现。在我国则因不合国情、民情等，目前到可预见的将来，还不会有较多的出现。

第三章 以房养老机理

一、以房养老的缘由

以房养老为解决我国日益严重的养老问题，提出了一种全新的思路和操作方法。但什么是以房养老，房子为何能用来养老，以房养老的机理何在，则需要我们深入探讨并细致说明。

（一）家庭经济生活的四大开销

家庭长期的运行中，除日常生活的吃穿行用、文化娱乐的经常性开销外，一般都要面对结婚成家、子女抚养教育、购建住宅和养老保障四大开支，或可称为家庭生活必要应对的“四座大山”。日常生活支出是每日每时都要发生，可以同各期赚取的收入较好配比，妥善安排。四大项支出则是涉及金额多，筹措资金难，受益期限长，对家计生活的影响大，不仅要考虑款项的分摊与使用，更需要筹划资金的来源与途径，使家庭拥有的有限资源得以长期优化配置、效用提升。

1. 孩子抚养、受教育费用

徐安琪研究员曾撰写调研报告（2003 年来自上海的资料），认为我国城市家庭抚养一个孩子从零岁开始，到成长为劳动力，自己就业赚取收入为止，按当年的物价与生活水平计，需要抚养与教育用费 46 万元。如欲以高质量标准送其读最好的学校，直到大学、研究生毕业乃至出国留学等，这一数额还需要再翻倍计算。到 2020 年，抚养教育子女的花费又是为何，并未得知确切之数据，但在原本 46 万元的基础上翻三四倍应是正常。到孩子结婚成家时，父母尤其是男方父母还需要买房买车、操办婚事乃至补贴日常生活用费，这项开销又需要数十上百万元之多，需要父母在子女年龄尚幼时即预为筹措。

目前的家庭多系独生子女，抚养子女的负担不算很重，如按正常状况一个家庭抚养两个孩子计算，该数额还应再翻倍考虑。

2. 购建住宅支出

购房资金的筹措、贷款购房及房贷本息的偿还，是家庭生活的大项目。按今日之房价每平方米万余元，一套住房建筑面积 100 平方米计，保守估计需要逾 100 万元人民币，再加修缮装潢，置备必要的家具用具、家用电器而言，又是数十万元。经济发达、生活水平较高的大城市里，每平方米住宅的售价通常是三五万元之多，总花费还需要再翻两倍。有人说人们活了一辈子，精打细算，最终成果就是忙活了一套房子，这话说得有点绝对，却也说明住宅在家庭生活中的重要。

3. 退休后养老金的筹措

养老从 60 岁开始，到预期平均寿命 78 岁计，存活年数尚有 18 年之多，退休后每年开销生活费、医药保健费以 3 万元计，共为 54 万元，夫妻 2 人则为 108 万元。正常生活费似乎 2.5 万元即可，但要维持老人体面尊严、健康长寿的活法，保障晚年生活的安康幸福，尤其考虑到老人的医药护理费开支，更可能是个“无底洞”。需要在工作期间向国家或保险公司缴纳相当数额的保险费，以应付退休后的生活补贴。

4. 个人工作期间的生活费用

个人青少年期的生活费归由父母花销，这里只考虑个人工作期间的生活费开销。从 22 岁大学毕业就业，到 62 岁退休，正常工作期间为 40 年，每年生活费、继续受教育用费及其他杂项用费以 4 万元计，计 160 万元，夫妻双方就是 320 万元。

以上高达七八百万元的四大项费用，需要在有限的工作期间逐步获得，并将其在整个一生有效运筹与合理配置。夫妻各工作 40 年计，每年需要赚取收入 18 万元，人均 9 万元。这一收入和生活费标准在今天尚属于白领阶层，多数人员达不到这一标准。随着时间推移和居民收入水平的普遍增长，该收入和生活费标准还需要适度增加。

再如，如今每个家庭可以生育两个孩子，如此上述费用还需要再加上数十万元。若再考虑这是夫妻两人共同取得的工资收入，妻子在生育子女、相夫教子、做家务等必修课目上承担责任较大，需要花费时间、精力和心血较多，而其获取收入限于学历、担负社会工作及贡献的差异，又要低于男性。如妻子的工作收入以丈夫的 50% ~ 70% 计算，应是符合实际。就此而言，一个四口之家的日常生活、接受教育、养老、住房的全部用费七八百万元中，丈夫收入应占大半约五百万元，年收入要求达到 12 万元之多。

结婚、子女抚养教育及晚年养老属于纯消费支出，支出金额大小会直接影响家庭过往的各项支出配置，住宅则还可以视为投资品看待，多投资花费是必要的，现在花出将来又可收回，其他方面则需要做点精打细算。

（二）购房与养老

如上四大项支出中，养育子女的生活费开销和工作期间的日常生活费支出，因系数十年工作期每日都要发生，稳定而持久，直接扣减当期收入即可，不必另外筹措资金，在此不多做考虑。购房和养老，则是个人家庭生活中需要长期规划安排的两项基本开支，两笔资金应如何使用配置就是个现实问题。一般而言，购房支出及房间装修、陈设的数十万元乃至数百万元花费，需要长期的资金积累与存款贷款、还贷付息的精心调度安排；晚年退休后的养老用费则要靠工作之年预为筹措，用缴纳社保金、养老储蓄或商业养老寿险等金融手段解决问题。

人们在工作期间，既要考虑攒钱买房，又要顾虑晚年的养老储备。按照一般标准而言，买房需要数十万元乃至数百万元开销，养老同样需要数十万元乃至数百万元花费，人们中年期的生活负担就表现得很是沉重。若将住房和养老两大事项统筹打算，使得同一套住房既能发挥居住生活场所的功能，又能将其视为养老保障在晚年生活期间派上用场。结果是中年期的生活负担大为减轻，老年期的养老问题也能借此得到有效保障。这一设想能否成为现实呢？应当是完全可以的。原因是：

（1）每个人都有对养老和住房的迫切而又基本的需求，但这种需求并非同时发生。人们结婚成家时就需要住房，到退休时才需要养老金。

（2）住房是一笔巨大的不动产，且价值比较稳定，购买住房不只是正常居住消费，还属于重大投资和储蓄，通过住房价值的提前变现盘活这笔不动产的价值，将其转化为养老资源。

（3）住房购买后，可以完好无损地居住几十年之久，人们到中青年期购买的房屋，到自己身故后仍然会具有相当价值，将这笔价值提前“挖出来”用于养老，有着很强的可行性。

（4）养老和住房有众多的关联性，养老保障和住房保障制度构建也应具有一定关联性，两者同属社会保障范畴，国家通过相应政策措施确保“老有所养”和“居者有其屋”，社会养老保险和住房公积金，是国家为满足居民住房和养老需求的强制性积累，将二者有效整合，就可以此为抓手探求解决养老问题的好方法。

人们购买住房后，一般都会长期居住于此，甚至终老于斯，通常不大会频繁交易并四处搬迁。按照通常做法，自己身故后还要将该住房作为遗产给子女传承下去，以尽到做父母的责任。购买住房要花费大半生的积蓄，直到年老退休时才将贷款全部还清，一套已居住多年的住房，就是他们拥有的最大财富。充分利用房屋价值开辟新的收入来源，将会大幅提升老人生活质量。

以房养老模式的出现并非神话，这一模式的运行，将会使人们手中拥有的最大财富——住房，从超长期耐用消费品，最大限度地转化为具有可流动性的一般性资产，来满足个人家庭在不同生命周期阶段对资源配置的差异化需要。如此做法，不仅是老年人在世时富余的住房价值和空间场所，可以通过出售、出租、置换和招租等方式，在养老保障上发挥重大功用；老年人去世后仍旧会遗留房产的巨大余值，也可以在其生前通过一定的金融保险机制提前释放出来，用于加固养老保障的物质基础。

（三）房屋、养老、金融三要素连接

房屋与养老两大事项本是“风马牛不相及”，但又有一定的内在关联。住房是一种用于居住生活的实物载体，更是一种蕴含有较大价值可据以养老的价值载体，养老保障则是借助于住房价值变换终极要达到的目的，以

房养老则以金融保险为中介，将两者牢牢连接一起，从而释放住房蕴含的价值以很好地补充养老金的不足，发挥强化养老保障的功用。这一“连接”还表现得非常成功，马上会生发出不少有价值的内涵等待大家做认真发掘。

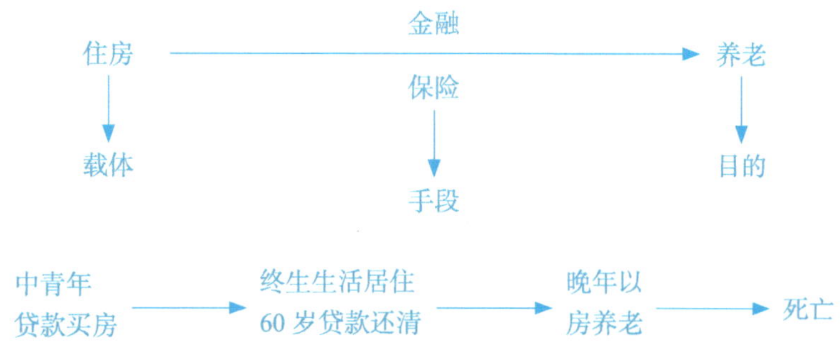

图 1　以房养老模式说明

（四）房产是老人养老之源

养老需要关注两大关键话题，即“钱从哪儿来，人向何处去”。单就“钱从哪儿来”而言，国家大力推出的社保只能解决人们的基本需要，却无法对每个老年人提供很好的生活保障。即使如此，日积月累到 21 世纪中，仍会有高达数十万亿元的巨大缺口难以弥补。大家希望晚年生活舒适惬意，就必须在中青年时代勤奋劳动、积累财富，供给晚年时代用于养老。这笔财富包括货币资产，更包括大家都拥有的价值不菲的住房资产。货币资产有较大不足时，运用房产蕴含的价值补充养老，即这里谈到的以房养老，就受到众多的关注。

房产是大多数老人的最大财富，几千年来流传的“养儿防老，遗产传承”，使大家习惯于死亡时将房产遗留给子女继承，而非用于自己的养老。但是，一个显而易见的事实是，有相当部分的老人或没有儿女，或儿女的经济状况颇佳，并不需要来自父母的遗产馈赠，或儿女对父母很不孝顺，父母死亡后铁定是要把房子交付子女，生前却难以得到来自儿女的精心照顾，日子过得就非常辛苦。

再者，老人拥有房产的价值尽管很高，使用寿命也很长，但个人余存寿命却是较短，整个一生辛苦积累的财富并未能在整个一生中做出有效安排，这是不符合将一生赚取财富在整个一生合理分配并消化安排，以期人生效用价值最大化的生命周期理论的。

这一怪圈应当如何打破呢？中国房地产开发集团的理事长孟晓苏教授，多年来一直倡导在我国推行反向抵押贷款养老。对这种“房产富人，现金穷人”现象，就用“一边捆着草，一边饿着牛”的风趣语言解释。为什么“饿着的牛”吃不到“捆着的草”，原因很简单。大家或许没有这方面的意识，或许意识到这一现实的不合理，却又局限于浓郁的传统观念和体制障碍无从有效排解。现在有了以房养老的新理念，再加上以反向抵押贷款为代表的系列产品纷纷出台，“饿着的牛”就很容易吃到“捆着的草”了。

二、住房为何能用来养老

（一）“房产有余，现金不足”的解说

民无居不安，人们拥有住房并为自己带来多方面功用，但这些功用发挥是否正好吻合晚年生活对住房功用的需要呢？并不完全如此，之间还存在着较大差异。积极消除这些差异将会为人们带来的收益，就使得房产养老成为可能。老年人参与以房养老，缘由大都是“房产有余，现金不足”。这个“有余和不足”通常包括的事项有：

（1）老人居住房屋的面积过大，功能过于完善齐备，远远超出晚年生活对居住空间和功能的实际需求，超出老人拥有时间和精力对住房维护整洁的需要。如寡居的老太太孤零零地住在上百平方米的住房里，又如智能手机的功能完善齐全，但多数用户却只会使用有限的几个，这些并不需要的手机或住房的多余功能就形同浪费。

（2）老人居住房屋尚有很长的使用期间，通常可达四五十年之多，但本人的寿命却仅为十多年或二三十年，远超出老人的可存活寿命，经常是住房尚可以长期完好地为房主提供服务，房主已是大限将至，行将就木。去世后遗留的较多房产价值就只能是传承子女或上交社会，行同浪费。住房在老人可存活寿命而外的使用期间，或者说老人身故后余存房产尚具有的价值，虽然照样有经济利益（主要指居住收益）流入，但对该老人已是不再需要，从而也就失去其应有的效用。该住宅的可使用寿命往往超出房主个人存活的余命，这就可以将房主死亡后仍然遗留的住房价值提前变现

套现来养老。

（3）众多老年人生活在年轻人十分向往的大城市，但交通拥挤、噪声、污染层出不穷，生活成本高昂，并不适宜晚年安居。这些老人更向往的却可能是风景秀丽、环境宜人、适宜居住且生活成本廉宜的市郊或乡镇，或每年至少能有一定时间到这些市郊乡镇生活若干月份。转换地域养老就可以节约生活用费，大幅提升晚年生活质量。

（4）老人的晚年生活，除住宅产生的居住收益外，还有吃穿行用、医疗保健、旅游观光、文娱体育等多方面需要。这些需求的满足显然不是住宅不动产可以产生，而必须依赖于持续不断的现金流入，这笔持续的现金流入正是晚年生活最感缺乏的。

如上差异说明住房功用发挥与满足养老生活综合需要的现金短缺之间，就产生了较大矛盾。实际上，晚年生活中的住房相对“多余”与现金相对“短缺”是社会的普遍现象。

（二）以房养老运作的原理——“损有余而补不足”

以房养老可通过房产资源的时间转换、空间转移、权属更换、住所变更等，消解多余的面积、功能、地段，来变换为短缺的现金，对“损有余而补不足”发挥较大作用，从而保障晚年生活更好地度过。

（1）时间转换。是将老人死亡后遗留房产的余值提前变现套现，用作生前的养老。通常讲到的反向抵押贷款、房产养老寿险、售房养老等，都属于这一方式。

（2）空间转移。是运用不同地域的住房价值、生活费用标准乃至生态环境的差异，将老年人从一个地域迁移到更适宜养老的其他地域，如大城市向中小城市、城市向市郊、城市向乡村的长期或短期的迁移并生活居住，实现节约养老资源、提高养老质量的目的。

（3）房产权属改变。是通过对住房的产权出售抵押或使用权的出租转让等，实现房产价值的流动化，从不动产转化为可用于养老的货币资产。

（4）住所变更，又称为住房置换或住房租换。是通过房主对住房的大换小、小换大或旧换新、新换旧等方式的改变，实现住房资源和货币资源的优化配置，更好地发挥住宅的养老功用。

以房养老是个大概念，概念之下有很多具体操作模式，都可以为我们实施以房养老提供诸多有用的空间。这些具体养老模式的状况与操作，将在后文专门说明。

三、什么是以房养老

（一）以房养老的含义

什么是以房养老，通俗地说，就是依据拥有资源在自己一生优化配置的生命周期理论，利用住房寿命周期和老年房主生存余命的差异，在不影响老人正常生活居住的情形下，通过一定的金融保险机制或非金融保险机制，对老人拥有的巨大房产资源流转置换，或将老人死亡后住房尚余存的价值提前变现套现，为其退休养老期间建立起一笔长期、持续、稳定乃至延续终生的现金流入，用于晚年养老生活的补贴。这一养老方式的推出，正可以在传统的“儿子养老”，目前的“票子养老”的基础之上，增加一种新的养老模式，即“房子养老”。

以房养老又是将家庭的住房购建与养老保险两大行为，借助于构思精巧的金融保险手段，达成一种有机的综合并融为一体，以期能利用住宅与房主生命周期阶段的差异，借用住宅价值自然增值的特性，通过一定的金融保险的特殊机制与运营方式，对拥有住宅资产的产权或使用权的转移出让以筹措养老用费，用住宅在老年人身故后仍然遗留的巨大余值来养度老人的晚年余生。

以房养老作为用房子蕴含价值养老的一种崭新的思想理念，可采取的方式很多，并不局限于反向抵押贷款。据我们的广泛调研和深入研讨，这些操作模式可分为金融模式和非金融模式两大类。前者运作复杂，必须通过金融保险机构开发相关的金融产品才得以顺利运营，包括反向抵押贷款、售房养老和房产养老寿险等；后者则是老年人开动脑筋，再加社会有意倡导，就完全可以自行操作，包括遗赠扶养、房产置换、房产租换、售房或租房入院养老、投房养老、合居共住、售后回租、招徕房客、异地养老、基地养老等各种方法。这些做法看上去大相径庭，其实都可以实现以房养老的大目标。这些方法并非独立使用，若将各种以房养老模式组合融汇时，还将带来料想不到的效果。

总之，只要能通过出售、出租、抵押、资产转换等各种金融或非金融的机制或手段，将所拥有住房的价值、使用价值或居住场所的时间或空间、权属、功能予以一定形式的转换，最终能带来一定的利益流入，有助于养老的行为，都可以称为以房养老。这就需要集中多方面财力智力，开拓多种养老模式给老年人自主选择，可操作模式越多，可供老人选择的余地就越大。

（二）以房养老的基本思路

以房养老是一种新兴的养老理念，是将人们大都拥有的住房与晚年生活必须考虑的养老保障通过构思精妙的金融保险机制连接后形成的产物。业务开办机构不同，具体操作方法有别，但其运营的基本思路则是基本一致，可大致做如下表述。

（1）家庭成员在其工作时期，只要考虑通过储蓄存款、按揭贷款等形式购买住宅，住宅可选购得较大较好，预期升值的潜力较高，然后于退休前还清贷款累计本息，取得该房屋的全部产权。这一期间除按规定缴纳“社保”外，养老储蓄、商业养老寿险等其他资金筹措方式，可不必过多考虑。

（2）大家在 60 岁或更高年龄时，将所居住房屋的产权抵押或出售给银行、保险公司等金融机构，房屋的使用权仍旧保留供整个晚年期间继续居住，直到生命的终结或准备迁移、出售该住房为止，同时从业务开办机构按月或年获取相应的资金用来养老，或是将居住房屋的使用权部分或全部对外转移，获得一定的资金回报。

（3）金融或保险机构综合评估借款人或投保人的年龄、生命期望余值、利率、房产价值及预计房主去世时房产价值变动等因素，按照约定的标准和方式，在整个贷款期间定期或根据客户需要一次性、随时性地给予所需钱财，供其养老补贴使用。

（4）房主去世或出售、搬离该住房后，本业务宣告结束，用房产出售所得或其继承人另行拿出资金，偿还整个贷款的累计本息，结清本业务。机构计算该业务的受益或损失。房价升值部分归抵押权人所有，或按照约定在双方间合理分配。

（三）以房养老的指导思想

以房养老的行为实施中，确立需要遵循的指导思想是必要的。它大致可以表现为：

（1）充分满足家庭生活居住、养老保障的需要，至少是对晚年正常居住生活没有出现任何负面效应；

（2）家庭拥有的各项人、财、物力资源得到充分有效地运用和合理配置，效用发挥达到最大化；

（3）注重家庭设立的长期性，生活目标的设立和满足需要等，都应当从个人家庭的整个生命周期阶段，做长期考虑权衡，勿使各项行为短期化；

（4）为使住房资产更好地达到养老保障的目标，应对此问题有充分的意识和知识技能，并给予较好的把握。

（四）以房养老得以成立的前提——居住收益与老年人对住房需要状况的差异

什么是资产，简而言之，就是人们拥有的，并能为自己带来若干经济利益或非经济利益流入的各类物品。因该项资产可以对其主人带来一定好处，我们就承认它是一种资产，能带来的好处越大，该项资产的价值就越高。如果该资产不能对其拥有者带来任何收益，我们就无法承认它作为某种资产的资格。

住房作为一项资产，同样为其拥有者带来预期的经济利益。通常它不是以现金流入的形式体现，而是以日常生活居住所提供的居住收益表现出来。这笔居住收益可用影子价格的形式加以显现。即假如我们依赖租房来解决居住问题，租入同样面积、地段、功能、状况的住房时，每年需要交付的租金为几何。现在有了属于自己的住房，这笔房租不需要缴纳，就是拥有住房带来的经济利益流入。

住房所能带来的收益，是否正好合乎老年人对居住养老生活的需要呢？如前文所说的拥有住宅空间过大、剩余使用期限过长、环境不宜、功用单一，等等，与老年人实际需求并不完全一致。

晚年生活需要资源与老人实际拥有资源的差异，为我们实施以房养老提供了诸多有益空间，以房养老的理念与方法正因此产生。如大房换小房、城市房换乡村房，再如将自己身故后仍然遗留的住房价值，通过一定的办法提前兑付变现，以弥补房产资源过于富余、现金资源相对不足的缺陷，都是以房养老的好办法。以房养老正在这里起到了一种"损有余、补不足"的功用，即减损住宅的面积过大、使用期比起余存寿命过长、功能过于复杂的缺憾，将这笔多出的居住收益实现价值流动化，形成整个养老期间的现金持续流入，弥补养老金来源的不足。

尽管以房养老的理念与运作方式，在中国还处于探索的过程中，但它却渐渐跃入眼帘，成为人们可以随手触摸的现实。只要能开动脑筋，退休时对住房变点"小魔术"，即可得来全不费功夫。尽管老人的房子不是用糖果做成，但用房子养老，仿佛就是格林童话中诱人的"糖果屋"，不仅可以保障老来衣食无忧，还显得异常自如轻松。

（五）以房养老的途径和手段

住宅资源通过时间转换、价值盘活、空间转移、住所变更、权属改变等手段，更好地实现以房换钱加固养老保障的目标。

1. 时间转换

为使大家更好地理解以房养老的基本理念，还可以用以下例证进行更好的说明。如某人现年 62 岁，预计寿命为 77 岁，尚有 15 年余命，现决定用以房养老来度过晚年的幸福时光。经评估该住房价值为 60 万元，预计使用寿命还有 30 年，到该住房不堪使用决定报废时，所附着的土地仍然具有一定价值。预计在住宅未来的 30 年使用中，每年可提供 100 个单位的居住效用；老人生存余命的未来 15 年中，每年除居住外，包括吃穿用行、文化娱乐、医疗健康等，还需要享用 200 个消费效用单位。如此计算的结果是，住宅可供享用的时间超出老人的有生之年，除居住外的 200 个单位的消费效用，相应的经济来源除养老金外又备感缺乏，不能真正满足多方面的消费需求。

传统的子女养老、遗产继承状况下，问题解决的办法是，每年不足 100 个单位的消费效用，由子女以赡养形式向父母补足，共计补足 15 年。住房多出15年使用期的1500个消费单位，因系依附于所居住的住宅，则于父母身故后由子女全额继承。以房养老的状况下，则是将住房中多余的1500个效用单位，转换为日常消费欠缺的1500个效用单位。总效用单位未变，但却将自己从晚年的养老困境中摆脱开来，一大难题迎刃而解。

应当说明，上述计算对货币的时间价值未予考虑，但也谈到该住房再过30年报废时，附着土地仍然具有一定价值，用这笔资产提前变现而来的贴现款，应当予以较好满足。如考虑到房价保值增值的特性，这一保险系数还表现得更大一些。

2. 价值盘活

目下城市住宅价值畸高，只要在稍微像样的地段买个差不多的住房，动辄就是百八十万元，甚至超出自己一生所能赚取的全部钱财。但这笔财富又是死死占压在房产，成为“价值凝固”的不动产，难以实现流动。只要将该住房上凝结的价值稍许盘活，哪怕是自己去世后住房具有的价值在生前给予一定程度的盘活，都可以在养老方面派上大用场。再者，大房换小房，市区房换城郊房，京沪房产换西安、昆明房产等，同样可以将凝结的住房价值盘活移作养老使用。如此做法，老年人不再会发愁晚年无钱财使用，而是要发愁“钱多得花不完”了。

目前，住房资产的价值流动化开始引起大家关注。住房实体是一种一经移动就会发生毁损的不动产；住房蕴含的价值则是可以流动的，并通过这种流动使其在个人家庭的不同生命周期阶段合理配置和发挥效用，以便更好地实现养老保障的目标。

3. 价值增值

人们购买住宅除正常生活居住外，还会购买第二套或更多套住宅，利用住宅增值保值的特性赚取经济收入，到晚年经济实力下降时，再将该住房出售或出租的收入用来养老。这是发挥住宅的投资盈利功能养老。投房养老的行为目前已有较多出现，对房地产升值有先知之明，并占得先机者，无不从无到有，从小房演变到大房，从一套房衍生为多套房，出租营运赚钱养老，就是轻而易举。

4. 权属改变

房产权属的改变，是通过住房产权出售和使用权转让等，实现房产价值流动化，将住房从不动产转化为可用于养老的货币金融资产。美国某些家庭有种做法，年迈父母将拥有住宅的产权出售给已成年子女，子女则按照市场经济法则，拿出相应资金一次或分期交给父母用于养老，同样属于住房价值盘活，而且是局限于家庭内部的“肥水不流外人田”。近几年来，部分老人看得开、想得远，将住房在市场上出售掉，拿到大笔房款挑选最好的养老院住进去，舒适、安心、幸福地度过晚年；或将该住宅用于出租，用租金收入贴补生活日用，自己住进养老院，自己身故后还可以将该住房遗留给子女。养老院热闹非常，又有精心的护理服务，成为这些老年人的养老首选。这同样属于我们谈到的以房养老的概念范畴。

5. 空间利用

住宅空间利用可采用的方法很多。大家年轻时购买新房，无不寄希望毕其功于一役，争相买大房、买好房，100 多平方米的大房成为首选。到了老年时代，子女日渐结婚成家，离开父母的羽翼自立自强，家中只剩老两口，需要动用的住房面积其实并不多，复杂多样的住房功能也形同浪费。通过各种手段消除这种空间与功能的“浪费”，如出售大房换进小房，出租大房换租小房，或用多余住宅面积招徕年轻房客共同居住等，都是以居住空间获取大笔收入养老的好办法。它不需要金融保险机构的参与运作，是大家都可以想得到并熟练操作获益的。

6. 异地转移

住宅作为不动产是无法移动的，房主的居住空间转移则十分简单。这是运用调节不同地域的住房价值、生活用费标准的差异来实现价值或节约费用，既减少养老资源消耗，又提高养老生活质量。如京沪大都市的闹市区是寸土寸金之地，住宅价值天然昂贵，生活成本高昂，且拥挤嘈杂喧嚣等，很不适于老人生活居住；城市周边的市郊乡镇、沿海或沿江地域则是生态环境异常优越，且房价地价廉宜，生活成本很低，大城市的老年人自愿移居到这些地域养老，就是个有益选择。

大家临近退休时，为考虑退休后能有更为舒适的居住环境，往往会出售或出租位于市区的住宅，再选择适宜环境换购或换租郊区乡镇的住宅，既可多出不少钱财用于养老，又能变换养老口味，降低生活成本，提升养老的品位和质量。在这些适合养老的地域，大量建造高质量、大规模、适宜生活居住的银色住宅、老年公寓或养老基地等，提供给老年人居住，就是应有之义。

总之，以房养老的实质，是将广大家庭普遍拥有的住房资源给予价值上的变现盘活，空间场所的充分运用，权属功能层面的有效转换，借此获得养老所需要的稀缺资源，都可以达到用房子养老的最终目的，都是我们这里谈到的以房养老。只要我们开动脑筋，解放思想，就能够实现“以房换钱养老”。这就解决了目前国家、社会以及家庭个人最为头痛的养老资金筹措的大问题。

四、三个老太太的 PK 大赛

（一）中美老太太的天堂相会

20 世纪结束时的中国，住房商品化初始兴起，上银行贷款买房还被冠以“透支明天”“超前消费”的名头，以刺激贷款消费，拉动经济增长。当时的新闻媒体广泛流传着美国老太太和中国老太太在天堂会面的故事，中国老太太很高兴地讲到了，辛辛苦苦攒了一辈子的钱，终于在临终的前一天买到属于自己的房屋，在新房中住了一晚上，现在来到天堂，一生的辛苦没有白费，总算了结了一桩大事。美国老太太同样很高兴地讲道，年轻结婚时贷款买的房屋，住了一辈子，总算在临终的前一天将贷款本息全部偿还完，没有给儿孙后代留下任何债务，也心满意足地来到天堂。

两位老太太比较分析各自选择的优势劣势，发现美国老太太的做法比中国老太太要高明得多，从住房中获得效用更大，得到满足感更多。中美老太太的这一较量，带来了中国民众消费理念的大变化——储蓄购房改变为贷款购房加储蓄还贷，以便用“明天的钱圆今天的梦”。有人说，观念改变世界，这一消费信贷理念的确立，确实带来住房商品化的大见成效，居民住房生活质量的大幅提升，房地产业持续快速的激活，国民经济持续长期的大幅增长，城市面貌和居民生活方式迅速改观，这都是有目共睹的。

（二）第三个老太太参与 PK 赛

正当人们还陶醉于按揭购房消费的融融乐趣，美国老太太为成功胜出沾沾自喜之时。一位来自 N 国的老太太又跳了出来，高声喝道："我要与美国老太太 PK！"

只见第三个老太太神采奕奕地站在 PK 台上，说："我是在年轻时贷款买房，到 60 岁临近退休时就将房贷全部还清，然后我将该房屋的产权抵押给银行，使用权则依然保留，可以正常生活居住，抵押住房获得的钱财由银行每个月支付给我作生活费补贴。到我上天堂之时，住房的价款正好花销得干干净净。晚年生活的 20 年里，我去中国爬了长城，到法国吃了大餐，赴韩国做了整容，去美国逛了迪士尼乐园，这都是我把房子抵押给银行，让房子给'报销'的。……这辈子赚的钱财在这辈子又花销得干干净净，想起来真是痛快！"

美国老太太的做法固然很好，但还不是最好的。来自 N 国的第三个老太太，思想观念又前进了一大步，这就是某些发达国家非常流行的反向抵押贷款。通俗地说，就是老年人将自己的房产抵押给银行获取流动现金，用来养度自己的余生，贷款机构则在老人出售、搬出房子或过世后再将房产收回的一种金融手段。这正是今天已脍炙人口的以房养老的典型方式。

三个老太太的小故事，说的是三个国家的老百姓不同的财富理念和买房、养老方式。中国老百姓靠自我积蓄为主，一辈子节约攒钱买房，最终为子女办了好事；美国老百姓充分利用贷款融资，提前消费，既拉动了房地产交易和社会投资，又得以尽早享受新生活；N 国的老百姓则充分利用房产蕴含的巨大价值，尤其是人死亡后房产仍然具有的价值，抵押住宅所有权的同时保留住宅使用权，在不影响晚年正常生活居住的情形下，提前给予价值变现，从而得到一笔笔稳定可靠且延续终生的现金流入，用来养老，自然是再好不过。

（三）三个老太太的行为图式

首先我们对三位老太太购房与养老消费的状况，用下面的图式加以比较：

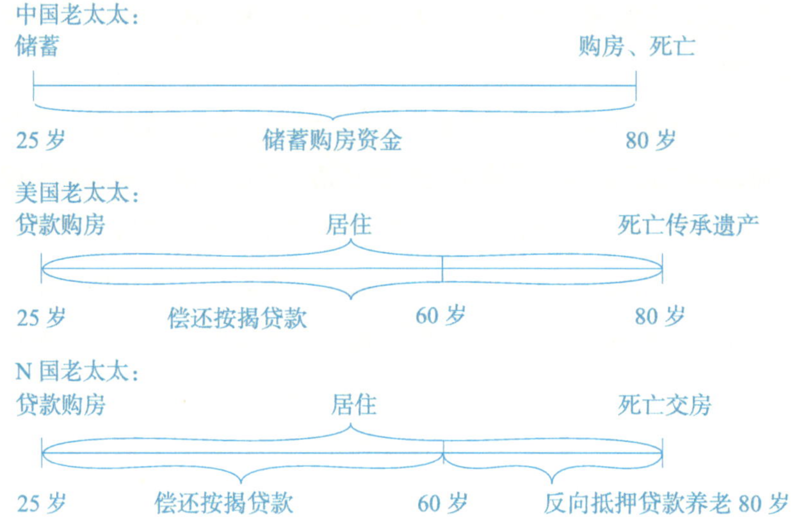

三个老太太都是 25 岁结婚成家，60 岁退休养老，80 岁死亡，不同的是购买住房和筹措房款的时间及房产处置的方式。中国老太太死亡前一天才买到属于自己的住房；美国老太太和 N 国老太太则是年轻时代买房，终生居住。美国老太太是死亡的前一天方才全部归还银行贷款，N 国老太太则是 60 岁还清全部房贷。中国老太太和美国老太太死亡后，房产都归由子女继承；而 N 国的老太太则是将住房的余值以房养老，人死亡时房产的价值也同时“死亡”。

（四）三个老太太的行为评析

三个老太太都是辛苦劳作一辈子，出了一辈子的力，住了一辈子的房子，得到的结果却是大不相同。将三位老太太的做法加以对比，就个人价值最大化、合理配置家庭拥有资源更好实现居住和养老的终极目标而言，不难发现第三位老太太的做法最为明智，收益也是最高，一生赚取的钱财在自己的一生得到了最好的价值实现。在老龄化危机日益严重、养老资源日益短缺的今天，这一做法更有着普遍的价值与意义。

中国老太太一辈子辛辛苦苦挣钱、攒钱来购房，在严重的通货膨胀时期，资金积聚的速度会远远赶不上房价上涨的速度，大大延迟了购房的进程，直到临终总算购得一套归自己所有的新房，只住了一晚就一命归西，结果诚然可悲，购到的住房是否全无价值呢？否。它一般是作为遗产归由儿女继承。父母辛苦操劳一辈子，一生为儿孙做牛马，却未能从这种辛苦中得到应有的回报。虽说为儿孙办了件大好事，但自己又得到什么结果呢？这种做法今天是否要大力提倡呢？并非如此。

这里我们还想询问：人为住房劳累了大半生，付出是太多太多，房子为人又带来什么呢？能否让人为房子服务的同时，也能通过某种机制和手段，尽量让房子为人多提供服务、多做贡献呢！有位美国人写的《穷爸爸、富爸爸》一书，为何能大行其道，就是其间讲了一个很好的道理："财产为人服务，而非人为财产服务。"许多人的一生为何感觉不到任何快乐，在贫穷的时代是这样，在富有的情形下依然如此。这就需要从哲学的高度评判了，"我整天活着、忙碌着，到底是为了什么呢"？

中国老太太的做法，从现代人的视角观察是很傻的。如国家开征遗产税，将住房作遗产给儿孙们继承，还要再缴纳 20% ~ 50% 的遗产税，对家族而言更是一大损失。对子女来说，平白无故继承到一套住宅，应当是件好事，但从培养子女的健康成长而言，这种不劳而获的行为并不值得夸耀，真不能算是一件大好事。国家为何要开征遗产与赠予税，并非一定要在死人的头上收敛这几个"小钱"，而是要借此大大减弱不劳而获、坐享其成的遗产继承行为。比尔·盖茨是世界上首位大富豪，他作出的一个重大决定，就是将自己拥有的财富 100% 地捐赠给社会。正是这一决定，使得比尔·盖茨不仅是一个卓有贡献的大发明家、受人羡慕的世界第一大富翁，还成为备受世人尊敬的大伟人。

美国老太太的做法是明智的，今天需要大力倡导。她从结婚成家时就贷款买房，虽说要交付不菲的利息，却是一直居住在属于自己的新房里，到临终时购房贷款已全部还清，房屋产权完全成为自己的。但需要说明的是，既然这位老太太已是一命归西，房屋归属于谁也就不值得再予谈起，庆幸的是没有给儿女留下任何债务。遗留的住房已居住数十年，价值不多，也足可欣慰。将该住房传递给儿女继承固然不错，但如该位老太太并无儿女，或虽有儿女，却对继承该套房产持完全无所谓态度，而老太太本身又是现金来源颇有不足，要"端着金饭碗讨饭吃"时，这事做的意义就不大，该套房屋仍然有相当价值未能很好利用起来。且遗产传承给子女时，仍要按照国家规定再缴纳数额不菲的遗产税，对精明的美国人来说也是一大憾事。

第三位老太太同样是将该房屋尽早买到手，并安然享用一辈子，只是贷款本息归还早了10多年。人满60岁，住房贷款就全部偿还完毕，这是完全可以做到的，且在低利率时代更合算一些。到退休时再在住房上变点“小魔术”，正好将住宅这种已“僵化、凝固”的不动产，转化为可资充分利用养老的“糖果屋”，临终时正好将该房屋的全部价值花销得干干净净，然后才无牵无挂地来到天堂。第三个老太太的出现，让我们相信房子养老在将来必定会大行其道。正是出于这种养老方式的促动，我们看到来中国旅游的外国团队多为老年人的事实。在我国，以房养老已成为21世纪以来人们最为关注的话题之一。

美国老太太贷款购房再分期还贷的办法，给大家购买住宅带来了新思路。这一新思路对我国的房地产业开发，对金融保险业的业绩和利润增长，对老百姓的安居乐业，迅速改善生活居住水平，对国民经济的健康快速增长、城市面貌迅速改变、规模大幅增进等的功用和影响，今日不论给予何种溢美之词，都是不过分的。第三个老太太用房子养老的新观念，将在养老保障和代际关系变革方面产生一场新的革命。这一新养老思路的变革，同样是给予再高的积极评价，也都是当之无愧。

第三个老太太以房养老的做法，让我们看到了养老事业的辉煌明天，众人对此的热切讨论与关注，表明中国的老人需要“糖果屋”。房子养老仿佛就是一个个诱人的“糖果屋”，不仅可保障老来衣食无忧，还显得异常轻松自如，得来全不费功夫。就这样，靠房产养老的第三个老太太在这场激烈的“超级老太PK赛”中大获全胜，这种“想玩就玩，快乐生活”，“财产为人服务，而非人为财产服务”，“一生赚钱为一生更好地消费”的理念更是羡煞旁人。

五、60岁前“人养房”，60岁后“房养人”

“60岁前人养房，60岁后房养人”。“人养房”大家是清晰的，并都在这样做，“房养人”应如何实施呢？有人说了“应当请专家指教一条明路”。

（一）60 岁前后的界定

60 岁是个敏感字眼，热门话题。60 岁前和 60 岁后，正以 60 岁为界标，将人生分为工作赚钱和休息养老两个截然分开的阶段。前一个阶段，人们要工作赚钱、购房花钱，积聚起以货币和房产为代表的大笔财富，为日常生活和日后养老打下良好基础；后一个阶段则是人们休息养老、花钱消费，安然享用前期积累成果的时期。但后期能否真正做到“安然享用”前期的劳动成果，能够享用多大的数额，这笔数额能否基本乃至较好地满足整个晚年生活的需要，正在于前期积累财富数量的多寡和质量的高低。假如大家都能在工作期积聚巨大财富，养老期自然可以顺利安然享有。但如前期创造财富的状况并非很好，或者属于月光族未能有意识地未雨绸缪，积累起较多财富，晚年养老生活就不可避免地出现大的纰漏。

需要说明，这里谈到的 60 岁，只是指时下我国政府规定的退休年龄，大多数情形下同实际退休年龄是相符的，但今日也出现有 50 岁左右就提前退养，或 65 岁仍在岗位勤奋工作的情形。我国的现实情况下，每年有多达千万的劳动力要安排就业，数额之大远超各经济发达国家拥有劳动力的总和，有相当多数的中青年人员仍要为“饭碗”问题在求职线上苦苦挣扎。随着人们寿命延长和生活方式演变，人们的身体健康状况与五六十年代相比，已是不可同日而语。大家不到 60 岁或 55 岁就提前办理退休手续，显然是人力资源的重大损失和浪费。如像欧美等国那样延长到 62 岁、65 岁或 67 岁退休，在养老操作上更为适宜。考虑到老人的身体健康及承担工作能力的状况，大多数老人完全可以精神抖擞地工作到 65 岁或更多，而不降低工作效率。退休年龄完全可以全面放宽，或可采取更为确切可行的办法，就是划定 60 ~ 65 岁的就业弹性区间，老人到了 60 岁可选择退休回家，或留下来继续工作，到 65 岁时再强制退休。女性老人因要考虑抚养孙辈做家务等，也不妨少许加点提前量。

（二）如何做到 60 岁前“人养房”，60 岁后“房养人”

60 岁前“人养房”是必然的，民无居不安，人们需要有自己的居住场所，但为实现这一目标花费的代价太大太高，甚至像传说中的中国老太太那样，用毕生的精力才实现“居者有其屋”的人生目标，诚然可悲，结果只是“以老养房”，而非以房养老。为了实现以房养老，大家必须于中青年期通过储蓄存款、按揭贷款的方式购买房屋，并在日后的长时期内逐步还本付息，最终在60岁前取得该住房的所有权，否则，这里谈的60岁后“房养人”就失去了应有价值。

60岁前“人养房”需要有相当技巧，我们并非是用毕生精力积累购房用的钱财，而是聪明地用按揭融资的方法提前买到属于自己的住房，尽早享受新生活。到60岁时，一切按揭贷款都已归还完毕，取得了所居住房屋的全部产权，也就为60岁后的“房养人”准备了充分的前提条件。在按揭贷款日益盛行和收入财富急剧增长的今天，60岁前完全结清住房贷款本息，是大家容易做到的。储蓄买房或贷款买房再攒钱还贷，反映了两种金钱观或消费观的差异。但何种方式更合算，还需要组织相应的计算比较方可。

但60岁之后，如何将拥有全产权住房所蕴涵的价值，尤其是自己死亡后住房还存留的价值提前挖掘出来用于养老保障，就是个大难题，需要有较好的技巧与方法。使用手段有简易的，也有复杂的，后者如反向抵押贷款没有金融保险机构的广泛参与就无法操作；前者则只要老人认真开动脑筋，大胆解放思想，破除头脑中的某些条条框框的束缚，就可以实地操作。如简易的大房换小房，市区房换市郊房，出售住房自己居住老年公寓等；如将已具有完全产权的住房先行出售，再通过租房、入住老年公寓、“售后回租”等安然生活；或采取出售产权、保留使用权、售房不离家的办法达到这一目标。如此既可获取足额款项用于养老，又能保持对住房甚至是原有住房的居住权，对晚年生活没有任何负面影响。

（三）60岁前“人养房”与60岁后“房养人”的关系

60岁前“人养房”今日已有较多探讨，它需要考虑人应当怎样养房。传统的养房只考虑房子的居住功能，如何能居住舒适便利。为此，住房的面积应有多大，价值该有多高，装潢应达到何种程度，周边的生活环境优美，地理交通位置便利等，都为买房时需要重点考虑。目下，大家认识到住房还具有较好的投资价值，购房时大多还要考虑升值潜力及程度大小，考虑坐落地段环境的地价和房价的变动趋向等，争取买到的住宅能有较大升值空间。如从养老保障的角度看待购买房屋一事，则会同时考虑两大因素。既要考虑购房后的长期使用居住，住房坐落的地段朝向，又要关注住房的投资升值，若干年后该房价升值会达到何种程度等，保值升值潜力越大，可发挥的养老保障功用就会越为强烈。

没有60岁前的“人养房”，就无法实现60岁后的“房养人”。前者需要人们动用各种手段，积聚起必要的金融资产，并使之转化为住宅实体，从而满足人们对居住的需要；后者则是人们释放住宅资产中已凝结的巨大价值，使其重新转换为金融资产，以切实满足人们对养老的诸多需要。在这种以养老为目的的购房行为中，既然现在购进的住房，将来还要发挥养老的功用，房子不妨买得面积大一些，坐落地段好一些，为此的花费多一些。既然是“人先养房，房再养老”，中青年期的养老金缴付、养老储蓄等，都不再是必不可少，养老保障中的重要性也会大幅减弱。大家可以拿出这笔原准备用于养老的储备金，加大对住房的购买。

“60岁前人养房，60岁后房养人”的口号是提出了，并在传统的养儿防老、今天储金养老的基础上前进了一大步，它不仅是积蓄钱财养老，而且是积蓄更为重要的住宅的价值变现套现等，间接达到养老目标。总之，60岁以前，人将房子养得好一些；60岁以后，房子就可以将人养得好一些。反之亦一样。

（四）60岁前后“养房”与“养人”需要做的工作

1.60岁前“人养房”需要做的工作

60岁前的“人养房”，有众多事项应予把握，要考虑国民经济增长大势和房价涨跌趋向；盘算初始购房的价款及还贷方式和期限，选择购房时点和贷款付结时点，以结算还贷付息；还需要考虑养大房、养好房，价值昂贵的房，甚至是多买两套房，为晚年的“房养人”打好稳固基础。为此，个人要有贷款购房的意愿和逐期还贷付息的能力；金融机构要开办住房贷款业务，并乐意为居民提供融资服务；房产商乐于接受按揭购房的新办法，并为此提供各种便利；国家要建立完善各种相关的法规制度，以维护按揭购房事项的顺利实现，并对其间可能发生的风险给予有力防范。这些注意事项固然很多，但都是大家熟知的，比60岁后的“房养人”要简单得多。

2.60岁后“房养人”需要做的工作

（1）充分认识到“房养人”的现实意义及对养老的重要功用，自觉主动地参与这一事项。

（2）房养人是涉及社会各关联方的复杂事项，需要整个社会对此以充分理解、包容和支持，并提供充分运作的舞台。

（3）国家各项相关的法规政策为此提供优惠支持，鼓励人们积极参与这一事项，并对这一行为的各参与方之间可能发生的利益协调、纠纷处理等，给予公正客观评判，保护好各方的合法权益。

（4）为达到房养人的较好效果，购房时应注重房价上涨的力度。一般而言，房价即使在持续上涨之中，具体到不同地域的不同楼盘，上涨幅率也有较大不同，要考虑该住宅在最终房主死亡、交付机构时的房价可达到价值为多大，其间有很大的不确定性。

（5）以房养老的操作技术性较强，涉及房价波动、预期寿命、利率调整、保险精算、金融工程等大量技术层面内容，而参与者已是年过60岁的老人，如空有高涨热情却无相应操作技能，最终结果就可能是适得其反。大家能否很好理解并接受这一事实，是个大事。

（6）目前的老年人相当多数属于“现金穷人，房产富人”，应在拥有的富饶房产和贫困现金间搭建一种协调转化的有效平台，以完成这一转化过程，建立稳固的养老物质基础。谁来担当平台构筑的重任，只能是金融保险机构，但该机构能否担当好这一重任，尚任重道远。

六、以房养老的参与对象

以房养老主要针对“两无一有”的孤寡老人，即没有子女或法定继承人，没有足够的养老金或储蓄存款，却有一定价值房产的老人。对这些无依无靠、死后遗留住房却可能闲置浪费的老人来说，以房养老的确是不错的选择。事实上，参与以房养老的对象还可以宽泛得多，主要有如下几个方面。

（一）中老年家庭

以房养老业务对中老年家庭最为适合，它将促使老年人放心大胆地花钱购房，再用住房产权的特殊出售或反向抵押来养老。青年家庭距离年老似乎还很遥远，尚未到考虑安度晚年之时，对此并未感到十分紧迫、值得关注。但在购买住房时，就有意识地未雨绸缪，提前考虑将来以房养老则很有必要。中年家庭已开始对晚年生活预为筹划，并通过投保养老寿险等将其付诸实施，但对住房参与养老，还未能提上议事日程。众多老年人积蓄了雄厚的钱财，却要考虑更为现实的养老问题，不敢大胆消费促动晚年生活质量改善。有了住房换钱做底蕴，这一担心就迎刃而解了。

（二）自有住房并拥有完全产权

人们对居住房屋是否拥有完全产权，是关键一环。家庭必须对其居住的房屋拥有完全产权，才可能对该套房屋做出售、出租转让等考虑。如居住房屋是临时租入或只拥有有限产权，就不可能对该房屋自作主张，将其用于自身养老或在市场上出售转让，更不可能借此实现为自己养老的目标。这就使众多很需要加强养老保障的贫穷阶层，因缺乏归属于自己所有的房产，难以参与这一很需要的业务。

时至今天，人们是否拥有完全产权的住房，已不再是一大障碍，我国绝大多数居民目前都有了自有产权的住房。但有一定份额是购买的经济适用房，虽说产权归自己拥有，却只是有限产权，住房转让出售等受到一定限制，这就需要国家相关政策法规的产权明晰。至于说居民购买的商品房，则完全有资格自行支配换取金钱养老。

（三）经济状况适中或较好

俗话说“穷有穷养，富有富养”。老年人的经济物质基础甚为雄厚，金融资产充沛，既有可观的钱财用于养老，又有很好的住宅生活居住，考虑房产养老与否都是可以的。通过以房养老将晚年生活安排得舒适、奢华，对此我们是欢迎的。老年人愿意花钱高消费，对拉动国民经济增长也是种贡献。事实上，业务开办机构为减弱反向抵押贷款业务开办的风险，增加盈利，更希望这类富裕老人加入贷款队伍。能够考虑这一养老模式的，大多是经济物质状况居于中上等水平者。

如老人的经济物质条件较差，或没有自己独立拥有的房屋，或有着自己的房屋，却是破旧狭小，坐落地段不佳，价值评估很难上档次，就很难指望它能作为自己养老的资本。金融机构无法将此类住房纳入自己的业务操作范围。即使参与反向抵押贷款，也会因费用成本较高颇不合算。这时可采用的手法，就是出售住房改住养老机构，或采取其他以房养老办法，使晚年生活更易于安排一些。

值得注意的是，愿意接受以房养老者可能有多处住房，收入不菲，抵押或预售给银行无所谓。退休前养老积蓄不足，退休后收入急剧下降，理论上最适合以房养老模式的老年人，则往往是住房价值不高。相形之下，他们更希望将住房用于其他用途，如传给收入同样不高的子女，留在手中预防疾病等。只有这一特殊群体能顺利接受以房养老新理念，社会需求才能真正形成，推行以房养老的基本宗旨也才算真正实现。

（四）没有子女或子女不期望继承父母的房产

大家在中青年时代买房，除生活居住外，大多还为着自己身故后能将该住房留给儿女使用。但如该家庭没有子女，且将来也坚决不要孩子时，买房可发挥效用就立时减弱半数。有对年轻夫妻立志不要孩子，他们听到以房养老的理念后，认为“这种做法的本意很好，对我们这些‘丁克’家庭正像量身定制般感觉非常合身。但对那些有儿有女的家庭而言，可能就不一定合适了，是否选择这一模式要因人而异”。

大多家庭是有子女，但子女的经济状况颇佳，或子女雄心大志要自己创业打天下，对继承父母房产并无太大兴趣，或子女在外地或国外发展已是大有成就，对父母的房屋是否传留自己，完全持无所谓态度，父母用房子为自己养老就是理所应当。如子女的经济状况较差，无力购买自己的住房，婚后仍同父母住在一起，这时精心赡养好老父母，父母去世后继承房产，也是理所当然，费用省，效果好，正是我国社会历经五千年来流传至今的最好的以房养老。

（五）城市或城郊家庭

住宅地处城市，尤其是人气凝聚、欣欣向荣、经济快速增长的城市，房产价值高且在不断增值之中，中介市场活跃，二手房变现转让容易，需要向银行申请反向抵押以房养老时，也能得到银行的首肯和担保，从而较为轻易地取得贷款。但如该房屋地处农村，或经济发展缓慢的不发达地区，则因房价低、房价增值缓慢且不易变现等，很难推行这一政策。业务开办机构也很难将其列入贷款计划。可资对比的是，农家子弟考入大学需要申请助学贷款时，自有房屋也往往被明文规定不能抵押担保。这其中是否有地域、城乡歧视的因素在内，不能简单加以推定。

城市是流动开放的，农村则几乎处于封闭状态，农村住房的明显缺陷是价值低、交易难、变现能力弱，除本村村民外，很少有其他人员能参与购买，国家还特别规定禁止城市居民到农村购买宅基地，这就限制了农村住房的交易变现。但位于城市近郊区、卫星城镇、经济发达地区，靠近乡镇机构所在地的住房，则会因城市化、产业化进程的加快，拆迁转让土地征用等，具有较大的升值空间，有较多市场行情和房产变现的机遇。

（六）思想观念新颖

以房养老是个新生事物，是养老保障和金融保险制度的一大创新，是传统养老和代际财富传递模式的重大变革。要想在我国顺利推行以房养老，首先应采取各种宣传营销手段，鼓动大家思想观念解放，在自己的晚年时分踊跃接受并积极参与这一新生事物，否则就很可能出现“有行无市”的现象。

可以认为，思想观念新颖、乐于接受新生事物的老年人，将是以房养老业务的积极参与者。思想观念保守，希望为子女遗留较多房产的老年人，则大多不会加入以房养老的队伍。我们是否需要对思想观念保守的老人大力宣传这一新理念，鼓动甚至迫使他们都来参加这一事宜呢？不必。转变老年人的观念甚为吃力又收效不大，即使说一时勉强接受，日后长期的运行中也极易出现反悔、毁约等情形，更不应当强迫老人一定要参与这一业务。

（七）家庭人际关系和谐

家庭人际关系和谐，是以房养老业务得以推出的重要条件。父母依靠自身力量自我养老，不再麻烦子女，会深受子女的拥戴；有志气的子女乐意自立自强，自己创业打天下，而非依赖父母的遗产过舒服日子，定会让老父母心中乐开了花。这一新的代际理念和家庭人际关系，正是现代家庭应大力倡导，更为市场经济社会的新型代际关系应当具备。否则，以房养老就很可能因来自子女的强烈反对而难以成行。

综上所述，适合以房养老的家庭有哪些呢？大致可以包括拥有自有住宅，经济物质状况中上等，思想观念新颖，乐意接受新事物，代际关系和谐，不同子女共同居住的城市中老年家庭。建议在国内选择若干经济较发达、居民收入较高、观念较开放的城市先期试点，试点成功再全面推广。

七、以房养老应具备的住房资格

为实现以房养老的大目标，首先要求大家都拥有属于自己的住房，然后才可以用该住房为自己的晚年生活谋取利益。但是否所有的住房都可以用做养老保障的工具呢？并非如此，它需要具有一定的资格和条件。

（一）家庭拥有住宅的状况

如欲采取以房养老新模式，首先需要了解老人拥有住房的实际状况，如住房的面积有多大，历史年代有多长，价值有多高，坐落地段朝向为何，周边的生态环境、教育文化生活设施是否具备等，都是要考虑的重点因素，需要详细论证和科学评价。住宅面积大、功能全、质量优、周边环境好，未来升值的潜力大，足以担当养老重任；如住宅面积小、功能差，价值低，或已简陋不堪，行将拆除，就难以迫使该住宅发挥更大效用。通常情形是，房子越好，价值高，养老保障的力度就越大，反之亦然。

目前，我国居民已积累起包括储蓄存款、股票债券、外汇、手持现金等货币金融资产，约计百万亿元。巨额资金运用中，安居乐业是居民追求的，住房是家庭耗去大半生积蓄的最大支出。释放凝聚于住宅的价值用于供养子女上学、旅游观光、家庭设备更新、改善居住生活条件和养老开销等，无疑是有益的。

（二）房主对住房拥有完全产权

住宅若只考虑正常的生活居住时，产权归属等并不需要给予特别关注，租房居住也是常有之事。但若将住房视为养老保障的手段，产权就必须完全归属房主本人所有才可，一辈子租房住显然无法借助该房屋实现为自己养老的愿望。不具有产权的住宅，人们不可能将其拿出来交易，更不可能将住宅的变现款为自己养老。

有人询问，我的住房是国家实施房改政策后的“房改房”，在产权出售与支配方面都有某些限制，能否拿出参与反向抵押贷款事宜呢？房改当时，国家对房改房的支配权利等曾给予某些限制条款，目前时过境迁，条件已完全放宽，房改房参与以房养老完全可行。但如申请购买的是经济适用房或廉租房，参与资格就会有一定限制或完全无法参与。

人们是否拥有完全产权的住房，在我国已不再是一大障碍。21 世纪以来，随着住房制度改革、住房商品化和居民收入的快速增长，商品房建造及出售的成绩骄人，人们购买新房的热情久增不减，越来越多的城市居民拥有了自己的产权住房。家庭财富拥有的状况及住房资产在家庭财富中占据的比例等，都有了较大幅率提升。根据国家住房和建设部及老龄委对城乡老年人口的调查资料显示，城市居民拥有完全产权住房者，2015 年已达到 91% 的高份额，有超过 15% 的家庭拥有第二套乃至更多套住房，老年人拥有住房的份额还要更高一些。

拥有产权住房的家庭中，户主以三种年龄段为主：一是收入较高的年轻人；二是拥有雄厚经济能力的中年人；三是依靠几十年积蓄购得住房的老年人。第三种正是开办以房养老业务的主要对象，第一、二种则是未来接受以房养老的主力军。拥有住房的中老年人大幅增加，开发老年住宅金融产品的市场空间将越来越大。

（三）住房应具备一定价值

作为养老保障用的住房，必须具备有一定的价值，如房屋总价在 30

万～50万元及以上等。数值得出的缘由，是综合考虑老年人的预期余命、利率标准、每期获取养老金状况、当地生活费用标准、养老金不足的额度、未来通货膨胀等。如某甲现年60岁，每月可领取养老金2500元，日常生活甚是困苦，现拥有住房价值40万元，预计某甲尚有余命20年，如贴现率为4%，扣除提前支取款项应贴付的贷款利息，以给付系数60%计算，每年可得到住房提前变现款12000元，每月1000元，对晚年生活颇有助益。如该住房是面积小、质量差、破烂不堪，很不值价，就无法作为养老保障的手段。即使勉强为之，也是无济于事，且开办该业务的一次性费用颇高，很不合算。

如某甲只有一套旧房，价值不到30万元，银行会否接受抵押呢？每月应领取款项再扣除业务开办的各项费用成本，能从住房价值变现中获得款项过少，自己不合算，银行也难以接受。老人若有兴致时，可将该住房在市场上出售，自己居住到养老院度过余生，然后将售房款项送交寿险公司，办理个延续终生的商业养老寿险，获得款项作为租住养老院的用费，也是种好办法，效果应强于倒按揭养老。

（四）该住房的按揭贷款已全部归还

申请以房养老的住房，应当是按揭贷款已全部归还完毕，产权完全归属房主所有，然后才能放心大胆地用该住房蕴含的价值为自己养老。如某位老爷子是50多岁才按揭贷款购买新房，现在60岁了，房贷尚未全部还清，能否用该住房参与反向抵押贷款，用新贷款来归还旧贷款呢？事实上，他并不着急这样做，过几年房贷全部还清后，再办理反向抵押贷款也完全可以。一般来说，反向抵押贷款的业务复杂、风险大，利率费率相应较高，借得反向贷款来归还正向贷款，即借新债来还旧债并不合算。

（五）该住房必须能长期存留

房产养老是个长期事项，业务开办后，短则数年，长则数十年的长期运作中，难免会发生城市规划变更、住宅拆除重建等种种变迁。那些濒临拆迁、“朝不保夕”的住房，正如“泥菩萨过河”，自身尚且不保，焉能保障他人，是无法作为养老保障对象的。金融机构开办反向抵押贷款业务时，为减弱其间蕴含的不确定性和交易成本，对坐落于老城区、旧街道，可能引入拆迁范围内的高龄住房，不会列入以房养老贷款计划。至少要预知该住房短期内可能会发生的种种行为给予防范，这是签订以房养老合约时，应当预先加以考虑的。

（六）住房系合法产物

正常的住房拆迁重建等，会从政府手中得到相应补偿，即使补偿款项并非及时足额，但终究是大大减少了损失。如是非法建造住宅，或购买的小产权房，未予登记的自建房，虽说价格节省，但终因非法难以长久保障，随时都可能处于被勒令拆迁之境地，且不可能从政府手中取得任何补偿，参与以房养老更无法提上议事日程。在此种状况下，若该住房签订以房养老合约，又未经认真审查，业务开办机构就会面临不必要的损失。

（七）住房应便于流通变现

不易流通变现的住房，很难纳入反向抵押住房的范围。业务开办机构长期源源不断地向房主支付款项，是为了最终取得该抵押房产，但机构的终极目标并不在于住房本身，而是要将其通过出租出售等各种形式的营运来获取利润。倘若该住房居处偏远落后地域，经济不发达，住房不易于变现，即使能变现，其价值也会很低，就会使业务开办机构背上大包袱。

我国老年人拥有房产占比较高，且价格持续上涨，形成典型的“现金短缺、房产富裕”。北京市统计局的最新统计显示，2004 年，北京的商品房每平方米均价为 5053 元。到 2019 年，北京房价上涨持续猛烈，三环路以内已搜索不到每平方米价格 5 万元的住房。上海的房价，不论是绝对数或每年上涨的幅率，较北京都是有过之而无不及。因住房质量标准升高，新购房面积加大和功能增强，老年家庭拥有房产的价值应当超越数百万。究其原因，并非这些老人拥有房子好，价值昂贵，而是他们除拥有房产外，养老最为需要的其他金融资产已是所剩不多，只能靠房子养老。这又从反面说明，以房养老在未来具有十分巨大的市场需求。

八、以房养老的理论依据

以房养老模式建立在一系列相关理论的基础之上，包括生命周期理论、家庭养老保障理论、代际财富传递理论、资源配置转换理论、住房产权与两权分离理论、地租地价理论、住房资产流动与证券化理论、不动产变现及其他相关理论，并在如上理论基础之上构架以房养老的新型理论。如下对这些相关理论同以房养老的关系择要言之。

（一）生命周期理论

生命周期理论认为，个人一生取得的收入财富总额，应当在个人整个生命周期的不同阶段包括养老期间予以合理配置，以使资源配置达到最优，即一生总的价值效用达到最大化。理性的社会成员会自觉地将其在职期间的部分收入积存起来以供退休后使用，并保持各期生活消费水平的基本相似。这一行为被著名的美国经济学家莫迪格利亚尼总结为生命周期理论，并以此于 1986 年获得了诺贝尔经济学奖。

这一理论的基本思想是：人们在追求个人效用的最大化时，不仅是对某一消费行为、消费项目的决策安排，要考虑个人效用最大化，最重要的是要追求整个生命周期实现效用的最大化，而其长期资本预算约束则为生命周期内的收入与消费支出的总量达到均衡。为此，人们需要将一生的收入总额，能更有效地在一生中优化分配，使其拥有资源配置的结构、收益及可发挥的功用等，更为合理地满足个人一生中的需要。

在现代社会，特别是中国社会中，住房资产蕴含的价值极大，大多数人选择在工作期贷款买房，并在此后长时期内逐步偿还贷款。住房就相当于行为人在工作期消费之余，将货币价值转化为房产的价值。根据生命周期理论，这笔蕴含在房产中的价值应当在消费期逐步释放以补贴钱财的不足，以实现消费期和工作期效用的最大化，也使行为人一生的消费与收入总额相平衡，这和以房养老思想的根本动机是相吻合的。

个人家庭面对长期的理财生活，除考虑终生收入总额以保证终生消费目标的要求外，还必须完善生命周期每一阶段的资金筹措与配置，将其运作得尽量完善，既满足各生命周期阶段对资金调度的需要，不致出现资金短缺或闲置事项；又能打好时间差，借助于储蓄存款、信用贷款、养老保险等现代化理财手段，借助于家庭内部的夫妻扶养、子女抚养、老人赡养、兄弟姐妹相互扶助等特有手段，以更有效地实现这一目标。同时还需要考虑长达数十年期间，利率、物价上涨及生活用费标准升高等种种因素。

以房养老是房产资源在家庭生命周期不同阶段的优化配置。它不仅可促动金融资产在个人一生期间的合理配置与妥善安排，还可以促动住宅资产在个人一生期间的合理配置与妥善安排，达成住宅资产与金融资产在个人一生期间的实体结转与价值转换。如中青年时代用按揭的方式购买住房，中年期逐步归还购房贷款，退休时为实现养老目的再出售或抵押住房，将住房资产在自己生命结束后仍存在的剩余价值逐步提前变现套现，作为晚年期的养老用资。

生命周期理论从经济学“理性人”的角度解释了行为人的终生消费行为和投资行为，但却忽略了遗产动机理论和行为人寿命的不确定性。

（二）资产流动与转换理论

以房养老模式下，房地产从一种超长期耐用消费品变换得具有了相当的流动性，以满足不同时期对资源配置享用的不同需要。这部分资源激活并自由流动后，就可以更好地实现优化配置。住房不动产的价值变现，变“死钱”为活钱，改变老年人捧着“金饭碗讨饭吃”的尴尬局面。以房养老在不增加任何新的成本费用的同时，增加了养老资金的来源渠道，为大家既能安度晚年，又能最大限度地改善生活居住条件提供了可行途径。

以房养老正是通过对住宅资产的价值与使用价值的转换、转让、出租、置换等，实现不动产价值的流动化，提前变现和套现，以用于养老的目标。住宅价值特性与其实物特性的背离，使住房养老保障的功能成为可能，且有一般储金养老、保险养老所不能达成的功效。使住房资源得以在个人家庭的不同周期阶段，得以合理配置和效用发挥，更好地实现养老的目标。

住宅资产流动化的实现，将会使人们手中拥有的最大的一笔财富——住房，实现最大限度的流动，获取居住与养老两不误的双重功用，以满足个人家庭在不同时期对资源配置享用的不同需要。通过住房资产的流动化，以求个人拥有资源在个人家庭的不同周期阶段，得以合理配置，效用发挥，更好地实现养老目标。

（三）财富积累与家庭代际财富传递理论

家庭财富代际传递理论又称财富代际转移理论或收入代际转移理论，是关于家庭财富在家庭成员，特别是老年人与年轻人之间流动和再分配的现象、产生原因及其影响的理论。一般是指老年人对年轻人的财产遗赠行为。

家庭财富代际转移动机的假说，主要有利他遗产动机、策略遗产动机和偶然遗产动机。贝克尔（Gary Becker）等人在1974年提出了利他遗产动机理论，认为老年人对年轻人的财产转移和遗产赠予，是出于纯粹的利他主义感情，以增加年轻一代的效用水平。利他遗产动机最为常见，是以房养老难以被部分老年人认同并积极参与的主要原因。策略性遗产动机认为，遗产的代际传递是指老年人将遗产留给子女，而子女作为遗产的继承者，需要担负一定的条件，如赡养老人并为之送终。这与养儿防老相似，是中国家庭代际间的主要经济维系方式和养老模式。偶然遗产动机不同于利他遗产动机和策略性遗产动机，是指因老年人寿命的不确定性，难以在死亡时正好消费完终生收入的总额，即“钱还在，人没了”，又由于行为人的风险规避性，其消费总和往往会小于收入总额，因而会遗留下部分遗产。

某位经济学家指出，为何会出现遗产继承现象，是人们对死亡预期的不确定和谨慎保守的心理所致。为此，人们必须以谨慎的态度对待晚年生活期间的财产支配，宁有富裕，勿使不足，避免可能出现的“人还健在而财产已消耗殆尽”的现象。个人的预期寿命同其为养老而事先做出的种种安排等，有着极强的相关性。但因预期存活寿命的难以把握，即使有某种较为科学合理的预期，也难以凭据。这种养老安排就不免出现相当的不确定性和由此而来的配置失当现象。如中青年工作期间对未来养老事宜完全有欠考虑，并未有任何钱财物资的储备，或准备过少，很可能将要面对晚年生活的凄凉与清贫，这是大家不愿意看到的。

假如工作期间为养老事宜考虑得过于周到，储备钱财实物过多，又必然会大大降低工作期间的生活质量，去世后留下的大量遗产未能在自己的人生中派上更有效的用场，也形同资源浪费。美国经济学家特里科夫等人的研究表明：如果没有养老保险计划，个人在没有遗产动机的情况下，可能会将自己全部财富的 1/3 留给后代。

老年人尤其是思想观念较为传统的老年人，将尽量为子女后代遗留较多的遗产，视为自己生活的最大目标。在这些人的观念中，人们之所以活着，就是为着传宗接代，延续祖脉。老人们为更好地为后代着想，准备将自己的一切，如技艺、金钱、房产等，都能最大限度地传递给儿孙后代。今天的老年人虽说还有着一定的遗产动机，但这一动机并非很为强烈，更非要将此视为人生目标之最大要义。家庭内部的资源代际转移，或称财富传递已是弱化之中，取而代之的是以社会养老保障为基础的社会资源的代际转移主导模式。以房养老对此显然是个有益的补救，原因是这里谈到的工作期间的储蓄，完全可以用一种新的眼光加以理解，正好使房产价值的运用达到了与自己预期余年同步的效果。

总的来说，遗产动机理论是以房养老受到传统文化抵制的主要思想缘由，引入房产置换模式保留住房产权，与遗产动机理论相吻合，扩大受众面，更为大家踊跃接受。

（四）产权分割与价值释放理论

房屋的所有权分为占有权、使用权、收益权和处分权，房屋的收益归其所有人持有，且具有排他的权利。鉴于不动产产权的可分割性，在某种情况下，主体有权利分别行使住房的某一项或几项权利。这些权利不仅具有一定的可分割性，还具有可流通性，以期实现住房以不同价值形态在不同行为人之间的转移，如产权换产权、使用权换使用权，甚至是售后回租等使用权与产权的交换。房产价值的释放，应当且只应当通过产权变革或使用权转移来实现。

房产置换中，出售住房的产权来释放房产的价值养老，在一定程度上符合策略性遗产动机理论和我国传统的遗产传承观念，但只是将原有房产的部分价值转化成货币，剩余部分仍通过购买的方式转化为新房产价值。售房养老中，虽然能将大部分房产价值转化为货币，但受限于我国的传统家庭和遗产传承观念，很多老年人希望能在将来为子女遗留更大限度的遗产，并不符合老年人资产配置中的不动产偏好，难以为大多数家庭所接受，较少在现实生活中采用。租房养老中，老年人出租房产的使用权获取资金，自己再租入较小的房产或直接居住于养老机构。这种模式能为老年人保留原有房产的产权，但所能释放的货币资产价值有限，难以满足老年人对现金的需求，且在非自有住房中很难获得安全感，从根本上挑战了国人的居住观念，降低了老年人的生活品质。

基于释放不动产价值以补充养老金的目的和原则，我们假设原有不动产的价值高于新住房产权价值，根据不动产价值释放的权利来源和现金流向的不同，不动产价值的释放和获取，是以房养老的重要途径。老年人可以通过卖房或出租房产的方式，释放其原有房产的产权或使用权，并选择购买或租用养老基地的住房以居住养老。其中产权或使用权的出让和购买的具体选择，可以由老年人根据其经济情况的差异自主做出。

（五）房产置换理论

房产置换是以房养老理念的主要实现方式，是指用原有住房的产权或使用权与另一处住房的产权或使用权交换。老年人根据其实际需要，借由房产置换调整其总资产在住房资源和货币资源之间的分配比例，优化资源配置，提高自身效用。我国多数老年人面临的主要养老问题是“房产富足而货币资产欠缺”。房产置换是以价值较高的房产置换价值较低的房产，以削除住宅的价值有余来弥补现金的不足，有效发挥拥有货币和住宅资源的作用。故此预期将为大多数老年人采用。

结合基地养老的房产置换，是指将处于不同地域的房产实现差价或等价交换，主要分为产权置换和使用权置换两种形式。产权置换指拥有住房产权的老年人，将住房产权售让与特定机构，从而获得在养老基地住宅的产权。使用权置换则只是将一定期限内的住房使用权交给特定机构，而获得养老基地住宅的使用权。形式虽然不同，但其本质都是特定机构得到分布在市区的各种住房，然后或出售或租赁统一处置，用获取收益支付老年人入住养老基地的费用。

房产置换主要关注于不动产价值的释放，强调以房养老的实际操作，它强调房地产中介介入其中，或由两个及以上老年人自行联系直接达成“以房换房”的目的。与租房养老相比，房产置换养老在观念上和资金需求上更易被普通老年人接纳，即卖出面积较大、价值较高的原有房产，再买入面积较小、价值较低的房产，利用房产买卖的差价养老，既符合国民传统观念，又能获得较高的资金养老，相对而言具有较高的可行性。这种置换以简单的“以房换房”代替了复杂的卖出买入、抵押与反抵押，在操作上更为直接、简便。

本文拟将房产置换引入以房养老，整个模式的运作过程，主要是通过构造不动产产权或使用权间相互交换的模式得以实现，产权分割理论正是这一模式得以实现的理论基础。

第四章　以房养老的功用

大家在中年时期就提前考虑晚年的养老话题，是行为理性化的表现。将住房与养老相连接的以房养老，具有强大的社会效益、经济效益、前瞻性意义和政策推动价值。本模式的推出，使我国数百万亿元住房资产的价值得以提前变现套现，极大地解决养老资金的短缺问题，组建稳固的社会保障体系。同时对国民经济增长、活跃房地产业交易，对金融保险部门业绩、利润增长点的新的形成，对居民家庭的生涯规划与理财等，都具有显著的推动效应。

一、以房养老增加养老资源，提升老人生活质量

（1）可以使老年居民在人生收入的低谷期，开启业已拥有的“房产金库”，将凝聚在房产中的巨大财富分期释放，为其晚年生活寻找新的资金来源，从而有效解除老人对晚年生活保障的担忧，促使其更好地参与养老保障事业。调节家庭经济生活，减轻家庭养老负担，为家庭拥有各项人力、物力、财力资源，尤其是房产资源的跨期优化配置和长期效用提升完善等，提供一种新的思路。

（2）充分发挥房产资源的价值，保障老人退休后的生活，对我国的养老保障体系更是一种有力补充。以房养老用一种全新视角激发人们进一步拓展养老的新思路，有效解除老年人对晚年生活缺乏保障的担心，放心大胆地花钱消费，心情愉快地延长生命，而且能存活多久保险公司就会供养到多久。有位国务院领导同志听到以房养老建议后说，某个电视剧描写一

位法国老太太就是买了这种保险，活了一百多岁，把两个保险经纪人都给熬死了，老太太还活得挺好，月月从保险公司领钱！

（3）老年人最怕的事是失去体面和尊严，老干部更是如此。可是退休后，社会角色发生变化，很多事情处理起来不如以前顺畅，如病了要看医护人员的脸色，“久病床前无孝子”，还要看子女的脸色。以房养老能有效保全老年人需要的体面和尊严，赢得子女与社会的长期尊重。

（4）我国迟早要实行遗产税制度，老人参与以房养老后，为子女遗留房产的价值将大为减少，从而交纳遗产税的数额大幅减少，可促使老年居民依法避税，对借款人及其家庭的意义将更加明显。

（5）以房养老能保证社会弱势群体的生活安定，有利于推进和谐社会建设。对城乡的低保户和贫困拆迁户，可通过政府的运作，使他们在购买住房后再参与以房养老，用同一笔钱财在获得住房的同时享受抵押房屋的“给付金”。

二、以房养老促动金融保险业创新与发展

目前，金融保险公司经营的业务中，缺乏安全而有稳定收益的产品。反向抵押贷款可以使银行和寿险公司把金融保险业务同房屋的长期经营，并进而同养老保障事业结合起来，从而进入一个空间广阔、时间长久且盈利丰厚的领域。开发这一新兴险种，对发展我国的金融保险大业，将起到很大的积极作用。

（1）保险公司开办反向抵押贷款业务，将使保险机构的资产额迅速增加，由单纯的小额投保、大额赔付，变为部分保险大额抵押、分期给付，从而使保险产品多元化，有利于寿险公司适应国际化融合的需要，加快发展为现代金融企业，对我国保险业的促进作用很大。

（2）银行开办反向抵押贷款业务，使金融业与房地产业的结合更为紧密。目前的住房抵押贷款只是与住房的建造、销售和前期居住相联络；反向抵押贷款则将住房使用的中后期同样纳入金融业关注的范围，拓展了银行的业务范围和绩效增长点。

（3）养老服务业与养老保障事业的开办，不仅是政府和民政、养老部

门的任务，金融保险业更应在其中担负重要的职责和使命。我国老年人口目前已超过 2.5 亿，未来更要达到 4.54 亿的天文数字，届时将占据全国人口的 35% 之多。金融保险业如仅仅为了防范风险，将如此巨额的人员排除于自己的服务范围之外，是不明智的。金融服务业参与养老保障是必需的，也大有利益可图。

（4）我国养老储蓄、养老寿险的数额日益庞大，城乡居民的银行储蓄存款已突破 70 万亿元大关，寿险公司的寿险资产也超过 10 万亿元，亟待为这些资金寻找一条稳定、可靠的投资之路。近年来我国城市土地持续增值，房价持续急速拉升，这种增长态势在短期内不会完全逆转。投资房地产尤其是投资老年房产，比投资实业和证券更为合适，也更符合寿险资金筹措的本意和增强养老保障的目的，对改善保险公司资产的质量和用途十分有益，从而形成一种金融保险资金“从养老中来，到养老中去”的新型循环机制。

（5）目前我国有关法规对寿险公司的经营范围限制较严，这在一定程度上有利于避免风险，但也减小了寿险业务运作并实现盈利的空间。推行反向抵押贷款业务后，寿险公司就能拓宽运营范围，尤其是将房产养老寿险与建造养老基地，实施基地养老组合一起，找到新的业绩和利润增长点，从而促进我国寿险业务的较好较快发展。

（6）反向抵押贷款将金融、保险、投资、证券等不同金融工具与手段紧密联接，并有机融合一起，形成一系列新的金融保险产品，从而突破目前严格的分业经营体制，实现金融保险工具的创新，推动银证保投一体化混业经营模式的实现。

三、以房养老是融资理财养老新模式

（一）以房养老是一种高级形式的个人理财

以房养老是一种自我养老理财的意识与行为指导的特别融资方式，将促使人们从长远乃至一生的角度更合理地配置拥有的经济资源，使个人经济生活独立化，养老理念理性化。在中国不远的将来，以房养老必将成为一种具有强大生命力的主体养老形式。

家庭养老功能弱化的潮流难以逆转，需要人们采取更适应时代发展的养老方式。充分挖掘房产价值，把房产和养老通过某种制度设计结合起来，必将大大改善养老资源缺乏的现状，缓解养老保障的压力。仿效第三位老太太的做法，以房养老就是切实可行的好办法，老年人不必捧着“金饭碗讨饭吃”，而是把它提前兑现出来实现安度晚年的愿望。以房养老理念的提出，正为此提供了解决问题的好思路和制度安排，显然为大家求之不得。

以房养老的出现，不仅是时下盛行的养儿防老和货币养老的有益补充，更是对个人家庭拥有房产资源的最好利用，它将使老年人在获取养老资源方面获得极大主动。房子不仅可以用来居住，还可以作为储钱罐，年轻力壮收入上升时，将多余钱财放进“钱罐”；晚年身衰力弱，收入大幅降低，再将“钱罐”里的钱财拿出来用于养老。它虽然不如现实生活中的“储钱罐”那样便捷，但动用信贷融资寿险手段实现这一功能还是可行的。

如不考虑以房养老的手段时，大家在中青年时代要拿出数十万元乃至数百万元用于买房、养老保障等事项，三座大山是负担很重；退休时代依赖微薄的养老金度日，晚年生活又是过得很苦，最终自己身故后将巨额房产遗留给子女，一生辛苦积累钱财却无法在生前安然享用。有了以房养老后，中青年时代只需要考虑买房，缴纳社保金即可，养老储蓄、商业养老寿险等都不必再参与，财务负担即可大幅减轻；老年时代依靠微薄的退休金和巨量的房产变现收入，就能很富裕地安度晚年；到自己身故时，房产价值基本地消失殆尽，不必考虑遗产传承事宜，也无须再缴纳遗产税。整个一生赚取的钱财在整个一生中安排使用，生活始终是过得舒适满意。

许多成功人士讲到，自己花费一生的积蓄上百万元购买住宅，成为“百万富翁”，但日常生活仍是简陋如常，找不到成为百万富翁的任何幸福感觉。普通人士为买房欠了一屁股账，每日为筹钱还账想方设法，生活搞得更是狼狈。这种“资产大增、债台高筑”显然不是好事。尤其需要关注的是，住宅资产大增在家庭生活中只能满足“住”的功能；债台高筑则需要拿出实实在在的“真金白银”还债。对这些老人而言，前者显得过多，对自己并非很为需要；后者的日常现金收入如养老金、子女供养、积蓄存款则是为数有限，应付日常生活开支外，已是非常缺乏。能否有效改变这种反常现象呢？以房养老就是解决问题的好办法。

（二）以房养老将促动个人生涯理财的实现

今天谈到的个人理财，不仅是个人炒股票、买债券、购基金、买保险的投资理财，更是涵盖个人家庭一生不同生命周期阶段的全生涯过程的理财。它作为一种综合服务，是由专业理财人员通过明确个人客户的理财目标，分析客户的生活和财务现状，从而帮助客户制订出可以实现其目标的理财方案。它是针对客户的整个一生而非某个阶段的规划，包括个人生命周期每个阶段的资产负债分析、现金流量预算和管理，还包括个人风险管理与保险规划、投资理财规划、职业生涯规划、子女养育及教育规划、住宅购买投资规划、退休养老规划、个人税务筹划及遗产传承规划等各个方面。

以房养老是个人生涯理财发展到一定阶段的必然产物，这一理念的提出及操作模式的具体运用，将对金融理财业务的拓展发生重大影响，并促动个人生涯理财规划的实现。比如，老年人身故后遗留住房的价值提前变现，遗产继承及遗产税缴纳的事项将大大减少；将住房、养老及相关的收入、支出消费等，放在家庭的整个生命周期中综合配置，实现资源运用的效用最大化。再如，养老保障增加新的思路，传统养老寿险的内容可以大大减少，而将较多的钱财用于住宅购买，大大改善生活居住水平。

今天炙手可热的个人生涯规划与理财中，理财要达到的最高境界就是“财务自由”。人们的收入来源有薪酬收入和财产收入两大类，支出也有生活费开销和其他各类开销。当一个家庭仅仅依仗财产性收入，就完全能满足日常生活各类开销的需要时，就可以说该家庭已进入财务自由的状态。具体而言，这个家庭的主要成员已经不再需要每日“朝九晚五”地上班赚钱，就完全可以随心所欲地做自己喜欢做的任何事情。财务自由带来的结果是人的“人身自由”。老年人的养老生活中，更需要追求这种财务自由和人身自由。老年人来自各方面的收入，已经足以满足生活所需，人身就可以自由随意活动，做自己喜欢做的事，到自己喜欢去的地方随意旅游观光、居住养老。

以房养老的实质是“死后的钱财生前用”，生前就尽量将住房的价值，尤其是房主死亡后住房仍然遗留的价值消耗得干干净净，用来弥补养老生活中的现金短缺。大家谈到购买住宅不容易，甚至是为此当房奴也在所不惜。既然大家“辛苦大半辈子才买到一套房子”，为此付出大半生的心血与精力，甚至是像传说中的中国老太太那样，到临终的前一天才买到属于自己的住房，就应当让这套房子在日常生活中为自己发挥最大价值。达到这一目标的简单办法，就是在自己生前通过各种方法，尽量将该住房的价值消灭干净。大家为买到属于自己的房子是辛辛苦苦，买到的住房又将自己舒舒服服地供养大半生，提供了巨量的居住效用和养老保障价值，这正是房子给人们带来的最大好处。住房还有个好处，在经济持续发展情况下，是随着时间的推移不断地保值增值，年轻时代花费数十万元购买的住宅，安然居住了一辈子，最终又以增值后数百万元的价款为自己提供了最好的养老保障。

四、以房养老可促成儿女的自立自强

以房养老运营的结果，正好斩断了父母与子女在养儿防老和遗产传承方面的联系。老人不再需要来自子女的物质钱财的资助赡养，也不必遗留房产给子女继承。儿女对父母的赡养，将主要表现为生活起居照料和精神慰藉，不必在物资钱财方面造成过重负担。父母向子女遗留的遗产数额大大减少，子女也必须借助于自身的力量独立生活创业，不再能依赖父母的钱财舒服生活。

老人每日的花钱消费行为是必须发生的，它是自己中青年期的劳动积累，并未因此对社会或他人带来所谓的“负担”，有充足理由晚年安然享用。以房养老既可以保证老人的日常生活花费，又能减轻子女的财务负担，对老年人自己和儿女来说都是一件大好事。现在许多年轻人买不起房或慑于买房的辛苦，指望继承父母的房产改变窘境；有的子女凭借自己的实力买到宽敞明亮的新房，但对来自父母的房产，犹如天上掉来的大馅饼，“不要白不要”，并无拱手相让的道理。父母一旦决定参与以房养老，必然使儿女的这些如意算盘落空。

今日，中国、日韩乃至欧洲等国，都相继出现了一些社会学家所说的“扶不起来的一代”。这些已成年或已成家的子女虽然已是大学毕业，或也参加工作、结婚生了孩子，但仍同父母住在一起，时时、处处、事事仍然需要得到父母的财力资助才可，否则遇到问题就不知道该如何处置，该花费的钱财到何处寻找。家庭经营管理体制上，还有“丈母娘领导下的太太全面负责制”的说法，正生动地反映了这一现实。试问，当“扶不起来的一代”日渐增多，已成为一种社会普遍现象时，老一辈又怎么能将“江山”放心交给这一代接班人手中呢！

这里固然有家穷买不起住宅的现实，但许多子女在父母的大力赞助下，已经买到了属于自己的住房，但仍然同父母住在一起，是否这些子女特别讲孝道呢？否。对子女的好处是什么呢？可有如下话语为证：“每月挣的工资向父母一点不交，每天的家务活一点不做，家中大事小事一点不管，自己养的孩子一点不带”，“四个一点”的结果，就是一切都扔给父母解决。这种状况显然不是为了尽孝道，而纯粹是将父母作为自己的廉价保姆，甚至是免费“仆人”使唤。

推出以房养老的一项附带作用，就是父母子女代际间的财富传承发生革命性演变，对两代人之间的职责、权利、角色分工等给予了新的定位，并促动亲子关系从过度依赖走向相对独立。这对培养新一代接班人独立自强，确立正确的人生观，最终确立起适应市场经济时代的新型家庭代际关系等，都可以起到良好的推动作用。这在今天独生子女家庭大行其道，月光族、啃老族纷纷出现的状况下，很有现实意义。这一附带作用如真能很好发挥时，其社会价值和功劳应是远远超出其他层面。

五、以房养老促动社会文明进步

实行以房养老的社会效应也很明显，主要表现在：

（1）以房养老是金融保险产品和养老保障制度的创新，使家庭拥有的最大财富——住房蕴含的价值被提前变现搞活，为推进养老保障事业发挥功用，为国家、社会与家庭解决众多老年人的养老保障问题，开拓了一条有益可行的新思路。它有效提高老年人的购买能力，并深刻地影响到其他社会人群，改变他们的思想观念和行为方式。

（2）以房养老将促成中老年人购买新房的积极性，推动房地产业务量的增长，激活房地产交易市场，乃至形成国民经济的新增长点等，带来巨大的推动力。多年来，我国居民源源不断地把钱财存储入银行，使储蓄率过高，消费率过低，缘由之一就是养老保障制度不健全，大家需要为自己的未来留取后路。开展以房养老业务后，中老年人的养老问题得到较好解决，自然可刺激其增加消费购买，从而拉动国民经济的较快增长。

（3）目前，房地产市场的投机心理盛行，大量已建成住宅积压待售，且增势不减。原因是很多中老年人为日后的养老问题积蓄了大量钱财，却不敢用于消费或购买新房。某些家庭购买商业保险来保障自己的晚年生活，却抑制了现时的生活质量，付出代价很大。推出以房养老，有利于人们放心大胆地消费、购房，待退休后再将住房反向抵押来解决自己的养老问题。大家购买住房时，就可以有意识地未雨绸缪，提前考虑将来用房养老。

（4）对计划生育工作起到一定推动作用，住房用于养老保障，儿女养老保障的功能将进一步减弱，父母养育儿女，尤其是一定要生养男孩的积极性会大大降低。今日的都市已出现了“养儿子不如养房子”的苗头，还有人提出“房子替代儿子”的说法。

（5）以房养老还能从源头上解决腐败问题。党政干部贪污、受贿的大量事例中，有种“59 岁现象”颇受关注，这是指某些老干部一辈子勤勤恳恳为国家工作，两袖清风，一尘不染，但接近退休时预期晚年生活状况不佳，为维持退休后生活水平不致下降，不得已贪污受贿，走入歧途。以房养老寿险服务建立后，单单为了晚年生计而有意识地违法乱纪的现象，就不再有经济上的必要。

第五章　反向抵押贷款

若想住房担当养老保障的功用，首先需要动用金融保险这种构思精妙的投资融资的机制和手段，为家庭的养老事业服务。反向抵押贷款在国外开展的是如火如荼，其他金融保险手段参与以房养老也相继出现。作为以房养老核心内容的反向抵押贷款的金融产品，正从国外引入并加以本土化改造，在我国试点与全面推广。本章首先揭示和介绍反向抵押贷款，以期推动我国的金融保险机构早日加入以房养老的大军。

一、反向抵押贷款的含义

什么是反向抵押贷款？不同资料文献的定义表述有所不同，但都可发现它是一种“帮助老年人不需出售和搬出他们居住房产的前提下，将房产价值转换成流动的现金，为老年人提供养老收入支持的金融工具”。它之所以称为“反向抵押贷款”或“倒按揭”，正在于它的运作方式与现金流方向，和传统的住房抵押贷款完全相反。它是以房产为抵押，借方（房主）从贷方（贷款机构）取得现金，而非传统的按揭贷款是现金从房主流向银行等金融机构。金融保险机构开办这项业务，促动老年人用死亡时遗存的巨大房产价值提前变现套现来养老，是很有意义的。尤其是对那些拥有高价值、独立产权的房产，但每年的现金收入低下，即所谓的“不动产富人，现金穷人”的老年人来说，是优化资源配置，解决养老资金来源的有效途径。老人的晚年生活缺乏现金流入，财务陷入困顿，没有继承人或不想让子女继承自己房产的情况下，以自有产权的住房作抵押，每月从相关机构获取一定数额的款项，来弥补日常养老金的不足。

某退休老人除拥有一套住房外，缺乏其他养老金来源，可选择将房子抵押给金融机构或其他专门机构，每月从该机构领取一定数额的资金，用于改善晚年生活之需，直到他去世后这套房子归由该机构所有或处置。这是金融保险机构基于以房养老理念创办的一种新型金融产品，来自欧美等国广泛运作的反向抵押贷款业务，经21纪以来在我国的大力宣传，已为大家所熟知。银行开办这一产品可称为反向抵押贷款；保险部门开办这一业务则可称为“房产养老寿险”或“老年人住房反向抵押养老寿险”。

参与本业务的老人，应当是有中意的住房并准备在该住房长期居住直到最终去世。本贷款业务以产权独立的房产为标的，以有自有住房产权却缺乏养老金收入的老人为对象，将其手中持有的房产以反向抵押的形式向业务开办机构办理以房养老保险，再由保险公司通过年金支付的形式，分期向投保人支付养老金。本业务保障老人在不必出售住房所有权并继续保留住房居住权的前提下，就可将该住宅的价值通过抵押或出售等予以提前转换套现，成为养老期间的一笔稳定可靠乃至延续终生的现金流入，用于日常养老事宜。保险合约期限一般指合同生效时到投保人去世这段时间。给付金额的计算，是按该房屋的当期评估价值减去预期折损（或升值）和预支利息，并按技术调整过的“大数”平均寿命计算，分摊到投保人的预期寿命年限中去。这一做法很像是保险公司用分期付款的方式，从投保人手中买房。

反向抵押贷款需要有财务指标计量、价值确定、成本收益计算等商业性精算与经济分析参与具体实践。同时，依据本事项的特定养老目标而言，又附有浓郁的社会福利色彩，需要政府在税收、信贷等方面给予一定的支持和优惠。

二、反向抵押贷款运作的状况

（一）美国开办反向抵押贷款的状况

反向抵押贷款最早源于荷兰，是荷兰政府为解决老人的住房和养老问题而提出。20世纪80年代，美国出现了大量的“房子富翁、现金穷人”，本业务即应运而生。美国住房和城市发展部（HUD）为满足老人用房子换钱养老，最早开办并大力支持本业务开展，并逐渐成为老年住房所有者的绝佳金融产品。许多老年人用它补充养老金、医疗费用意外支付，改善家居生活，装潢住宅等，使美国成为反向抵押贷款业务开办最为成熟、最具代表性的国家。目前，本金融产品在加拿大、英国、澳大利亚、法国、日本等发达国家已有广泛开展。2011 年和 2012 年，中国的台湾和香港地区相继推出这种金融产品，受到众多老人的好评。2015 年之后，我国大陆正式研发相关产品，并由幸福人寿和中国人寿面向全社会正式推出。

美国的反向抵押贷款业务在经历了 20 世纪 80 年代的“有行无市”,“关注者众，参与者寡”的尴尬局面后。90 年代初得到美国政府的政策支持优惠，越来越受欢迎。2000 年新加入人员尚不足 5000 份，接着几年里几乎呈现出年均 40% ~ 70% 的增幅，到 2007 年，这一数额即超出 10 万份大关。即使在房价普遍下滑、金融危机急剧到来的 2008 年，仍有 11 万余名老年人踊跃加入本贷款队伍。目前，美国参与这一业务的老人已经超出百万大关。

（二）反向抵押贷款的运作特点

借助于反向抵押贷款可以获得的款项，或者是一次性取得，或按月或在一定信用额度内根据自己的需要随意支用。该业务的一大好处是，在整个居住年限或整个生存年限内无须考虑还款付息事项。待该住户寿命结束之时，或搬离或出售该房产之时，该贷款业务宣告到期。这时或用出售该住房的收入还贷，或直接以该住房资产还贷，包括支付本金和累计结算利息。本贷款的特点是分期放贷，最后一次性收回，贷款本金和利息总额随着时间的递延不断增长，抵押房产中的自有权益资产则随之减少。

反向抵押贷款包括终生养老金抵押贷款与一般贷款等多种实施模式。老年人如选择终身年金支付，能保证整个有生之年里都能持续、等额地获得所需资金，无后顾之忧；如选择信用额度支付，只要总的信用额度未曾用完，就可以在贷款期内持续取得所需资金；如选择一般的定期定额贷款，则需要事先预防好可能出现的长寿风险。贷款制度设计中增加由国家、金融保险机构或其子女予以“兜底”的保障措施，是非常必要的。只要老人的寿命活得足够长久，不论采取何种贷款形式，从抵押房屋中可获得的贷款累积本息的总和，必将会远远超出房屋本身的价值。并非说抵押住宅的价值刚刚消耗完毕，就要将仍健康生存的老年人断绝贷款金发放，并将该老人“扫地出门”，强制收回房产，这是大家可以放心的。

在各类反向抵押贷款业务中，借款人需要资金的时间长短是不确定的。终身养老金抵押贷款的借款人，可以将房屋先送到保险公司保险，以期得到保险公司给付的终生养老金。保险公司每月拿出一定资金给保险人，同时扣除相应的利息费。房屋出售时，售价首先用来偿还保险公司的累积给付本息。如借款人去世，养老金即停止发放，房屋归保险公司所有。

选择合适的反向抵押贷款，能让老人得到更大的财务独立和生活保障，错误的贷款计划则会让老人陷入财务危机。如选择要求在特定时期还款的反向抵押贷款（固定期限的反向抵押贷款），必须确保在还款日有足够的钱财归还该贷款的累计本息。否则，客户将不得不把房子提前卖掉来还债，使自己处于无家可归的地步。但如选择的是非固定期限的反向抵押贷款，就不需要为此发愁，客户能存活到多久，寿险公司就会将款项向客户支付到多久。

（三）反向抵押贷款运作的流程

与其他各种以房养老方式相比，反向抵押贷款更能满足老年人不迁离住所、不影响晚年正常生活就能用房子养老的需要。这类金融产品的运营方式大致可表现为：

（1）房主在贷款之前，选择有一定资质的独立中介机构咨询相关事项，了解更多与反向抵押贷款相关的信息资料，找到适合自己的贷款类型。

（2）房主有贷款意向时，向商业银行或保险机构提出申请，机构初步审查合格，正式受理业务申请后，委托有资质的资产评估机构对抵押房产客观估价。

（3）在双方自愿的前提下，老人将自有房产抵押给银行或保险公司，与业务开办机构签订贷款协议。协议中需要详细写明贷款的期间、利率、每期应支付款项、其他相关责任条款和违约处理方式等内容。

（4）如系商业银行开办此项业务，应受房主委托向保险公司投保，包括以房主为对象的人寿险，房屋为对象的财产险，以及反向抵押贷款业务中可能会出现的长寿行为保险等。

（5）商业银行或保险公司按合约规定的方式，在老年人生存的整个期间或约定的贷款期间，向老人逐期提供抵押贷款，老年人用这笔资金补充养老用费的不足。

（6）抵押房产的老人去世或出售该房产时，宣告本业务结束。房主或其继承人在房地产二级市场上出售该抵押房产，归还所借贷款的本息，或者由商业银行与保险公司等，以某种方式转让该抵押房产，收回所贷出款项的本金和累计利息。

（7）机构将该房产收回，可通过房地产市场拍卖出售，或改造再开发等形式处置该房产，并用获得款项补偿前期的养老金支付款项。机构对此事项组织清算，计算整个项目期间的经营盈亏。

（8）老人离世后，子女可以选择将该房产赎回，只要把贷款期间业务开办机构支付给老人的贷款总额偿还给机构，再按利率支付利息，房产仍旧归由子女享有。

（9）为将整个贷款占用的资产搞活，商业银行或保险公司可将整个抵押贷款打成资产包，按协议在资产证券市场上出售，以期提前收回贷出款项，减弱可能会出现的流动性凝固和支付危机。

（10）整个事项的运作中，政府机构将在其中起到政策扶持、税费减免优惠、监管督查、信息咨询和必要时提供资金担保等作用。

（四）美国开办反向抵押贷款的类型

美国的反向抵押贷款发放对象，是62岁以上的老年人，贷款开办和发放的组织形式有：

（1）联邦住房管理局有保险的住房反向抵押贷款，这种贷款可保障老年房主尽可能长时间地生活在自己的住房内，并在一定期限内按月分期获得贷款。这是美国联邦政府参与开办的，给参与贷款的老年人提供了有力的金融保障。

（2）联邦住房管理局无保险的反向抵押贷款，这种贷款有固定期限，用户须在约定期限内还贷。若贷款期限已到，而老人仍是精神奕奕时，就需要从抵押的住房中搬离，俗话称为“扫地出门”。目前，这种贷款已经因巨大的社会舆论压力停止办理。

（3）放贷者有保险的反向抵押贷款，这种贷款由金融机构办理有关保险，贷款的对象资格不需要得到政府的认可，发放贷款的机构与房主共同享有住房未来增值的收益，并要求房主至少保留住房资产的25%～30%作为偿还贷款的保证。

如结合中国国情，除流行的美国模式外，还可以适度借鉴新加坡模式。即60岁以上的老年人把房子抵押给有政府背景的公益性机构，该机构一次性或分期向老人支付养老金。老人去世时，房屋产权全部归相关机构所有并处分，房价减去已支付养老金总额的剩余价值交给其继承人。对传统观念深厚的国人来说，允许继承人回购房产或把剩余价值交给继承人时，操作起来就有了较大余地。

三、反向抵押贷款的优越性

结合各个国家推行反向抵押贷款的经验来看，反向抵押贷款业务大致可具有以下优点。

（一）不动产转换成现金收入，老人可继续住在自己家中养老

反向抵押贷款最大的优点，是老人既能在有生之年将住房转换成现金用于养老，又能保证自己继续在原有房屋中照常居住，避免搬迁对晚年生活造成的种种弊端。它不需要老人被迫将心爱的家园出售，离开熟悉的环境，到自己不熟悉的地方和不熟悉的人员尴尬生活，这是很受大多数老年人欢迎的。

利用房屋价值获取现金的诸多方式中，反向抵押并非唯一选择。如出售自有房屋获取现金，然后移居到专门的养老基地或租房居住，或出售原有房屋再买一套较小房屋，以其差价作为养老金，都属可行。但从心理情感讲，许多老人长期住在自己的居室，对该房屋和房屋的各项设施已有了很深的感情，对周围的邻居和周边的生活娱乐场所、购物环境等都很熟悉，一旦迁移到新环境，必须重新熟悉和适应。这对年轻人来说可能不算什么，但对适应能力较差的老年人来说，不能不说是个大负担，处理不好很可能

会对其晚年生活产生不利影响，甚至造成严重的社会问题。况且，房屋买卖的繁难和较多的交易费、税金缴纳等，也使老年人实际可取得资金的额度大打折扣。这对喜欢老环境、老街坊的老年人而言，显然不是理想选择。

（二）贷款期间没有还款付息的压力

普通抵押贷款必须按期还款并加付利息，如贷款后没有持续可靠的收入作保障，就将面临着用其他收入还款的沉重压力，甚至面临被赶出家门的危险。这对本来就缺乏养老金的老年人来说，贷款融资的意义将大幅削弱。反向抵押贷款的最大好处，就是在整个贷款期间，不存在每期还本付息的压力。只要借款人在整个贷款期间没有违约行为，也没有永久性迁出该抵押的房屋，没有因身体和精神的原因长期居住于医疗机构等情况，按规定就没有还本付息的义务。这样，不但老年人可以安详度过晚年，也减轻了家庭和社会的负担。

（三）长寿老人可以获得终身有保障的收入

老年人的最终存活寿命尽管有种种方法预先精算，寿险公司根据人口平均预期余命及大数定理制作的生命表，也有较大的科学性。但这只是平均寿命，具体到张三、李四等个别人员，就总是有部分老年人会活得大大超出预期。长寿固然是件大好事，可对养老金的实际需求则会显著超出，无论是卖房还是申请其他贷款，此时都显得无能为力。反向抵押贷款能保障老人余生源源不断的现金流入，就显得颇有吸引力。

对那些拥有较高价值、权益独立的房产，但现金收入低下的老年人来说，反向抵押贷款是帮助他们增加收入、摆脱贫困的有效途径。对那些拥有高房产价值和高现金收入的老年人，反向抵押贷款则是改变价值观念，以更积极、健康状态度过晚年生活的好办法。前者是雪里送炭，后者则是锦上添花，两者的结果都是很好的。

（四）改善晚年居住生活环境

许多老人居住的房屋是面积小、功能少、档次低、环境差，他们希望晚年能生活在大面积、功能多、档次高、环境优越、感觉良好的住房里，舒心适意地养老。众多老人经过多年的资产积聚，大都有了较为雄厚的经济实力，反向抵押贷款正可以满足其改善晚年养老生活环境的需要。比如，老年人将住房向保险公司实施反向抵押贷款，再委托房产中介公司或老年房产经营公司代为经管该套住房，自己则住到合适的养老基地或养老院。

住房实施反向抵押贷款可得到一份收入，住房的出租打理又得到一份收入，除用于缴纳养老基地的房费和生活费外，还有剩余可用于事业发展或其他需要。老人参与反向抵押贷款业务后，每个月有了充裕的养老金可自主支配，基本生活得到保障的同时，还能外出旅游、聘请护理等享受生活的乐趣。

上海、长沙、重庆等城市的人大代表，多次呼吁实施反向抵押贷款以房养老。国家制定切实可行的反向抵押贷款政策，不仅能改善老年人的经济条件，提高晚年生活质量，更重要的是能极大地减轻社会保障体系的压力，促进整个社会的稳定和谐，对经济社会发展也有较大好处。某中介公司的市场总监表示，有实力的个人投资者、经纪公司或养老院等机构，比较适合开办反向抵押贷款业务。大多数的银行界人士认为：随着社会观念的改变和家庭财富增加，反向抵押贷款在未来应该会有较大的市场空间。

四、反向抵押贷款给付金额计算

（一）反向抵押贷款产品推出需要详细核算

在反向抵押贷款的状态下，老人把自有住房抵押给业务开办机构后，机构会根据老人的预期寿命、房价、利率贴现等因素，估算出大致结果，然后在该老人的整个生存期间按月支付钱财，这笔款项可视为对老人房产的抵押贷款，也可视为房款的提前逐期给付。待老人离世或出售、搬离该住房时，机构对其房产进行清算。如果该房产拍卖清算的结果，低于机构这些年支出的总额包括利息，或与之抵平，机构与老人的反向抵押贷款关系就宣告结束。如房产拍卖的结果，高于银行贷款支出总额及累计利息，多余的部分则根据老人的遗嘱做出安排，仍可作为遗产由子女继承。一般而言，为减弱贷款风险，机构都会预留部分房款不予发放，这样做虽然减少了可抵押贷款的额度，但有利于继承者对住房增值的受益，对可能出现的风险等也能给予较好防范。

失之毫厘，谬以千里。反向抵押贷款产品推出后能否顺利运营，并保障借贷双方的合法权益和利益均衡一致，确立以金融工程、保险精算、计量经济为代表的数据技术的支撑体系很为关键。业务开办机构必须认真组织市场调研，获得众多数据资料，开列各种可行方案，并认真核算比较各种方案对本模式推行可能导致的不同结果，权衡利弊。具体制度要素设计中，如房屋产权的赎回与不予赎回；每期贷款额度应给付多少，如何给付，是定额或非定额，是年金式支付、一次性总付或其他支付方式；利率如何设定，是固定利率还是可以随时加以调整；贷款发放的期限是事先设定还是随借款人的寿命存活而定；每期款项支付如老年人寿命预期超出既定期限时的住房收回与非即刻收回；贷款应当如何归还，用住房还账或用货币偿还；房价与贷款累积本息相比较，是富余还是不足，对此种富余与不足又应如何处置，老年人是单身一人或是配偶健在等，又应有何差异，都是贷款制度要素设计的关键所在，都有着众多事项需要细致把握。具体的款项给付额度，则需要经过细致复杂的保险精算才可。

房产价值变现后，能否满足老人晚年生活的全部养老需要呢？按照我国房价畸高的状况，应当是没有任何问题。再者，穷有穷养，富有富养，富裕老人可借此使晚年生活更上一层楼，贫穷老人也能借此使晚年生活容易度过。至少是能补足儿女养老、货币养老后的差额。

据我们最近几年对反向抵押贷款的深入研究，反向抵押贷款的房产价值评估与给付标准的评定计算非常复杂，除估算房屋价值及未来的房价走势，还要估算老人的预期余命和未来的利率波动趋势。银行要培育一批类似保险精算人的测算人群，不是短时期就能解决。因跨期过长，涉及面过广，潜在风险巨大，国内的保险公司尚不敢轻易尝试反向抵押贷款业务。中央财经大学的保险学院院长郝演苏教授认为，反向抵押贷款是一个跨银行、跨保险的金融理财类产品，对保险公司的精算要求非常高，使得国内保险公司望而却步。只有在财政优惠政策的支持和保险业的介入下，分散贷款回收的风险，这种新型的房地产融资方式才能顺利出现并稳步拓展，终究得到金融机构及老年房主的积极认同和大力参与。

（二）反向抵押贷款产品定价涉及三大因素

反向抵押贷款的每期贷款给付额度的确定，或称产品定价，即房主抵押房屋后，每个月可以拿到抵押款的数额，同房价、利率和老人寿命与预期余命等因素密切相关。

（1）抵押住宅价值高低。住宅资产的价值越高，每月可拿到生活费的数额越多，对老年人的保障力度就越大，反之亦然。一套价值数百万元的高级住宅，每期可拿到的按揭款肯定会大大超出价值数十万元的低档住宅。若希望养老保障的力度高一些，早年购买住房的面积就应大一点，地段好一些，升值的空间高一些。

（2）老人预期寿命长短。一般而言，老人的年龄越高，预期寿命越短，贷款期限也会相应短一些，每期可拿到的养老金就越多，反之亦然。美国是老年人年满 62 岁就可以参与这一业务，实际上，真正参与这一业务的老人年龄大都在 70 岁以上，就是为着“好钢用在刀刃上”。在美国的克利夫兰市，如一名 75 岁老人拥有一套价值 25 万美元的住房，将该住房实施反向抵押后，每月可获得抵押款 917 美元；如该老年人 70 岁，每月就只能获得 791 美元；如是 80 岁的老年人才参与这一业务，每月则可以获得 1099 美元。

（3）利率高低。反向抵押贷款是将身故后的房产价值提前拿出来用于养老，货币时间价值即利率的高低，就需要认真考虑。利率标准越高，贴现额度越大，老人每期可拿到养老金的额度就会越低。利率调整对此也有较大影响，低利率时代每期可以拿到的款项，肯定会大于高利率时代。

（三）正向抵押贷款与反向抵押贷款的产品定价差异

普通的购房抵押贷款，或可称为正向抵押贷款业务，产品定价等一切事宜的核算都是无比简单。如某人甲现年 30 岁，购买总价 100 万元的房产，首付款 30 万元，余 70 万元申请 15 年期的购房贷款。如银行规定贷款利率为 5%，现选定还款方式为递增式或递减式或直线式，银行据此计算出整个贷款期间，每期应当归还本金和利息的数额。还款期间，如有利率上调或下跌，再据此计算新的还款数额。一切事项都是循规蹈矩，将数个相关数据输入电脑，计算结果即可直接打印出来，异常快速便捷，银行和某人甲对此结果也是完全认同，并无争议。

但在反向抵押贷款业务开办中，一切事项即变得异常复杂直至难以得出结果。如某人乙，现年 65 岁，预期余命尚有 15 年，有自有产权住宅一套，现市场价为 150 万元，并经过双方认可的权威资产评估机构验证。某人乙提出将该套住宅办理反向抵押贷款业务，机构提出贷款利率和费率为 5%，抵押房款按照年金的方式在余存寿命 15 年内，按月向某人乙支付。某人乙对此表示认可。机构据此将相关数据输入电脑，并计算出每月应给付某人乙的数额。至此一切事项似乎可以宣告结束，同正向抵押贷款业务并无二致。

问题是，该套住房目前价位是 150 万元，但到了某人乙去世之时的房价，将会是如何，它可能大于或小于 150 万元，大于或小于的具体数额为何，难以确知，目前谁也说不清楚。而某人乙究竟是何时去世，也是个未知数，它可能长于 15 年或短于 15 年，却不会正好相等。如某人乙过了约定的 15 年，仍是健康长寿，能否即刻结束本项业务，并将某人乙扫地出门，更是没有任何机构敢于如此操作。再者，整个十多年乃至为数更长的期限里，利率的走势如何是难以预料，但可以预期它的涨涨跌跌已经反复了数个周期。这就使原本计算好的结果成为泡影。

本业务开办的最终结果，应当对业务双方都是公平的，如此才能保证本业务的顺利长期运营。这一公平的大致标准，就是抵押住宅的老人最终死亡或搬离、出售该住房，本业务正式宣告终结之时，业务开办机构最终拿到的抵押住宅的当时价值，同机构在整个贷款期间向抵押人支付的贷款本金与利息的累积数，是大致相等。为达此目标需要做出哪些工作呢？读者可以认真思考，得出自己的结论。

反向抵押贷款业务是风险高、时期长、不确定因素大、占用资金多，为开办这一业务需要做的工作，也会大大高于普通住房按揭贷款。故此，适用利率也应比一般贷款的利率高一些。

（四）三大因素预测计量中应注意事项

鉴于反向抵押贷款业务运作的时间漫长，如上谈到的房价、利率和余命三大因素，不仅是静态的，如考虑目前状况会是如何，还是个随时变化的动态要素，要预期未来的演变走向。如漫长的养老岁月也即业务开办期间，经常会发生种种要素的改变，预期余命不代表实际存活寿命，房价波动难以预测，利费率也难以简单测定，寿命预期是不可确信却是必不可少，这都会引起给付数据的较大变动，这就需要重新计算并调整每月给付的贷款额度。

如住房的价值预期会有相当程度的上升，但上升到何种状况则难以预料。它可能将远远超出目前计算的数值，如从目前的40万元上涨到80万元或100万元之多；生活费用标准随着时间推移和生活质量改善、生活享受项目的增多，也会有较大膨胀。这一变化的未来趋向将是如何，目前难以搞得很清楚。尤其是整个数据的计算并非三五年内发生的结果，而可能要经历十数年乃至更多时期的漫长过程。利率和费率因素更是会出现相应调整，我们可以简单预期未来两三年内利率的大致走势，却无法明晰未来10多年乃至更长时期利率与费率将要上涨或下跌的幅率，并给予图形显示，这是任何人员都无法给予确切回答的。

预期存活余命的确定，需要考虑寿险业务中特有的生命表和大数定理，其余因素确定则大致相同。业务具体实施中，老人的实际存活寿命可能大于预期，也可能小于预期。在大于预期余命的状况下，老年人可多得到一份保障；在小于预期余命的状况下，则该老人的经济利益要遭受相当损失。总是有人划算，有人不大划算，极易惹起纠纷。保险公司按照客户的寿命无限制给予偿付，要在全社会的千万名老人身上做个寿命长短的大数平均，最终得到较为合理的结果。香港的养老年金寿险有个通俗名称，叫做“斗长命”。如某人70岁就先行过世，无疑要吃些亏；80岁过世就可以双方打平；如客户不小心活到90岁，乃至长命百岁，那可就赚大了。这种状况正如美国经济学家评论的那样，是老人同机构之间的一种关于“死亡年限”的博弈。

各种模式的核心，是平衡老人和接受业务的机构之间的利益关系。反向抵押贷款产品的制度设计中，一些老人有巨额资金，却又怕超额使用导致“人活着，钱没了”。年金寿险就不用担心余命难以预期和住宅价值提前用完的问题。大致可遵循的原则是，如上三种因素的测算中，如住房资产的价值较高，可申请贷款的数额就较高；年纪大的房主预期寿命将会短一些，意味着还贷周期也短，贷款数额也应高一些；夫妻健在的房主因其组合的预期寿命会远远大于单身者，比单身老人可获得贷款的数额要低；预期住房价值会有较大增值者，可贷款数额较高，反之则无法给予如此安排。相应的利率费率越低或有国家给予的一定贴息，每月可得到的养老金就会越多，反之就会愈益减少。

（五）房子能变现的金额

反向抵押贷款的评估标准应如何设定，涉及事项复杂，除估算房屋价值及未来房价走势外，还要估算老人的身体健康状态与预期余命，估算未来利率的走向与波动状况。金融保险机构需要做大量的前期准备工作，还要培育一批类似保险精算人的团体，并非一蹴而就能妥善解决。

某 60 岁老人有一套面积 90 平方米的住房，目前市价为 40 万元。从保监会发布的大数生命表上可得知，60 岁老人的平均尚存余命为 18.39 年。考虑到那些没有进入老年就提前死亡人员导致平均年龄的缩短，以及随着医疗水平改善和生活质量的提高，老年人的寿命会逐步延长，我们把该老年人的预期寿命定为 80 岁，即余命计算的基数为 20 年。经过对该老年人拥有房产价值的评估，预期 20 年后房屋约折损 12 万元，附着土地预计的增值为 20 万元，纯增值 8 万元。利率以单利 4% 计算，保险公司扣除预支的贴现利息大致为 45%，按照 55% 的给付比例，计算整个抵押房屋应给付的房款总额为 26.4 万元，再将这一给付总额分摊到该老年人的整个预期寿命 20 年中，平均每年可得到现金 1.32 万元，每个月为 1100 元。再加上老人原有的养老金等，晚年生活就有了充足保障。

上例计算只是预期存活余命、利费率和房价波动率都已确定，然后简单计算出的应有结果，是对涉及各项因素进行高度简化后的产物，实际计算过程与使用公式则要复杂得多。这就需要在方案执行的过程中，对三大要素做出定期或不定期的调整，使之更符合现实的需要。而到该老人最终“盖棺论定”之时，似乎还有必要“秋后算账”，以最终彻底了结这一漫长“公案”。具体因素衡量和计值，这里就不再详论了。

本例虽然是按 20 年计算，但只要这位老人身体健康，保险公司就将持续不断地给付下去，一直到该老人亡故为止。当然，遵循谨慎性原则和加大保险系数起见，保险公司实际支付的款项也可以再做一定折扣，如打个九折等，到老人最后身故时再结算论定。如该老人不大走运，投保后仅仅三五年就提前去世，房子可归由老人的子女或保险公司出租或拍卖，扣除公司实际支付费用外，剩余款项仍可归由投保人的子女继承。当然，若该子女愿意将住房重新收回，只要按照相关规定付清保险公司的累积支付款项即可。保险公司对此当然是很乐意的。

（六）相关计算公式列示

计算给付公式表示每个月的应给付金额是：

每月给付金额 =［房屋面积 × 房屋评估单价 ×（1+ 房价涨跌 %）×（1– 利率费率折扣 %）÷（预期寿命 – 投保时寿命）］÷ 12（月）

按月支付额的计算上，还有个计算公式是按房屋当前的评估价值，减去预期折损和预支利息，并按平均寿命计算分摊到投保人的预期寿命年限中去。这个公式反映的结果更为确切，可以表示为：

每月给付金额＝（房屋现值 – 房屋折损价值 + 房屋增值预期 – 保险公司预支贴现利息）/（预期寿命 – 投保时寿命）÷ 12（月）

金融机构对房屋资产价值评估后，遵循谨慎性原则的要求，可规定以房价的 70% ~ 80% 为最高限额，或借鉴美国的相关条款，反向抵押贷款最大的贷款额度，不超过抵押财产评估价值的 80%，即：

贷款比例＝（贷款本金＋相关费用）/ 住宅资产评估价值 <80%

公式中，贷款业务开办时的相关费用包括申请费、贷款业务创办管理费、文档管理费和不动产调查和评估费；贷款期间的相关费用有房产税收和保险费、贷款展期和再估价费、每月服务费和保持房产完整的费用等。还需要说明，这里给出的计算公式，只是最为简易的一种，同目前实际使用的保险精算公式相比，复杂程度显然与上述公式不可同日而语。读者有兴趣时，可以参照笔者出版的同类型著作。这方面的具体操作事项很多，各种办法都可以加以使用，最终结果如何，“实践是检验真理的唯一标准”。

五、反向抵押贷款业务开办示例

首届一指的资金实力，健全的金融运作机制，城乡居民的信赖和良好口碑，遍布全国城乡各地的营业网点，是我国金融保险业的基本状况和优势所在。住房按揭贷款的成功开办，房价的长期坚挺，对开办反向抵押贷款业务创造了很好的条件。按照本业务的类型和特点，具体操作有如下两种基本方式。

（一）反向抵押贷款＋房产保留

这是借款人将住房抵押给业务开办机构后，仍保留对该住房正常生活居住和使用支配的权利，直至借款人身故、永久性搬离或出售该住房为止。待借款人死亡后，再向业务开办机构偿还贷款本息或交付住房的全部权利。在这种情况下，借款人仍和熟悉的老邻居一起居住在原来的房屋中。

举例而言，某位年满 60 岁的老年人，拥有完全产权的住房一套，现价 60 万元。经对老人的性别、身体健康状况、既往病史及所处生活环境的诊断与调查，结合同地域老年人的预期平均寿命的考虑，现判断该老年人的余命尚有 18 年。同时，根据该套住宅的房龄、功能及坐落地段等基本状况，结合该地域经济社会发展水平、生态环境及适宜居住的程度，充分考虑该地域未来的前景演变，得出该套住宅在未来 18 年的价值增幅为 50%（已扣除住宅本身使用折旧对价值贬损的影响，住宅占用土地使用期 70 年的因素，因物业法的出台，已处于名存实亡状态，这里未予考虑）；预期未来 18 年的市场利率，业务开办机构开办此项业务的费率，复利计息总计为 4%（这里不考虑通货膨胀因素，即便发生某种通货膨胀，房价也会以更快速率上升，故此可不予计量）。

根据如上因素考虑，据此可得到算式为（这里使用复利计息）：

每期应得房款（X）×（年金终值系数，4%，18 年）=60 万元 ×（1+50%）

得 25.645X=90 万元，X=3.5095 万元。

这就是说该老年人抵押住宅后，每年可从银行取得 3.5095 万元，每月为 2925 元。为减弱风险，机构在实际支付养老金时，还可以再定个折扣系数，如打个 9 折每月实际贷放 2630 元即可，不足款项待老年人最终去世“盖棺论定”时，再与其子女多退少补，办理结算。

老人身故后，儿女可出资将已抵押的住房赎回，或再“乔装打扮”上市交易后，用所得款项首先归还机构的全部贷款累积本息，剩余部分再归其子女继承。当然，售房款项远超出抵押住宅得到的房款时，说明该住房发生较大增值，这一增值部分应当在机构和客户个人之间“利益分享”；售房款不足以还贷时，发生的亏空也需要事先约定，是子女完全兜底，还是政府“买单”，或由业务开办机构包赔损失，或是事先参与专门为此开办的长寿风险业务，得到相应的保险赔付等，都是必要的。这期间的种种事项非常复杂，需要预先有较为妥善的制度安排。

（二）反向抵押贷款 + 房产置换

住房转换式的反向抵押贷款值得关注。这是借款人将住房产权抵押给业务开办机构后，同时放弃对住房的居住支配权，自己移居到老年公寓或养老基地，或租住其他房屋并交付租金。在这种情况下，被抵押住房可以由机构或其他合作机构管理运营，获得营运收入并扣除相关的成本费用后，将余款交付老人。

这种方式实际上就是老人将住房出售给业务开办机构，自己再寻觅新的住处。只是住房出售的价款不是一次性到手，而是由机构和老人共同商定，分期以年金定额支付、一次性支付或信用额度支付的方式付给老人。但同一般产权出售不同的是，老年房主抵押房产，自己也离开住宅到他处居住后，如有必要仍然可以回到老住宅，并结清贷款累计本利，重新收回该住房产权。

如甲先生夫妇今年 65 岁，手头有位于 A 市中心商务区的房产 40 平方米，目前市值 40 万元，每月有退休金 2600 元，货币积蓄仅为 1 万元，夫妻双方健在。这套住房地段好、生活交通便利、房价昂贵，但位于市中心过于喧哗拥挤，且面积过小，很不适于老人养生居住。老人每月养老金和货币积蓄都有较大缺欠，属于标准的城市贫民。为能获取高质量的晚年生活，甲先生将该住房按评估价向机构做反向抵押，同时租住位于城市郊区的某老年公寓 70 平方米面积的新住宅一套，原住房交房产经营公司代为打理。

预期夫妻两人余存寿命为 15 年，每月可从机构取得抵押贷款 1400 元，用于补充养老金的不足。原住房经营的租金收入，抵补新住房的租金后还有 600 元剩余。经“反向抵押贷款 + 房产置换”的方案调度后，该老人原本位于市中心的旧房，更换为完全按老人身心特点设计的市郊新住房，生活质量得到显著改善，养老服务设施更加健全。更重要的是，每月可支配的现金从 2600 元上升为 4000 元，生活水准大幅提高，从城市贫民阶层一举升至小康水平。

应当说明，甲先生将市中心住房出售掉，在老年公寓购买或租入新住房完全可行，运作起来更为简单，但市中心的住房升值空间大，过若干年需要大笔资金开销时，再将该住房出售也完全可以。

（三）特殊因素考虑

反向抵押贷款的具体实施中，可以根据老年人的实际需要采取多种操作方法。老人抵押住宅后应得到的钱财可以一次性提取，也可以按月定额提取，或计算一个最高给付额度，在生存期间的任何时间段内任意提取。老人过世后，可能是将抵押房产的剩余价值（当时评估房价减去已支付养老金的本息总额）留给继承人，也可能完全不予保留。老年人可将住房的全部产权向机构作抵押，得到全部抵押款；也可以只抵押该住房的部分产权，每期也只得到部分款项，剩余款项将来仍旧可留归子女。如此做法可称三全齐美，老人生活质量大幅提升，儿女仍可得到部分房款继承，机构运营风险大幅减弱。

许多老人把自有住房抵押给机构，仍旧希望自己身故后能留出部分遗产，在子女和机构之间进行分配，这样每个月能拿到的抵押款就会大打折扣。根据房价、老人寿命、利率等估算结果，机构按月给付老人一笔钱，待老人离世后，机构委托拍卖该房产，如拍卖价值低于机构这些年度支付的本利总额，或与之抵平，机构与老人的反向抵押贷款宣告结束；如拍卖结果高于机构支付贷款总额及利息，多出部分将根据老人的遗嘱安排。

本业务的运作中，老人的实际存活寿命如超出预期，固然是好事，但对机构而言则需要额外多支付房款，从而引致亏损，称为长寿风险。有种可行防范方案是预先设定养老金给付的最高年限，如设定某位老人的寿命为 80 岁，老人在 80 岁前的任何时间段都可以拿到房屋抵押款；如老人 80 岁前过世，剩余的钱财将交给其继承人；如老人到了 80 岁仍然健在，机构继续给该老人支付养老金，但住房的产权和使用支配权则需要交付机构另行处理。当然，事情的处置也可能完全相反，老人将继续拥有对房子的使用权和所有权，但没有养老金可拿。该老人此时年事已高，可选择同儿女住在一起，或由机构在养老基地中给予较为妥善的安置。

本贷款业务在我国还处于初期实施阶段，产品设计较为简单，不能完全符合老人对此业务的多方面需求。未来本业务开办时，具体会采取何种方案，或还有其他更好办法，目前还都只是设想，需要经过认真调查和论证。应有专门部门量身定制本贷款产品，找到对老人和机构双方都有利的方案。最终对老年人拿出的方案也不只是一个，而是根据不同老人、不同住房状况的一个系列产品，供老年人根据自己的需要自主选择。

（四）保险公司同银行联手合作开办业务

反向抵押贷款业务开办，还有种办法就是保险公司同银行联手合作。如某人现年 60 岁，将自有房屋向银行作抵押取得贷款 50 万元（房屋的评估价当然要高于 50 万元），再将取得的 50 万元贷款向寿险公司投保终身保障的养老年金保险。这样，某人在晚年生活的每个生存期间，都可以按月从保险公司取得一定款项作为养老金，到他最终去世时，该套房屋再用来归还银行抵押贷款的本息。要知道，这种可持续终生的现金流入，老年人的岁数活到多长，养老金给付就达到多久，对寿命预期不确定的晚年生活是特别重要的。

在这种操作方法下，银行提供了最主要的资金，承担了房价波动、利率涨跌等风险。保险公司开办这一业务，同传统的趸交寿险业务几乎没有太大区别，除传统的寿命预期外，没有什么特殊风险。当然，银行承担风险的防范，如该借款人最终去世时，抵押房产的价值不足以偿还贷款本息的风险，可由保险公司开办一种新的保险业务予以防范。这就是说，借款人每年向保险公司交纳一定数额的保费，届时发生这种情形时，再由保险公司向银行补偿这一经营损失。

反向抵押贷款的具体计算模式还有许多，这里只是择其简单思路而讲，以对大家把握这种贷款的具体计算思路有一定助益。至于说各种复杂程度的反向抵押贷款的计算运作，笔者已在专门著作中给予深刻讨论与阐述的内容，这里就不予全面介绍了。

（五）开办业务示例

张大爷今年 63 岁了，原是某机械厂的职工，退休后每月仅有 700 元养老金，明显不够使用，如今退休金虽已增长到 2000 余元，生活质量有明显上升，但仍不够富裕。张大爷独自生活在房改时买的 80 平方米的房子里，房间较大，陈设、地段都很不错，是个典型的“房产富人，现金穷人”。张大爷的儿子与儿媳继承父业在该机械厂工作，月薪共计不过 6000 元左右，他们一家每月生活费 2000 元、住房按揭贷款 1200 元、孩子的学习辅导费 400 元，交通费、水电费、交往费等各类支出共计 1000 元，这样一算剩下的钱就不多了。考虑到将来孩子读大学、买车等问题，能拿出赡养父亲的钱就很少了，幸好父子俩关系好，日子过得安乐祥和。但最近张大爷身体不是很理想，要花的钱慢慢多了起来，手头就开始紧张了。

像张大爷家这样的情况在中国非常普遍，推出反向抵押贷款寿险业务，即可解决许多老人的生计问题，减轻子女的赡养负担。如张大爷参加反向抵押保险，将自己的房子抵押给保险公司，经评估目前该房屋单价为 8000 元 / 平方米，折价总计 64 万元，扣除需要支付的劳务费用、税费、评估费，以及每年付给金融机构的年息等各种费用（占房子估价的 44%），给付总额为 36 万元。张大爷将住房反向抵押给保险机构后，即可在其存活的全部年份里，享有保险公司每期给付的养老金，一直到死亡为止。按照寿险公司颁布的我国老年人口预期寿命的生命表，张大爷的预期寿命还有 18 年。18 年里，张大爷每年可以领取 2 万元，每月 1667 元，晚年生活不无小补。

六、反向抵押贷款运作的问题

反向抵押贷款业务要想在我国形成一定的“气候”和规模，除与中国传统理念的冲突外，从实际操作和技术的角度加以分析，本业务在国内金融保险机构开展还具有较大难度。负责反向抵押贷款业务的机构，需要组织大量的理论研究和实践调研，还需要大量的保险精算和金融工程计算。如何将房产价值平均分配到老人每月的养老金中，更是难以解决。推出这一模式要克服大量问题，如机构对经营部门的业绩考核是按年度进行，本业务要获得盈利却需要经过较长时间，在任的经营部门负责人显然不会对任期后才能产生效益的贷款品种产生兴趣。这都需要我们做出大量、深刻的研究，提出有益的解决方案。

反向抵押贷款作为一种新型金融产品是好处多多，无疑深受老年人喜爱。然而，现实情况是，这一金融新品种和养老模式在中国尚处于起步阶段，原因何在？首先它不是一个简单的保险产品，而是系列金融产品的组合，其中涉及到政府担保、房产评估、抵押贷款、房屋维护、房屋拍卖转让、贬值保险、长期看护险等众多领域。因涉及面太广，实施起来难度相当大。尤其是个人生命的不确定性和不动产的价值波动，风险控制很难把握，使得与国外相比保险精算水平不甚高的国内保险业望之却步。保险公司迄今未具备金融信贷的功能，得到房子后如何处置是具体而又现实。加之价值评估和价值预测、抵押房屋的管理与维护、收回房屋后的整理与销售等，并非保险公司的专长，保险公司和银行都对该产品持谨慎态度。

反向抵押贷款同一般住房按揭贷款不同，绝非一种简单的同一般住房抵押贷款相对立的贷款品种。在其一切方面都是“倒”着来的。本贷款的做法非常复杂，牵涉到房地产评估、利率确定、人的寿命预期等多个因素。资金的流向、风险的凝聚与释放等，一直到有关本项业务开展后，需要编制的资产负债表、损益表、现金流量表及相关的考核指标等，都同正常住房抵押贷款的基本路数有较大差异。比如，“房产在经过几十年后，到底能价值几何，银行到时能收回多少款，放贷风险有多大等，这些问题都很关键，但目前尚无法解决。”这就对本项业务的开展带来诸多障碍。再如，个人与银行、保险公司等能否对此达成利益一致。这正需要大家给予认真关注并积极参与，进行扎扎实实的理论探讨与实证调研。

无论是法律或操作实践等，反向抵押贷款比普通抵押贷款，在房屋的买卖、转让、出租等方面都要复杂得多，需要支付的各类手续费也普遍高得多，还有保险费、住房价值评估、咨询等额外费用出现。尤其是很多费用需要在贷款成交时支付，这种贷款的初始成本是非常高的。这些高于卖房和普通贷款的手续费，都是为了确保借款人在利用房屋获得现金的同时，能够继续长期居住在自己的房屋内。如借款人并无此项需求，而是准备搬迁到更适于养老的新环境，支付这些高昂费用就显得很无意义。所以，反向抵押贷款对那些打算将房屋出卖掉，搬迁他地或居住到养老基地的老年人来说，并非最佳选择。

反向抵押贷款的以房养老模式，在国内的实际可操作性有多大呢？现在谈反向抵押贷款的真正实现，还为时太早。但并不妨碍我们将这一事情先做起来，一边做，一边等待并积极促成各项政策法规的完善。如果任何事情都不做，止步于“坐而论道”是任何事情都无法操办的。再者，本业务尽管是风险众多，但大都集中在业务开办的后期乃至临近业务结束，问题才开始表现得复杂化。本业务行将结束在何时呢？按照正常情形也就在10多年以后吧。这时候各方面的政策法规都应当是建立完善，各种操作平台也都搭建完备了。

尽管反向抵押贷款运作中有较多缺陷，但并非高不可攀。为了消除购房者将一生积蓄投到房产中去，可能导致老无所养的担心，我们多年来在组织相关产品研发和制度设计中做了较多工作，这个新型金融产品已经由幸福人寿予以推出，并在北京、上海、广州、武汉等城市做试点性推出，现已试点成熟面对各个重点城市推行。目前还不可能对此大规模运作之前，可预期的未来也无法较快向全国全面推出时，大家先试试其他各种非金融机制运作的办法，都是可以的。

反向抵押贷款业务开办涉及面广、风险大、事项复杂，操作起来甚为不易，但却是以房养老理念实施的重要手段，也是我国目前很应当予以实施操作，至少是前期产品研发先行的重要事项。发达国家进入老龄化社会的时间较早，采取包括金融保险、财政税收等各种应对措施较多，发展较为完善。借鉴发达国家成熟的经验，开发适合我国国情的养老模式和金融保险产品，就是一条便捷之道。

附录：美国反向抵押贷款（HECM）每年新增案例一览表（1990～2020年）

财政年度	承保份数	财政年度	承保份数	财政年度	承保份数	财政年度	承保份数
1990	157	1998	7896	2006	76351	2014	51642
1991	389	1999	7982	2007	107558	2015	58043
1992	1019	2000	6640	2008	112154	2016	48902
1993	1964	2001	7781	2009	114692	2017	55332
1994	3365	2002	13049	2010	79106	2018	48359
1995	4165	2003	18097	2011	73131	2019	31274
1996	3596	2004	37829	2012	54822	2020	20413
1997	5208	2005	43131	2013	60091	总计	1154177

注：2020年数据为2019年9月1日起到2020年4月30日为止。

第六章　以房养老模式

一、以房养老运作模式的一般说明

以房养老的理念已然明晰，但如何用房子实现养老的目标，即以房养老的具体操作办法等，大家尚且是不够清楚，或者仅仅将其归结为反向抵押贷款。日常谈到以房养老，进入大家视野的首先就是反向抵押贷款这一“舶来品”，但如就此认为它只有反向抵押贷款一种做法，显然是个极大误读。难道以房养老就是“自古华山一条路”，除了这种舶来品，就没有其他可行之路吗？显然不是这样。

其实，以房养老是我们凝结了若干理论后创建的一种新的养老保障理论，是我们今天正在大力倡导，并努力促使其早日得以实现的一种新型养老理念，是一种将房产与养老通过金融保险机制相结合，实现功能自主创新的新思想。以房养老的思想理念之下，则聚集了众多的具体操办模式，据我们大致归纳可包容30多种，反向抵押贷款只是其中最为典型也最为复杂、最难以操作的一种，并非一定要将以房养老等同于反向抵押贷款。

我们提出以房养老的理念尽管已有十多年历史，国家于2013年提出反向抵押贷款式以房养老的试点到全面推广，到现在也有五六年之久。但实际结果却一直是不温不火，难以形成规模。缘由就是本贷款业务是操作难、风险大、时期久、关联方众多，再加上银行保险机构对此事项的积极性有限，社会公众对其业务运作不理解，观念颇为抵触。

从广义的角度看待以房养老，根据我们的广泛调研和深入研讨，各种以房养老模式可简单地分为金融保险模式和非金融保险模式，前者如反向抵押贷款、房产养老寿险或售房养老等，必须要金融保险机制参与其间才可能真正实施、顺利运营；后者则如后文要谈到的售房入院养老、租房入院养老、遗赠扶养、房产置换、房产租换、投房养老、售后回租、招徕房客、异地养老、基地养老等，则都属于非金融保险领域，它并不需要保险公司和银行的介入，只要政府大力倡导，构筑平台，老年人自己解放思想，开动脑筋，就可以实地操作，会遇到的风险也要小得多。各种看上去大相径庭的做法，其实都可以实现以房养老的大目标，都可以称之为以房养老。

当我们步入百货超市，会看到花花绿绿、色彩缤纷的各式商品。大家该如何以房养老，我们为有志于此的老人提供了一个可供自主选择的大“菜单”，并逐一介绍菜单列明的各个大菜，以帮助大家根据自己的经济能力和意愿爱好自主随意“点菜”，选择适用的方法，以把晚年生活装扮得绚丽多彩。这些方法并非独立使用，若将各种以房养老模式组合融汇时，还将带来料想不到的效果。

二、售房养老

老人于退休时向购房机构出售自有住房的产权，使用权则仍归由老人长期保留至死亡为止，售房款也由机构按月向老年人支付，老人身故时将该住房使用权最终交付机构。这种方法适用于住房状况较好，但现金流入颇为缺乏，即“不动产富人，现金穷人”。售房养老的运作颇为复杂，涉及个人与组织间的制度安排，具有较高的信誉保证，其基本思路可设想如下：

（1）各个家庭于中年期通过按揭贷款的方式购买住房，并于 60 岁退休前还清全部贷款本息。大家在工作期间，只要考虑购房并最终通过归还贷款取得该房屋的全部产权，除社保金正常缴纳外，不必过多考虑退休养老的资金筹措问题。

（2）60 岁退休伊始将自有住房的产权，通过某种融资变现的手段和机制，出售与某特定机构（如保险部门、社会保障机构、房地产公司或某个专设机构），房屋使用权则归自己继续保留并长期居住。直到自己死亡或其他原因离开该住宅为止，实际居住年限正是该成员的尚可存活年限。

（3）住房出售的价款并非一次性交付，而是由该特定机构在该家庭成员尚存活期间，按月分期持续地支付相应部分，作为该家庭的晚年养老用费，一直支付到死亡为止。

（4）到该家庭成员寿终正寝、家庭随之解体之时，再将该房屋的使用居住权移交给该特定机构自行支配处理。该特定机构用出售款项弥补前期的支付款，并取得一定投资收益。

有对老年夫妇无儿无女也没有其他经济来源，单靠政府发放的养老金生活，唯一财富就是一套大房子。恰逢通货膨胀，有限的养老金很难维持正常生活，老两口又希望晚年能生活得丰富多彩。钱财从哪里来呢？他们与某机构签订了一份售房养老协议。按协议，老夫妇将住房产权出售给该机构，机构每个月支付给老年夫妇足以维持其晚年生活的款项，一直到老夫妇最终身故时，房产的使用权再转移给该机构所有。这一理念在我们的大力宣传下，已得到居民家庭的众多认同，并将成为以房养老的重要实现方式。

有一种可交付实施的办法，是以社区为单位与房地产公司、养老机构或其他外部力量组成一个联合体，由联合体担负相关的一切事宜。具体分工是：老年住户将住房作为自己入住养老院、使用养老设施、享受养老福利的资本；社区则负责同养老机构、保险公司等的联络；养老机构担负老人养老入住服务的事项；保险公司则承担老人入住养老机构的一切费用；房地产公司享有住房的处置权、二手房交易业务的开展等。这种方式节约了社会投向住房业务的资源，增加了信贷、金融及中介业务的范围和规模，保障老年人晚年生活的幸福安康，对社会产业结构的调整也会起到积极作用。

三、投房养老

（一）投房养老的解说

一切都要靠自己，要想在晚年过上较好的生活，就需要年轻时多多赚钱积累养老金。积累资金的手段，一是买股票、基金投资盈利；二是买房，购买第二套甚至更多套住房；三是储蓄存款、参与养老寿险。在房价持续快速增长的时代，对那些手头宽裕、希望投资盈利的人员来说，投资房产的效果或许更好。近些年已有较多居民在操作此事，成为投资理财的重要选择，也实实在在地在房价高速增长中获取了较多收益。这就是这里讲到的投房养老。这一做法多见于有一定经济实力的中年白领人士。老年人参与这一业务有较大风险，且需有较多资本做后盾，并非很为适宜。

投房养老是发挥房产的投资盈利功能，将房产作为投资手段来赚钱养老。不少人热衷于买房出租，以租养房，这是对的。这些现实问题应当在还未退休时就提前筹划，晚年过上财务自由且身心自由的生活。今日的房价高企，如果预期将来还会有持续长期的上涨空间，将家中闲置的钱财并非简单存入银行，也非冒险拼搏于股市，而是投资第二套住房用于盈利，就是个明智选择。将来养老需要钱财时，再变卖该套住房获取资金。如过度举债，一旦资金链断裂其后果不堪设想。有个好办法是将每月用于储蓄的钱，以及该住房到手并出租可能得到的租金收入，加总一起作为房贷还款，以房养房。

“年轻时多买房，年老时出租靠租金养老”。投房养老对如今年近古稀的老年人来说，是标准的“马后炮”。但对大多数中青年人却是个好建议，中青年时代尽量多购买几套住宅，一套自己住，其他几套则作为投资，出租可得到租金收益，同时还享有房价上升带来的资本增值。年老时手上有两套或多套房，筹措养老金就要简单得多，自住一套，出租一套，每月两三千元的租金，足以成为双料养老金，供养晚年的养老生活吃用不愁，经济宽裕。若感觉养老金还不很宽裕时，最简单办法就是卖掉其中的一套房，按今日的行情卖个百十万元或更多，晚年的日子就真叫个滋润、爽快了。到自己身故时，还可以将这笔房产再传承给子女，也显示老爸老妈对儿女的一片“爱心”。

（二）投房养房的几种方式

投房养老首先要投资房地产，有篇小文章谈到投资房产可以有如下方式：

（1）炒楼花。卖楼花成功的关键，是选准富有升值潜力的楼宇，在楼花抛售初时购进，待机转卖，从买卖交易中赚取差价。

（2）合建分成。是寻找旧房，拆旧建新，共售分成，旧房价值不高，面积不大，功能较差，但坐落的地段都很好，房屋建成后，其间的收益自然会是很高。

（3）以旧翻新。即把旧楼买来或租来，再投入一笔钱装潢装修，以提升该楼的附加值，最后将装修一新的楼宇出售或转租，从中赚取利润。

（4）以租养租。即长期租入低价楼宇，再以提升租金的方式对外转租，从中赚取租金差价，这种操作手法又叫当“二房东”。

（5）以房换房。以洞察商机为前提，看准一处极具升值潜力的房产，在别人尚未意识到之前，以优厚条件以房换房获取房产，待时机成熟再予转售或出租，从中获利。再如手头有一套不大满意的住房，想改善居住条件，手中又无足够资金，将房子出售变现再置换满意的新房。

（6）购买二手次新房。这是指房龄尚在 5 年内的二手房，甚至是全新二手房。这类房产产生的原因，在于房地产投资市场的旺盛，投资者以较低价格购入期房，待交房后随着市场行情看涨，再以较高价位在二手房市场抛售获利，往往有较高的涨价空间。

（7）投资购房，出租还贷。大家好不容易买套新房，却要面对沉重的还贷压力，虽然手里还有些存款，但每个月都要把刚拿到的薪水再送回银行。如能买到一套租价高、升值潜力大的公寓，就可用稳定的租金收入偿还每月房贷本息，不仅解决日常还贷的压力，还获得两套房产。如合适的公寓难以寻找，可将存款拿出提前还贷，一边向银行存款低额收息，一边又向银行贷款高额付息，是最不合算的。

（8）出租旧房，购置新房。如月收入不足以支付银行贷款本息，或支付后不足以维持每月的日常开销，却拥有一套空房可以出租，且这套房子所处位置恰好处于租赁市场的热点区域，就可以考虑将原有住房出租，用所得租金偿付贷款来购置新房。

（三）买第二套房“以房养房”

住户希望能够拥有“第二套住宅”，希望“以房养房”，抵押旧房购新房，房产商应当怎么办，如何适应并尽量满足住户这种购房的新需求？住户抵押旧的住宅楼，获得抵押款项来支付新住宅的首付款，同时再为新住宅办理按揭贷款，新住宅到手后将旧住宅用于出租，用租金收入来归还按揭贷款。如此可在数年或十数年间白白多拿到一套住宅。如原住宅价值 50 万元，现向银行申请抵押，获得 30 万元房贷。用此 30 万元的房贷作为购买第二套住宅的首付款，新住宅计 80 万元，首付 30 万元尚欠 50 万元，办理 20 年付款的按揭贷款，入住新住宅，将旧住宅用于出租，每期可取得租金收益 3000 元，正好用作新住宅的月按揭还款。由旧住宅的抵押款 30 万元，则在 10 年贷期内用生活费结余还贷。经过 10 年到 20 年后，所有贷款全部还清。两套住房的市场价值计算翻了一番有半，计 300 多万元，正好可安排用作养老储备。

旧房抵押贷款购买新房，可有五大好处：①把手中的住房不动产变成流动资金，死钱变活钱；②可按市场价格自主经营手中的房产，或租或售听任自便，获取收益减轻负担；③可迅速增加手中拥有的财富，获取比储蓄存款、股票投资、实业经营等都更为稳妥的高回报；④可根据自己的意愿选择新住宅，提前享受优质生活；⑤可获得房产商经纪人提供的全方位优质服务，还可将住房的租售事宜委托经纪人全权代理，使自己的精力、时间耗费降到最低。如该住户未能采取“二次置业”的大胆举措，就极可能是随着时间的推移，户主仍旧在自己原有的小破旧的住宅里度过余生，尽管不需要为借贷还贷事伤神，但家庭财富也未能有较多增加，且住新房享受优质生活的夙愿也无从得到实现。

四、换房养老

换房养老是大家容易想到的，事实上也是大家在大量操作，并取得较好效果的。

（一）换房养老的缘由

（1）中青年人极会想住大房、住好房。老年人是否定要如此，不大必要，房间过大还容易滋生寂寞感，对身心不利。儿女长大后纷纷成家离去，剩余老夫妻两人，或者说夫妻双方中已有一人先行离世，空余孤老一人，孤寂清冷。老两口空守一套大房也是闲置浪费，还要发愁养老金不够用，医药费开支无法报销。大房的好处是儿女来到身边时，有个落脚地。晚年生活应尽量追求简单，居住于大房中，仅每日打扫卫生、整理内务就是个苦差事。孩子成家立业后都有了自己的小家庭，如不和父母同住时，已有房子就是甚嫌空旷。老年人总是为子女考虑多，为自己考虑少，如这种机会并不很多时，就要考虑是否合算了。

（2）年轻人要上班，幼小的子女要上学，购物娱乐、生活便利要放在优先位置，居住市郊不大方便。老年人已脱离工作岗位，整日只要考虑生活便利、休闲养生即可，不必再顾虑上下班出行是否方便，文化娱乐是否参与，没必要久居嘈杂的市区，市中心空气污浊、噪声、拥挤，对身心健康也是一大隐患。居住市郊正好脱离城市的喧闹和拥挤，得到一份久违的清净和闲适。

（3）老年收入大为减少，需要考虑日常生活花费节约，以使有限财力能长期维持自己的余生，如还打算给子女留下较多遗产时更会考虑这一点，从而对过于昂贵的城市生活成本提出质疑。

（4）若再有兴趣时，还可售出价值昂贵的市区房，换购价格便宜的市郊房。如将城市中的大房出售掉，在生态环境优美、适合养老的郊区购买适中住宅，节约钱财更为可观，对养老金的满足能力相应更强，还提升了养老品位与生活质量。

（5）从市场结构看，富人有好房居住，穷人买不起房，唯有中收入档次的人，原本在房改房制度下，分给什么房子，就只能买什么房子，别无选择。现在就可以通过房产置换将现有住房以小换大、以差换好、以旧换新，改善居住条件。广大工薪阶层仅靠积蓄钱财远无法购房，出售已购房改房作底价，再加上置换新房要承担的差额，通过货币积蓄和按揭贷款购买新住宅才成为现实。可见，差价换房足以解决这些居民的居住问题。

（二）换房养老的含义

住房置换的方法较多，如大房换小房，小房换大房，旧房换新房，新房换旧房，以期达到安居晚年、提升居住生活质量目标者，均可称为换房养老。其中，大房换小房、优房换劣房、市区房换郊区房，是老年人的居住状况颇佳，只是手头积蓄较为拮据，是用差价款养老，可节约养老资源，降低养老成本，以使有限的房产资源能在较长时期持续发挥功用，适合

“房产富人，现金穷人”。小换大、旧换新，则是手中财力充裕，居住条件则颇为不佳，故此将拥有的住房与货币资源给予重新构架，供其在有生之年优化配置，用多余货币资金投入来改善晚年居住环境的不足，适合“房产穷人，现金富人”。

养老金不足使用，而拥有住房又颇有值价时，有个简单可行的办法，就是“出售大房，购买小房，用差价款养老”。用富余的差价款养老，是大家都能想到，也切切实实这样做的。老夫妇离开熟悉的生活圈子，把原有四室两厅置换成两房一厅，可得到不菲差价补充养老金的不足，将来还可将小房遗留子女。目前的城市家庭已开始注意这一事项，不少老年人身体力行，着实得到较多收益。

美国人一生中平均要更换 7.2 次住房，大家刚参加工作时租住单身公寓，结婚后购买小户型，工作若干年有相当经济基础后再购买大户型住房或豪华别墅，到临近退休时再重新卖掉大住房，买进小户型住房，真正做到根据自身的经济特点和对住房的需要来选择住宅。这种状况自然比我国的“一次定终身”要好得多。

当前的房地产市场中，畸高房价与低收入的矛盾，导致许多居民买不起房子。推行房屋置换，活跃二手房市场，是解决部分老人住房难的有效措施。它对老年人调配自身拥有的各项资源，包括房产、货币资源的互通转换，强化养老保障，增强资源运用获益和满足需要的力度等，都是大有成效，值得大力倡导。问题关键在于期间交易成本过高，涉及程序环节过繁，缴纳税费数额过大，花费时间精力过多，故此使不少有此想法的老年人被迫打消了这一打算。为此，国家相关的金融税收政策优惠，中介费用的减免，至少是老年住宅置换的优惠就是十分必要。

（三）换房养老的各种方式

（1）老人除占有较大套住房外，无其他经济来源，现售出大房再购入小房，用差价款养老。

（2）老人的各项经济来源足以应对日常生活的费用开销，只是对所居住房屋的面积功能、地段颇不满意，现售出小房，用合资购房的形式换购功能多样、地段合适、适于养老的大房生活居住。

（3）出售市中心的房屋换购城市郊区养老机构或养老基地的合适住宅，以提升晚年生活的质量。

（4）出租自己的住房，在养老基地中购买新住房，适用于有较充裕资金来源的人员，原有房产和基地中的房产还可以作为遗产传留后代。

（5）老年人入住养老基地之中，将原有住房交给房产商打理，用租金收入交付养老基地的房费和生活费。

（6）房产商收购住户的旧房屋，住户购买房产商的新住宅，交旧购新。房产商借此机会可以扩大房产的销售量，同时可借用自身的装修力量，对收购的房屋再装修后打理出售，居间赚钱，盈利仍然可以向住户做适度返还。

（7）房产商大规模成片收购城市中心区域住户的旧房屋，并开发成新住宅对外出售，同时尚可安置原迁出的住户。住户借此实现房屋的更新换代。

（8）住户将旧住宅向银行抵押取得相应款项，并作为首付款在适合地域购买新住宅，供给晚年生活使用。同时将该旧宅用于对外出租以取得租金收益，并将租金收益作为购买新房贷款的月供，每月向贷款银行还本付息，可谓以房养房。

（四）住房租换可行

住房租换简便易行，如租出大房再租入小房，租出市区房再租入市郊房，既可以盘活住房资源，又得到房租差价款做养老补贴。再如，老年人出租原居的市区房，在养老基地租入新房，用出租房的租金交付新租入房的租金，都属于以房养老。且老年人自身即可随意操作运用，不必苦苦等待金融保险机构推出相应产品。特别是有多套房产的老人，往往会选择出租住宅，用租金收入养老。

老年人采用租换而非直接出售来处置自己的房产，便于保持对该住宅和自身的主动随意。房价持续增长态势下，还可坐收涨价的收益，提早出售住房显然不够合算。出租住房则可以等待该房价上涨到较高价位时再行出售，以免无谓损失。市区中心居住的老年人，将自有住房出租，在郊外购置高档次大面积住宅。用租金收入来交纳每月的“月供”，用多年的积蓄完成首付款项，在新住宅中完成养老重任，称为“以租养房”，即出租旧房养新房。

住房租换或置换都属于以房养老，简便易行易推广，但也有不足之处。有些老人喜旧厌新，对原有住房的依存度很高，不愿意离开生活一辈子的老房，也是人之常情。这里并不强制大家必须走换房这条路。有些老人担心出租房产会产生较多空置，且管理麻烦无以应对，收益也有不确定性，这就需要有相应的中介机构参与操作。住房产权一直保留在手，还可以做其他各种打算。

老年人置换房产来参与以房养老，房产商对此应大有作为，如选择适宜养老的地域，大量建造适合老年人居住、养老设施齐全的房屋，并配套以优质的养老设施、护理服务与管护人员，更新养老服务的思想理念，出租或出售于老年人使用，可有效解决老人的住房和养老问题。目前，房地产行业竞争过度，房产商需要更换经营思路，在住房的设计、建造和运营上来点制度与观念的创新。

（五）房产置换模式的引入

1. 房产置换对接以房养老和基地养老

以房养老和基地养老的提出，旨在完善我国现有的养老保障体系，解决老龄化带来的诸多经济社会问题。但两种模式在发挥养老功能方面，又都具有一定的优越性和局限性。前者能直接实现家庭或个人不动产价值的有效释放，使老年人开始拥有“多得花不完的钱财”，却受限于浓郁的家庭观念而难以成行；后者能为老年人提供多元化的居住场所，并使晚年生活丰富多彩，但价值转化程度和所能提供的现金流有限，难以解决大多数老年人养老的资金问题。大量的社会调查结果表明，养老金不足、养老观念保守及由此导致的晚年生活单调等，是我国多数老年人面临的主要问题。将以房养老和基地养老有机融合，充分发挥两种理念在实际应用中的各自优势，将能更为有效地实现老年人的养老目标。

引入房产置换这一操作直接而快捷的运作工具，实现以房养老和基地养老的有效对接，是以原本居住的房产为被置换对象，来置换养老基地中的居住设施。老年人原有的高价值房产换取养老基地的相对低价值的住房，既可获取自然、舒适的居住环境；又利用两处房产的价值差额，释放出原有房产的部分价值，在养老基地生活。以房养老将老年人的住房资产转化为货币资产，释放其固定价值；养老基地则是提供养老新环境。

2. 与一般以房养老和基地养老模式的比较

对接以房养老和基地养老的房产置换模式，制度设计上有以下特点：

（1）与租房养老和售房养老相比较，养老基地一般选址于城郊或生态环境优美的乡镇，以基地的住房作为被置换的对象，能够借用养老基地较低的房价有效地释放原有住房的价值，在践行以房养老理念之余，在更大程度上将房产的固定价值转化为货币价值，补贴养老金的不足，解决一般租房养老获取养老金不足的弊端，使老年人能安享晚年。

（2）引入房产置换至少能为老年人保留一项房产的产权，符合去世后房产传承下一代的理念，更能为大多数人接受。

（3）置换养老基地的房产，决定了被置换房产的位置和特征，简化了置换的流程，为老年人解除了“到何处养老”的后顾之忧，借绿色自然的居住环境，提高晚年生活品位。

（4）与基地养老相比较，用原有房产与之对接，能够为大多数老人解决基地房款的来源，使养老基地优越的自然环境和舒适的养老氛围，不再是有钱人的专属，养老基地的受众扩大化。

总而言之，利用房产置换这一成熟、可规模化发展的模式，可以将以房养老和基地养老两种原本各自独立的养老方式连接起来，发挥好优势互补，劣势抵补的功效。

五、售房入院养老

售房入院是老人出售自有房产后入住养老院生活，可免除晚年生活空虚、日常起居不能自理的缺陷，房款再交寿险公司做终身年金保险，或参与各类理财方式，以保障终生的养老金使用。

（一）售房入院养老的兴起

现今的大城市里，出现了某些老人出售自有房屋住进养老院居住的事例，在社会中引起较大反响。近年来，天津市有几家档次较好、收费相对较高的老年公寓，相继收住了一些老年夫妻。据悉，这些老人都是将自己的住房卖掉后入住的，每月费用除养老金外，所差数额全由卖房款补齐，并称从此过上了潇洒、幸福的晚年生活。消息报道后，引起较大的轰动，其他养老机构也都准备这样做。某位不愿披露姓名的 63 岁老人，以 35 万元的价格卖掉自己的住宅，住进了老年公寓，从而有了充足的钱财养老。据调查，重庆城区像这样售房入院养老的老人逐渐增多，现已超过数千人，预计将会有越来越多的老人通过这种方式安度晚年。

2012 年，沈阳市某家养老院尝试推出“售房入院养老”模式。该养老院有关人员介绍，这项活动推出有两个条件：（1）必须是没有子女的孤寡老人；（2）房主对房子拥有完全产权，还涉及其他情况就要根据老人的状况具体问题具体分析。缘由是老人尚有子女，或无住房产权，过世后往往会产生诸多不必要的麻烦。尽管两个条件有点“苛刻”，但符合条件且乐意参与者也比比皆是。

（二）售房入院养老适用的情形

售房入院养老适用于如下情形：

（1）老人有价值较为可观的房产，但对该住房的坐落地段并非很满意，希望在适合养老的地段买新房养老。

（2）现有住房的价值昂贵、面积大、功能全，老人单身独户居住偌大的住房，显得成本过高，颇不合算，对社会资源也是个浪费，现在拿出来出售，自己住到养老院就是皆大欢喜之事。

（3）该老人不喜欢孤独寂寞，希望入住养老院同众多同龄人共话家常，过上热闹的群体生活。

（4）老人不乐意或不会做饭洗衣，或年高体弱已无法自理家务，住进养老院有专人护理服务，一切问题都可以得到较好解决。

（5）亟待为子女买婚房，或为了其他事项急需大笔资金使用，迫不得已只好出售居住房屋，自己住到养老院。

（6）预期该套房产的价值目前已达到高峰，未来房价将会有一定下落，现在出售可获得最大经济利益。

售房入院养老是晚年生活的新举措，虽然只是部分老年人的自发行为，但对本行为充分评价，以期给予某种政策性优惠和支持，还是很有必要。这一业务开办的对象主要限于：（1）年纪超过 60 岁的老人；（2）不同子女居住在一起，也不希望或无条件同子女共同居住；（3）有自己独立产权的住房；（4）性格开朗，适应社会的能力强，很希望入住养老院安度晚年，并非时时感觉被儿女抛弃，迫不得已才来到养老院安身；（5）住房具有一定价值，可供养自己安度晚年；（6）老人出售房屋，儿女继承房产不再成为可能，子女对父母的行为表示支持。

（三）住房出售的三种情况

（1）将住宅视为一种投资品，低价购入，价格高企后伺机售出，从中赚取差价收益。该住房并非家庭的主要居住场所，或该家庭至少有两处住所，现将其中一套住宅出售谋利，以房换钱养老。

（2）将住宅视为养老保障品。该住宅是老人的主要居住场所，或除此而外再无其他住所，采用售房养老等特殊形式出售于某特设机构，售房收入只供养老使用。

（3）将出售住房作为家庭房产资源调配置换的手段，如大房换小房、市区房换市郊房等，用节约的差价实现养老的目的。

第二种和第三种情况应考虑给予政策优惠，可设定的基本评判标准是：①是将家中唯一的居住场所对外出售；②住房只是售与某特定机构；③房款是一次性到手或分期分批到手；④售房者是进入或即将进入退休养老期的老人；⑤售房款主要用于养老，而非其他经营或投资行为。

（四）售房入院养老的运作程序

（1）特定机构直接作价收购老人的住房，计算每期应支付老人房款，或一次性付给全部房款（这一计算内容十分复杂，为特定机构难以把握）。

（2）老人售房后直接入住养老机构，每期从特定机构领取房款用于养老，直到自身死亡为止。

（3）特定机构将购进的住房投入市场运作经营，或直接对外出售并一次性收回房款，或将该住房装修改造后对外出售或出租，每月用租金收入支付老人款项。

当然，老人也可将该住房在市场上自由出售，获得房款入住养老院。出售房产有大有小，可收回款项有多有少，可供选择的养老机构的质量档次、费用标准也是多种多样，完全可以根据自己的经济能力自主抉择。

（五）寿险养老与养老基地

老年人进入基地养老，尤其是准备在基地长期落户直到最终身故时，原有房产的恰当处置，是本运营模式成功的关键。这种模式适用于希望长期入住养老基地的老年用户，基本操作程序是将城市中的原有住宅对外出售，所得款项分为三个部分：（1）部分用于养老基地购买或长期租赁养老住宅；（2）部分作为备用金，以防发生意外变故或临时生病住院；（3）部分在寿险公司办理趸交寿险年金业务。此后在整个生存期间，按月从寿险公司领取年金返还，弥补养老资金的不足。

寿险养老与养老基地的连接，售房资金可得到较好运用。这种办法也有一定的限制条件，如原在城市的住房价值应当较高，最好是在该房产价值达到较高点时出售，可获得最大经济利益。

售房入院养老办法很好，但若老人将住宅出售后，只是将该笔售房款简单存储供日后使用，就难免有理财不当出现较大亏空的可能，或是存活余命远远超出预期，多出年份的生活用费即无着落。有的老人可能会将这笔售房款用于炒股票或其他投资，但万一投资失败，立时就会落于悲惨境地。这是大家不愿意看到的。有的老年人出售住房后，手中多了几十万元闲钱，子女会来明借暗讨，亲友会来要求赞助，或者大方潇洒地国内外到处旅游观光，短期内将这笔钱财花销干净，后半期生活就无着落。为此，办理趸交养老寿险，依靠寿险公司发放养老金是个好办法。

（六）售房入院＋养老寿险的好处

这是将住房出售，自己住到养老院后，将售房所得款项交给寿险公司办理年金寿险业务，以保障整个生存期间都能从寿险公司逐期领取现金用于养老。它优越于房款储蓄养老，可给老年人的晚年生活居住和钱财花费以有效保障。当然，从寿险公司可获得款项会大大少于售房入院养老。

推出“售房入院养老，每月领取房款”的房产养老寿险业务，将发挥如下功用：

（1）老人将售房款缴纳寿险公司办理养老保险，可保障自己整个生命期间都能得到较大数额的钱财给付，弥补养老金的不足，将自己拥有房产价值运用达到最好结果，真正发挥住房养老保障的功效。这对晚年退休生活而言，是很为需要的。

（2）老年人闲置的住房资源得到较好利用，增加房屋的社会供应量。

（3）寿险公司为客户提供优质延伸性服务，预期具有较大市场需求，会得到众多老年人的积极参与。

（4）老年人决定住老年公寓时，大多是孤寡老人，或子女不在身边，或无法照料日常生活，加上独居颇感孤苦无依，居住老年公寓就要热闹省心省事得多。

（5）寿险资金投放增加了一个新通道，有利于寿险公司经营内容转换、业务拓展与业绩提升。

（6）寿险公司经营风险小，除预期存活寿命风险外，住房价值波动风险可完全免除，业务经营稳定性高，易于承担。

（7）寿险公司增加新养老保障产品，且立竿见影，在老人生活中即可直接发挥功用，并形成新的业绩与利润增长点。

（8）本业务开办同城市中心生活的老人向郊外疏散、养老基地设立、城市规划设计变更、住房拆迁改造等有极大相关，可给予较大关注。

（9）可望得到政府优惠支持，给予高息免税优惠，老人若将售房款直接储存银行，则只能得到低利息，还需要缴纳利息税。

六、租房入院养老

（一）租房入院养老的解说

租房入院养老受到众多老年人的青睐并切实参与，但如此做时，往往又有众多顾虑。如住房产权的提早全部出售，与老人留取房产传承后代的目标相违背，使大家对此产生较大顾虑；子女拿不到遗产会否不开心，从而给自己脸色看；如房价持续向上走，现在将房子卖掉，将来房价涨了一大截，显然很不合算；总有一天养老院住腻了，再想回家住就断了“后路”；如老人选择入住高档次养老机构的做法早已时兴，但欲筹措高昂费用就是难以做到。为此，老年人将自有住房对外出租而非出售，再拿租金收入居住养老院、老年公寓里租房养老，开始大行其道。

租房入院养老今天应声而出，成为晚年养老生活的一种新潮流，为以房养老增添了新的乐章，得到越来越多的老人青睐和积极参与。如此做法的最大好处是：既享受到养老院居住的好处，又将住房在自己身故后完好无缺地留给儿女，符合中国的国情。今天高高兴兴地住进了养老院，享受群体生活的乐趣，明天养老院呆腻了，再选择回到家中，也是自由随意。老人认为自家有房产的话，用房屋租金养老比靠子女更实惠牢靠。

出租出售房屋补贴养老，是否属于以房养老呢？它属于以房养老的初始形态，适合喜欢过集体生活的老人，操作性简捷且实用。反向抵押贷款能补充养老金不足，但更适合丁克家庭和孤寡老人。虽然此项业务在各地刚刚出台，但多数老人并不看好，原因是操作过于复杂，业务开办费过高，银行或保险公司介入这一模式要谋取利润。老人将住房抵押给银行，每个月可收到款项并不比租金收入高出许多，还要白白损失住房产权，不合算。

（二）出租与出售的评析

随着不动产投资愈益成为一种时尚，普通老百姓手中的房子是越来越多。除自己正常居住生活外，还有闲房可用作出租或出售。具体是出租好还是出售好呢？大家意见不一，可根据如下三方面来查看自己的真正需求，最终找到合适的住房理财方式。

（1）资金需求比较。①如需要一次性获得大笔资金，用于孩子出国留学、买房买车等，将手里的闲房用于出售比较合适；②如老两口退休养老、孩子上大学的生活费、归还新房月供等，需要获得长期稳定的现金收入，每笔现金的数量要求又不大，手里的房子用来出租较合适。

（2）打理时间比较。出租房屋时，业主要考虑寻找租户、房屋装修、出租后定期收租、定期查看房屋情况、办理租赁证、缴纳相关税费、承担相应责任等，需要常年花费大量的精力与时间。如没有太多时间和精力，又不想出售房屋，可选择房屋管家业务，将房子全权委托给房产中介帮助打理繁杂事务，业主只需在家坐享收益即可。出售房屋时，业主寻觅买家，讨价还价，办理过户手续等，需要投入一定的时间和精力，但如委托房产中介来做，则是省时、省力、省心，出售后就无需再为已卖出的房屋操心。

（3）资产收益比较。选择出售可一次性获得大笔现金用于投资股票、债券等，需要考虑这笔投资的收益率会达到多大，能否相当于房价上涨；选择出租可以得到两笔收入，一是扣除房屋的折旧费、住房打理成本和相关的税金后的每期租金收入；二是住房随着时间推移会发生的增值收益。最终结果的优劣，是比较若干年后，选择出租与出售再投资两方案后可以得到的资产总值。

七、合作建房共住养老

晚年生活期间，大家最发愁的是养老赖以进行的经济物质基础，一是源源不断、稳定可靠的现金流入；二是适于养老生活，富有多种功能且价格又非很高的住宅；最害怕的则是寂寞独居，漫长的时间无从打发，每日独守空房，既无可交流的对象，又无可以很好打发光阴的事情。合作建房共住养老就应运而出，即若干志同道合、情趣相应的老年人，选择在适于养老的环境中，共同集资购建房屋，每日居住在一起。

异地购房是简单的，但买来的住房是否符合个人晚年生活的需要，并不完全如此。再者，在目前房价高企、老人的腰包又不大宽裕的状况下，合作共建或共同购买满意的住房就提上议事日程，近年来被频频提出。老年人合资购建住房，“资”从何来是个大问题。设想可从老年人现有房产的变卖上打主意。老年人将现居的旧房屋出售掉，合伙购买新的房屋共同居住，生活居住条件大为改善，资金还会有较大节约。为此，需要发起建立住房合作组织，吸引老年居民加入，组织内部按照一定的章程规定，根据老年人的经济状况和身心特点，委托专业公司设计并建造住房，最终向参与的老年居民出售住宅或分配盈利。

今日，随着住房商品化的完全推行，合作建房几乎被完全取代而很少看到其踪迹。原因之一，就是所需土地取得不易，手续繁多；建造期间事项繁杂，难以应对；建成后住房产权形式复杂，有个人拥有、合作社产权所有和个人与合作社共同拥有多种形式。今日将合作建房同养老问题联结在一起，使其重新焕发光彩，还是非常必要。

合作建房的特点大致包括如下方面：①合资，居民个人筹集资金一起建造住房，再按一定方式公平分配；②合住，达成意向的老年人共同购买某套住宅，合伙取得该住房的共有产权，并在该住宅共同生活居住；③合意，住宅设计出售运作等，都完全按照老年人的经济特点和心理意愿行事；④合算，合资建房，住宅建造好以合适价格向合资者提供，可减少房产商、中介商等中间层的“盘剥”。大家抱团合伙购买住宅，价格可有较大优惠。

合作建房也有众多缺陷，难以如愿，近年来多个地方都有合资建房的事项提出，但都难有下文。房地产开发作为一种专业化极强的工作，并非局外人可以随意介入。合资建房养老固然应当得到政府的支持，如低价或平价取得土地，并在资金信贷和住房出售上享受一定的贴息和税费优惠。政府不仅是补给他们相应的钞票，允许他们合资购建住宅，还应有意识地规划建造若干老年住宅，促成这一事项。更需要的是，尽量对老年人购买住房提供种种优惠，拉低不合理的房价，使大家能尽快实现养老与居住规划目标，达到“少花钱，多办事，事办好”的结果。

八、合居共住养老

（一）合居共住的解说

合居共住养老，俗称“搭伴养老”。如若干志趣相投的老年人结成一个养老共同体，大家将自己原有的小而破旧的住房出售，将售房款集中一起，选择到适于养老的近郊或乡下合资购入或租入适合养老之住房，共同生活居住养老，又可将多出的住房出售或出租来养老。如老年人合资筹建养老合作社或养老山庄，作为自己的养老家园，同住共居搭伴养老。适用于志同道合、乐于共同生活居住的老人。这不仅是个体行为，有必要时还可以将此作为一项大规模产业开办。只要大家解放思想，开动脑筋，消除贫困无助的好办法是很多的。

今日的青年人结婚成家后，大都同父母分开，独立生活居住，它有利于减轻老人的经济负担，在忙碌一辈子后能较为轻松适意地安度自己的晚年，对培养青年人的自主独立性，尽早自立自强，减弱婚后仍依赖于父母的状态，也是一大进步。但也由此造成了愈益增多的空巢家庭。倘若是老夫妻同时健在，相互提携依靠走完人生的最后历程，也是一桩美事。但在大多情形下，女性寿命一般要高于男性（男女寿命的平均差大约在 3～4 年），夫妻结婚时的传统习俗，又是丈夫年龄大于妻子（婚龄差约在 2～3 岁或更多，夫妻结婚年龄越晚，婚龄差相应越大），这就使我们看到现实生活中，女性丧偶者远多于男性。男性老人已死亡多年，而其妻子仍健康长寿的大量存在。独居老人一起住老年公寓或搭伴到养老院养老，自然不错。若对机构养老兴趣不大时，结成养老生活共同体就是个好办法，合居搭伴养老有可能成为一种新兴的生活组织。

只是选用这一模式时，养老合作体的人员选择，众人心理、生活作息习惯的调适，合作体内财务制度的制订等，都有必要事先协商论定，将有可能出现的纠纷和矛盾降低到萌芽之时。

（二）独居老人的合居共住养老

一般而言，独居老人有如下情况：①子女婚嫁后另行购房与父母分开居住；②子女出国或出外学习、工作，父母成为留守老人；③婚后未育的孤寡老人；④离异后未再婚的单身老人；⑤终身未婚的老人等。

目前独居老人是经济困难居多，来自他人的劳务照料缺乏，生活质量参差不齐。据不完全统计，夫妻同居者比单身独居的生活要好；身体健康、经济条件充裕的比年老体弱生活困难的要好；子女在本市比在市外省外国外的要好。经济条件好、子女孝顺的，即使身边无人也可请保姆协助，使自己的饮食起居有稳定着落。某些社会孤老仅靠帮困救济金度日，生活拮据可想而知。

面对独居老人带来的社会问题，各地充分利用社会资源，走出一条政府、社区单位、家庭志愿者三位一体的运作方式，采取实体经营有偿服务与社会资源无偿服务相结合，使独居老人的生活困难得以缓解，经济困难得以救助，真正做到老有所养，难有所帮。

（三）合居共住的好处

如上方案可称为“房产置换＋合购共住＋反向抵押贷款＋养老寿险”，对此方案的好处这里一一评说：

（1）房产置换的好处极大，过去是各自住在一个个小、破、旧的住房里，日子过得很憋屈，今日在适合养老、环境优越的地段购买了新住宅，魂牵梦绕住新房的梦想终于得以“圆满”。生活环境得到显著改善，居住质量得以大幅提升，资源配置合理节约。老人单身居住在一所 30 平方米的旧房，远不如四位老人合住 100 平方米的新房来得舒适自在。

（2）合居共住后，日常生活的用费开销大大减少，单身老人每月 1600 元的养老金，很难维持自身的基本生存，四位老人每月 5000 元的养老金，则可以将自身的生活安排得舒心适意。大家居住在一起，大宗收支安排在一起，小的零星开销个人自主把握，结成了生活照料、劳务服务和心理慰藉的利益共同体，免除了寂寞、空虚、没有伙伴、无人服侍的缺陷。今后如有必要时，四个老人还可以用剩余的钱财合请一个保姆，处置日常家务，生活也带来诸多便利。

搭伴养老、招居养老等，可以是同性共居，也可以是异性共居。共同居住的好处较多，大致可包括如下方面：

①一起合居搭伴养老，共同开销公用品，各自的生活费用有较大幅度的降低。招居老人得到了一定的房租收入可增加晚年的养老金来源，同居的老人花费不多房租即可得到舒适的居住环境，也属于资源的有效配置和利用了。

②提高安全感。老人居住安全是重要一环，合住一起彼此间可相互照料扶持，遇有特殊事件时也能互通信息，避免不当行为的无谓发生。某些地方曾发生独居高龄老人因用火用电发生伤害，或遇窃贼光顾，还出现老人死亡多日才被其邻居发现的事件，老人同居时即可避免这类事出现。

③增强老人间的情感交往。日渐增多的独居老人不仅面临生活照料、生病护理困难，更多的是精神生活贫乏、孤独无聊等。现有数位老人合居搭伴，谈谈家常聊聊天，有了很好的交流对象，日常生活也增添众多乐趣。寂寞、空虚、无聊、无助、孤独及由此而来的种种心理障碍，将得到最大

程度的消除。

④组成新的家庭。同居老人各自拥有自己的寝室，互不干扰对方的私生活，共同使用客厅、厨房并分担共同费用。长期居处一起，相互间产生感情时能重新组合一个新家庭，也是一大善举。贫困孤寡老人、丧偶独居的养老，正是国家社会最予关心的。合居共住作为一种新兴生活方式，已受到人们的热切关注。

（3）在适当时间运用以房养老的办法，将购买的该套新住房在银行或寿险公司反向抵押取得一定收入，房产价值得以在自己生前运用发挥得淋漓尽致。该住房在老人们的存活期间，还会有一定的价值增值，这笔增值收益同样归由四个老年人尽情享有。

（4）参与养老年金寿险业务和反向抵押贷款业务，使得大家能够存活到什么时间，保险公司就会一直供养到什么时间，解除了晚年生活的财务压力，避免了“人活着，钱没了”的常见困境。

（5）合居搭伴养老，合作建造或购买住房，住房出售大都是在城市的闹市区，新建造或购买住房大都是在适合老年人居住的城市郊区。售房购房即可从这种地段的转换中节约出大量资金，作为晚年生活补贴，经济拮据的状况会有大幅度改善。

合居共住不只是个别老人的要求，生活上互帮互助、情感上相互交流，应是众多老人的迫切愿望。它不仅是同性老人合居共住，即使说异性老人自愿未婚合居，搭伴养老，也是对双方有利的大好事。它只是两个志同道合的老人搭伴过日子，一不涉及财产及人身瓜葛；二不涉及婚姻嫁娶；三不牵连子孙后代，子女不会过多反对，也不会发生生养后代的“后遗症”；四是不必对未来的遗产传承等承担责任。年轻人的未婚同居已得到社会的普遍宽容，异性老人的同居共住，社会也应当持宽容态度，即使说异性老人未办理任何手续就搭伴同居，也不值得大惊小怪，不一定非要办理结婚手续不可。

（四）共同居住、合资养老的实例

这是让若干志同道合而经济居住状况不佳的老年人，通过“合作购房、合居搭伴养老”的方式，达成养老费用节约、养老资源优化配置、老年人相互合作帮助的目标。如有 4 位关系要好、年龄为 60～65 岁的老年人，各有房产面积 30 平方米，价值约 30 万元，每月各有退休金收入 1600 元，货币资产全无，为典型的城市贫民阶层。四位老人开动脑筋，解放思想，现议定结成“养老共同体”搭伴养老。首先将现有四套房产以市价出售，并将房款集中一起共同调度，共得售房款 120 万元，用其中 60 万元购买养老基地 100 平方米住宅一套，余 60 万元趸交寿险公司办理终生养老年金寿险，同时将该价值 60 万元的新购住宅办理反向抵押贷款。两笔交易经大致估算，在以后的整个生存期间约 18 年里，每个月可带来现金收入 7000 元，作为四个人的月生活费开销外，尚有一定结余，作为四人结伴旅游用资或其他共同开销。各人自有的月退休金收入 1600 元，则由各人作为零花钱自主支配。

以房养老不仅对“住房富人”非常有用，对居住面积不大的穷人而言，如能设法将该住房来个实体转换、价值有效利用时，同样可对养老发挥积极功用。如某城市的某社区内，有四位关系要好的孤寡老人，各自老伴都是早已去世，儿女也是先后结婚成家，平日工作忙碌，难得一见，今已退休，每日闲暇无事无聊。四位老人各自居住在一套狭小阴暗的住所内，都是 20 世纪末购买的房改房，坐落地段还差强人意，但住房面积小、价值低，环境喧闹拥挤，很不适于晚年生活，似乎无法发挥太大用场。四位老人的养老金有限，加上儿女的定期供养，每月只有千数元，满足日常生活刚凑合，但如出现特殊状况就感觉十分不足。

目前的城市生活中，这类老人应是十分普遍，可称为典型的“城市贫民”。这些老人该如何摆脱养老困境呢？要维持基本生活状况，一般认为必须得到政府的扶持救助才可。但这里一不靠政府接济，二不给子女添麻烦，单单凭借自己的聪明才智，在现有的住房资源上想方设法实现以房养老，是否可行呢？

四位老人都是贫困无依，但是否绝对贫穷呢？不是。所居住房屋虽是窄小破旧，但因坐落在闹市区，且有三四十平方米，每平方米单价以万元计就是三四十万元。若在京沪深等大都市，房价还可以上升到三四百万元之多。这里用“共同居住，合资养老”的办法，即可实现晚年生活的“瓶颈”突破。如四位老人将所住的四套房屋全部出售，获得售房款 150 万元，到市郊选择生态环境好、空气清新、生活方便的老年公寓，或寻找价格便宜、面积足用的二手房。经计算用其中的 90 万元，即可购得功能设施齐全的四居室住房，约计 140 平方米，简易装修、添置生活器具等，再加 20 万元足够，结余 40 万元，每人尚可分到 10 万元派上其他用场，如维持日常生活用费或日后不时之需等。

四个孤寡老人借助购置新房同居共住，合作互助养老，互相帮扶走完人生历程，堪称一大乐事。共同负担生活开销，日常用费可大大节约，生活质量反会大大提高。如将售房买房装潢后余剩 40 万元办个年金养老保险，以老人生存余命 15 年计，每年可得到返还款 3.6 万元，每月 3000 元，应付四个人日常生活补贴绰绰有余。四位老人每月的退休金收入，则作为各人小金库自主开销支配。正可在老人的有生之年，将所拥有财产开销得干干净净。

倘若四个老人出售原有住房，仅得款项 60 余万元，购买新公寓后所余无几。以上介绍方法是否不可行呢？并非如此。实际上，老人的购房用费还可以再节约，如再考虑该住房使用寿命，要远远长于四个老人的生存余命。这套住房还可以采取倒按揭或售房养老的办法，将住房抵押给银行或保险公司，每月再从银行或保险公司借钱支付日用，到老年人死亡后，用该套房屋向银行或保险公司归还贷款本息即可。这真是人尽其乐，房尽其用，住房资源配置完全实现了最优。

（五）小结

合作共居的做法无疑是可以大力效仿的。它作为丧偶独居老人的一种新兴生活方式，已受到人们的热切关注，也应当成为我国老人晚年生活的一项重要内容。但这一模式运作有个缺陷是，若干个志同道合的老年人既不会是同年同月同日生，更不会是同年同月同日死，这些老人的来源不是上天赠予，也非某个机构特意安排，而是要大家刻意去寻找，并细心维护其间的情感交流，防范其间可能发生的利益和非利益的纠纷。养老共同体的成员逐渐减少之时，还可以再增添新成员，届时的有关费用开销等就需要另做商议了。

合居搭伴养老的做法是很好的，能够解决相当部分贫困孤寡老人的养老问题，这部分老人的养老正是国家社会最应予关心的。房产置换、异地移居、合居搭伴养老、合作养老，但还需要来自政府的相应配合。比如，老人们出售原有房屋，购买新房屋，相关的税费应当一并全部减免。我国的金融保险机构尚未开办此类业务，显然应尽早开立。另外，真正适合老人身心特点和经济状况的养老基地的建造，也应尽早提上议事日程，共同将养老这一大事业做好。

九、招租养老

招租养老是将住房的部分使用权出租，用租金收入养老。如老两口或孤老占据一套面积颇为可观、功能齐全、质量上乘的高档住宅，这种状况自然是无可厚非。但这些老人是否乐意这样做呢？并非如此。房产资源闲置浪费，日常生活也颇显清冷孤寂，日月难捱，对社会资源也是一大浪费。将多余住宅或房间面向社会招徕青年房客，不菲的房租收入即可用来养老，既增添养老金收入，且使晚年生活充满活力，家中气氛变得活跃，是个简单易行的好办法。它适用于有住房但现金收入颇感缺乏，或日常生活颇感孤单，很希望同青年人共同居住的老年人。

老人既然能拥有一套宽敞空旷的大房子，就应当利用这套住房为自己多做些事，在不变更房屋使用权和产权的情况下，招徕房客以房养老简单易行，是个好办法。来自南京市社会福利服务协会一份针对本市 60 岁以上老人的调查显示，许多老人已自发把房子视为养老保障。主要方式为：一是租房入院养老，养老院的部分孤寡老人在这么做；二是腾出多余房间招人合租，收取租金补贴养老，这种方式最为普遍；三是两户老人合住，腾出一处房子出租，租金共享。家中有多余房间，对外出租招徕房客，获取租金收入用于养老，在城市中已较为普遍。

我国大学生在校期间有安全、方便、廉价的宿舍方便入住，毕业后就不可能再如此生活，必须到社会租房住。一般是几个学生合租某个单元，共同分担租金，如能作为房客居住到老年居民家中，也是个好办法，需要社会上有相应平台为两者牵线搭桥。德国鼓励大学生以劳换租，即安排一些大学生和独居老人合住，大学生帮助老人做晚餐、清扫房间，陪老人看电视、聊天、散步、外出采购等，既照顾了老人，又省下租住宿舍的资金。德国社会福利机构还安排一些独居老人和单亲家庭住在一起，组成“三代同堂”的临时家庭。老人平时和孙子孙女一起过日子，体验祖父母照顾孙子的快乐，单身母亲或父亲也能省下请保姆的费用。

西方国家的很多大学，并非像我国一样大量建造学生宿舍，而是学生自己在学校周边找房住。我国到国外留学的学生，也非由学校统一配备宿舍，大多是自己租房住。最好的租房办法，自然是租住附近社区的居民家中。这种模式的好处显而易见，花费少，生活方便，还便于尽快融入当地社会。假如我国的大学生也能主动到附近社区联系住房宽裕的空巢老人，在日益庞大的学生队伍面前，学校扩大招生时，就不再需要大量扩建宿舍。

十、购房养老

（一）购房养老的解说

购房养老，实质上是在晚年生活中购买适合居住的住房养老。老年人在临近退休开始考虑养老问题时，为使自己的晚年生活有个较满意结局，往往会考虑在何处养老及如何养老的大问题。许多老人会选择环境优越、适合养老之地段，购买一套面积大、功能齐备的新房舒心适意地度过晚年生活。人到了老年，不大讲究争多竞少，但生活舒适高品位还是必要的。

我国的老年人长期生活在计划经济时代，收入少，住所差，一辈子过得窝窝囊囊，现在好容易退休且有了一定的货币积蓄，买新房追求晚年生活的质量和品位，就是应有之意。

年轻人买房为了结婚成家，中年人买房为改善居住或投资盈利，老年人买房则为了舒心养老，即找个山清水秀的地段，买个适宜养老的住房，从此安心居住乐享晚年。老年人年纪大了，需要的是赏心悦目又优越美丽的生态环境，喜欢的是乡村、市郊的山水风光。虽然大多数老人喜欢住在旧城区，整日同自己的老街坊、老邻居在一起。但也有众多“前卫”老人“弃老奔新”，或干脆“弃城奔乡”，从城市跳到市郊或乡下买房养老。随着时代的变迁，这类老人将会愈益增多。如苏州市“南都玲珑湾”的销售中，一对云南老人极想在此买房养老，他们看中苏州是养老天堂，看中此地青山绿水的环境和住宅小区的物业管理，更看重玲珑湾的所处位置，认为买房最看重的是环境，就特地过来要求买套中户型。

（二）购房养老的好处

购房养老的好处很多，可以表述为：

（1）城市布局不断改变，外延不断扩张，繁华、拥挤的程度日渐加深，生活节奏迅速加快，适于老年人生活居住的住所，已经不是拥挤、嘈杂的闹市，而是清静、闲适的市郊。

（2）老年人大量购买新房，有助于房地产业的发展，增加国民经济的新增长点。

（3）在山清水秀的地域买房养老，有助于提升养老的品位和生活质量，实现养老资源的合理配置，既改善了生活品位，又节约大笔钱财补贴养老金的不足，降低养老成本。

（4）有利于降低老年人储蓄存款的份额，将目前已经存储过多的金融资产，变更为住房资产，调整金融资产与实物资产的结构。

（5）老年人口外移，就可以腾出较多空间让年轻人进城创业，有利于城市布局的良性变迁，扭转城市人口年龄结构不断老化的状况，增强城市活力。

（6）目前，较为富裕的人员相继迁入更适合居住的新城区，旧城区主要为较贫穷的老年人居住。老年人出城养老，有利于加快城市化改造步伐，并妥善安置这些拆迁老人。

（7）老年人手中有了一笔余钱，自己设法应对长期退休生活中可能会发生的种种繁杂事项，国家养老负担大为减轻。

（三）个人投资住宅需要注意事项

（1）确定购屋的目的，是自己居住的刚需购房或是单单为投资赚钱而炒房。前者要考虑工作和生活、子女受教育的便利，考虑周边的居住环境等因素；后者则需要多多关注该地域未来的发展潜力和房价增值的空间大小。

（2）慎选购屋时机，评判未来的房价是呈上升或下跌趋势，投资炒房时应对此特别关注，房价持续下跌时往往导致购房资金被套牢。

（3）考察房地产市场的供需状况，特别注意房屋的建成、销售和存量状况，如目前及可以预见的未来，有大量新的楼盘建成并上市，住宅的增量将会长期大于销量，导致存量房过高，供过于求时，往往会引起房价的持续下跌；如住宅的销量远远大于住宅的增量，存量房过少，供不应求时则必然会引起房价的较快上涨。

（4）住宅投资考虑的是做长线，从住宅买进、手续全部办好，到将住宅挂牌售出，相关的交易手续全部办好，会持续个大半年时光。这就不像投资股市那样，买进卖出是三天打一个来回，更不像炒作外汇那样超短线，每日进进出出数十个来回。住宅投资应是低价买入高价卖出，而非股市短线操作那样追涨杀跌。这种认知与普通人认知的时机选择有一定差异。短线投资者往往追求短期内的几易其手以获取差价，这在房地产投资中并不适合。

（5）住宅买进与售出的交易手续办理缓慢而麻烦，交易成本较高，需要关注国家的房地产政策和相关税费、信贷政策的变动状况。购买住宅时，还需要研究政府、金融机构的相关政策变动对住宅投资影响的状况及影响力度。如国家有新的房地产政策出台，将会促动或是打压房地产的发展，对房地产的销售等会产生有利影响或是不利影响，影响的程度又达到多大等。

（6）查明欲购买住宅所属楼盘的地段地号，申请产权过户，查阅建造执照。如该房屋尚未建造或尚未申办建造手续，房产商就提前预售该房屋，俗称为“售楼花”，目前已被立法禁止。

（7）明晰房屋的设计，住宅设计状况与居家生活的品质关系密切，房间的朝向、层数、居层、布局等，都是买方之间精心挑选的。

（8）注意该楼盘建造公司与开发公司的资质与背景，以往已经开发楼盘的声誉度和销售情况；楼盘建造公司与签约人是否一致，有否有权利出售该住宅，房屋建造是否逾期，竣工日期有无延误，楼盘所处城市的区属。

（9）计算与购房有关的成本费用情况，包括首期付款和尚需要贷款的数额，贷款的种类、期限、还贷方式及每期还贷的额度，盘算自己的收入状况及每期还贷的能力，检查购房是否对自己的正常生活造成重大影响；

明确需要支付的交易手续费（如房产税、转让费、律师费、产权保险费等）、支付相关费用的保证账户。

（四）购房关注的目的和重点

影响住房选择的主要因素，是自己对住房的需求程度、购买该住宅的动机何在，家庭的生活状况以及自己拥有的经济资源如何，为此需要对如下要素予以特别关注。

（1）首次购房用于满足自己居住的需求，准备一次性到位或作为过渡房。前者是一次性购入大面积住房，需要考虑将来家中人口的增加及对居住面积及功能要求的增长；后者则是购买小房作过渡房待后再置换大房，或将该小房出租或出售盈利，则要考虑出租或出售的难易程度及回报高低。

（2）购买新房为着改善居住生活条件。大家新婚成家时经济条件不足，先买个小房，待若干年后经济条件有较大改观，或者工作单位发生改变时，可能会考虑扩展居住面积，改善居住功能，变换居住环境，再如日常生活和工作交通是否便利，套型是否合理等。这类改善性需求是经常出现的。

（3）购房用于投资盈利。将购买房地产作为投资盈利的手段，是众多炒房客十分关注的，也确实从中获取了可观的收益。这类目的的购房选择，需要注重住宅的升值空间和出售难易程度，注意房屋短期内特别是销售期间的市场升值潜力，还要了解城市规划是否涉及楼盘交通、配套设施改善，如楼盘周边规划有地铁、大型商业场所，或周边社区引入知名中小学校等。

（4）用于出租，以房养房。应从经济成本和机会成本的角度了解租赁或购买住房的优劣利弊，需要考虑住宅长期投资升值的空间、租金水平和出租的难易程度，要对当地的租房群体有个大致了解。高档住宅的租房群体追求生活舒适，中档住宅的租房群体要求交通方便，周边生活设施配套齐全；低档租房群体只要求满足基本生活需要，对价格较为敏感。就业机会多的房屋容易租出，大学周边的低档住宅较为抢手，单身养老机构和“中性平面”的住宅有较大市场。

（5）为了货币保值增值。购房投资属于长期投资，看重楼盘的长期升值潜力和出租的难易程度。通货膨胀时期，居民选择购买住宅以实现货币保值。要求购买楼盘和户型适宜居住，没有明显缺陷，综合能力等优于周边楼盘。

（6）为孩子上学受教育购房。望子成龙，望女成凤，选择重点学区房，精心将子女培养成才，是众多家长首要考虑的。如住宅周边有无知名的中小学校，购房后是否继续和孩子同住；学区房和非学区房的价格差异有多大，区分两者的性价比高低。开发商直接将名校引入小区，是首选楼盘。

（7）为老人晚年舒心养老购房。老年时代脱离了工作，喜欢整日与大自然做伴，青山绿水、优越的生态环境，是购买老年住宅的首要选择。老年人的数量是越来越多，寿命是越来越长，老年人的钱包是越来越鼓，也愿意将这笔钱财为自己晚年开销，但是环境优美、适宜居住的地域却是越来越少。即使从投资盈利的眼光来看，这类住宅的购买也是合算的。但也要注意距离城市不要过远，更非住在完全脱离社会、生活极其不便的乡下。

（五）个人投资房地产需要做的工作

（1）个人缺乏房产开发和住宅建筑的专门知识，应予弥补，注意对施工现场，尤其是住宅建造质量状况的调查。

（2）防止虚假不实广告的误导，巨额广告费最终会转嫁入住房成本，使价格上扬，名不符实。

（3）注意住宅的产权是否清晰，避免过户时出现某些后遗症，尤其是当不良中介机构参予其中时。

（4）搜集有关信息，防止误导，注意做长期打算，防止个人财务被未来长期的还贷付息所拖垮。

（5）寻求易于脱手的房屋，地段强，外观好，管理严格，房产公司的信誉好。

（6）寻找转手卖主时，委托信用好的中介或可信赖的专家，勿上当冒险。

（7）欲购屋出租赚钱者，注意租金收益、房价增值收益，与房款及利息成本的核算。

（8）详细计算并分析住宅价格、贷款利率和效益，注意房产交易中的税费缴纳。

（9）考虑物业管理的状况如何，后续维修费用不可忽视，房屋应日常清扫、外观维护及修缮整建等。

（10）签订购房契约时，注意其中有无阻碍自由转让的条款，避免他人分利。

（11）寻找银行的策略是货比三家，认真比较各家银行能够给予的优惠条款。

（12）考虑能否借新还旧或降低利率，或多借款迟还款，房新地段好，还款能力强，银行方可予通融。

十一、合资购房养老

我国有众多的老年人已经有了自己中意的住房，并准备在该住宅中养度终生。但还有许多老人居住的是面积小、功能少、档次低、环境差的房改房，他们希望晚年生活能有舒心适意的环境，能在感觉良好的面积大、功能多、档次高、环境优越的住房里养老。

老人购买新房的愿望是很强烈的，但购房的资金从何而来呢？经过多年的资产积聚，有了一定的实力，但并不完全具备购买新房的经济实力，向银行按揭贷款购房，按目前的房贷政策，因年龄超越又不具备这一资格。事实上，老人贷款购买新房后，每月有限的收入除供给日用生活开销外，也不可能有更多现金用于归还购房贷款。在此状况下，老年人购买新房的愿望又将如何实现呢？还需要考虑的是，老人自己余存的寿命有限，而购买的新房却足以使用很长时间，至少是远远超出购房老人的寿命。且显而易见的是，人死亡后不会有任何耗费，此时住宅仍属较新，还有较高剩余价值等待利用。

21 世纪初，某位 70 岁的老爷子参加旅游团到海口游览，看到众多楼盘挂牌出售，售价每平方米千余元，每套房 70 平方米计，买价、杂费及装潢总价 15 万元即可。该楼盘濒临大海，风景极佳，真正是“面朝大海，春暖花开”，在此安度晚年显然比自己家乡要好得太多。老爷子有了在海口置房安居的长期打算。经考虑自己的存款只有 10 万元，每月养老金收入安排日用后稍有结余，不足资金向银行贷款显然不可行，而且所有资金完全用于购房且为此负债累累，也很不合适。尤其是自己已 70 岁，预期余命至多

10余年，身故后住宅尚存的价值就只能是一大浪费。一边是购房资金不足，一边是身故后房产价值的多余浪费。这一矛盾应当如何解决呢？老人向房产商提出愿意出资若干只购买该房产10年的使用权，10年期满自己回家乡与儿女同住，该住房交还房产老板。房产商经郑重讨论，这笔生意无法操作，就婉言谢绝了。究竟如何做法，才是最为明智？笔者特提出如下新举措，供有相关需求的老人参考：

（1）用这笔10万元的积蓄款住进养老院，或档次较高的老年公寓，应是最为理想，对无儿无女无牵挂，又喜欢群体生活的老人更为合适，可保证晚年生活舒心适意。

（2）用这笔款项办理养老寿险，每期再从寿险公司取得款项用于租房和养老。如此做法可保障晚年的物质钱财不会发生短缺，即使因岁数延长也有寿险公司支撑，人活到多大，寿险公司就会管到多久，晚年不会出现“财务恐慌”，但住房条件的改善就难以谈到，这是一大缺憾。

（3）用这笔钱财同其他关系亲近的人员合资购买住房，买到的住房自己首先入住，一直到寿终正寝为止，再将该住宅的产权和使用权完全交付与对方所有并自行处理。这可称为“合资购房，顺序居住支配”。双方各自出资的比例则应由大家仔细协商一致，为避免日后可能发生的纠纷，应签订合约，最好再由公证处给予公证。

（4）如欲使本合资购房业务举办得更为郑重、规范，减少一般合资购房中可能出现的违约行为。合资购房的对方也可以是银行或寿险公司。这就是以下要着重说明的“合资购房、用房还贷”。

“合资购房，用房还贷”，还只是笔者正在研究的融资购房的新理念，而非现实生活中已经在大量开办的金融业务。

（一）合资购房养老的操作程序

本模式的基本操作程序，可以表示为：①银行与某甲签订联合购房协议或贷款合同，并向某甲发放住房抵押贷款；②某甲持贷款再加自有资金若干购买住房（实质上也可称为银行与某甲合资购房）；③某甲拥有该套房屋的产权并长期居住，但不必在整个货款期间归还贷款本息；④某甲死亡后，住房归银行拥有；⑤银行出售或经营该住房，用售房款或经营收益补偿原出资款；⑥银行计算整个贷款期间投入产出的收益或亏损。

如某乙今年 65 岁，单身，月养老金收入 2500 元，货币积蓄 15 万元，完全足用，在市区有 30 平方米旧住宅一套，所住地段为市中心一小胡同，拥挤、噪声、污染，居住环境不佳，适逢政府规划拆迁。某乙收到政府补偿款 25 万元，决定到某老年公寓购买新住宅养老，但因钱财不足，向保险公司提出合资购房申请。预期某乙尚有余存寿命 12 年，经计算，某乙与保险公司各出资 25 万元，购得该公寓价值 50 万元的 60 平方米住宅一套。按约定某乙首先居住该住宅，待某乙死亡时再由保险公司全盘接收该房产。如上方案可称为"房产置换 + 合资购房"。实际操作后，某乙的居住环境质量大为改善，住宅面积扩大、功能健全、生活无忧。某乙身故后，保险公司取得该住宅的全部产权。

银行是否全然不能为老年人购房提供贷款呢？并非完全如此。如老年人贷款是用来买车、旅游观光、买家用电器，或上老年大学申请助学款，都系纯消费项目，无法保值增值，并在缺乏资金时强令要求归还。贷款买到的住房，则完全可以用来抵押或担保，即使在申请贷款无从归还时，也有该套住房作为还款保障。"合资购房，用房还贷"，事实上是有相当市场，足以对老年人购买住房、舒适养老发挥重大作用的。

（二）"合资购房，用房还贷"养老模式的介绍

住房按揭贷款是大家都很清楚的，反向抵押贷款则才刚刚提上议事日程。"合资购房，用房还贷"是将我国目前盛行的住房按揭贷款，与新出现的专用于老人的反向抵押贷款相结合在一起，即形成一种新的房贷模式。即我们这里谈到的"合资购房，用房还贷"，又可称为"按揭贷款买房，反向按揭养老"。这里呼吁金融保险部门推出一种新型金融产品，并期望给予很好的运用。

反向抵押贷款一般是针对"现金穷人、房产富人"的人士特别设计，使用目的非常清楚，是为了释放住房中凝聚的巨大价值作为养老保障金，以期解决这些老年人守着大额房产却是生活困顿与窘迫。"合资购房，用房还贷"则反其道而行之，是为那些"现金富人、房产穷人"的人士特别设计。目的则是为着解决守着大额现金却居住狭小、生活质量很低，却又顾

虑养老不敢随意花用的状况，为此而采取的一种特殊融资方式。

住户手头资金不足以购买养老基地时，可联合保险公司合资购买房屋的产权，并先行居住，最终死亡后该房屋产权及使用支配权交合资保险公司全权支配。其基本设想是需要购房的老人和金融机构（比如银行和保险公司等）签订合约按照一定的出资比例在环境优美、安静而又适合养老的地段，比如城市郊区合资购买住房，在合约规定的期限内，房屋的产权由老人和金融机构共同拥有，使用权归老人所有，住户最终死亡后金融机构收回房屋的全部产权和使用权，对房屋进行处理。

合资购房模式的基本操作程序，可表示为：①特定机构向某人发放住房抵押贷款；②某人持贷款再加自有资金若干购买住房（实质为特定机构与某人合资购房）；③某人居住该幢房屋；④某人死亡，住房归由特定机构拥有；⑤特定机构出售该住房，用售房款补偿原出资款；⑥特定机构计算在整个期间的投入与产出的收益或亏损。

参与合资购房的老人最好是每期有稳定可靠的养老金收入，也希望能够有个理想的居住环境及称心如意的住宅，以享受晚年的幸福生活。或者是希望把处于闹市区的价值较高的住宅出售，拿出一部分作为养老储蓄，剩余部分在郊区购置新房而不足。或者希望将现住的小面积居住环境很差的住房，换取一个较好的住宅，手头有一定的积蓄余款，但却不足购换住房所需。

合资购房可保障老年人在购房资金有较大不足时（如只有总房价的半数）也能享受居住新住宅的愉悦。

十二、父母联合儿女购房

（一）父母联合儿女购房的起因

众多老人很期望能居住到舒心适意、适于养老的环境，在满意的新房度过幸福晚年，但却不完全具备购买新房的实力，无法满足这一期盼。向银行按揭贷款购房时，按照目前的房贷政策已经超越 60 岁又不具备申贷资格，这一融资购房的需求即难以实现。即使银行同意贷款买房，日后的还款付息也是个极大负担，对晚年生活并非好事。老人每月有限的收入除供给日用生活开销外，不可能有更多的现金归还房贷。

老人退休时会拥有一笔现金，对养老而言既不为多，也不算少。但要度过漫长的晚年生活，尤其是预备其间可能会发生的某些病症、残疾等意外变故，这笔额外准备金是必需的。现将积蓄全部用于购房，并为此而负债多多，显然有欠思虑。按照一般常规，养老期间应是“轻装上阵”，现为买房背负如此大笔债务，显得很不明智。在此状况下，购买新房的愿望又将如何实现呢?

大家往往忽视的一点是，老人余存寿命有限，即使是购买一套使用日久的二手房，也足以使用很长时间，至少是远远超出老人自身的寿命。人死亡后即不会发生任何耗费，住房“死亡”如报废拆除、重新建造后，仍有较高的地价尚待利用。老人身故后遗留房产尚具有的价值，就成为一大浪费，只能由儿女继承或无偿交付与社会。

面对如上谈到的种种事项，可考虑采用一种较特殊的购房方式，即父母联合成年子女共同出资购房，同时签订合约注明相关条款。合资买到的住房也由父母居住到寿终正寝后，再将该住宅的产权和使用权完全交付儿女所有。这可称为“父子合资购房，顺序居住支配”。双方出资的比例则由大家协商一致，为避免日后可能发生的纠纷，最好再由公证处给予公证。

（二）父母联合儿女购房的优越性

中年子女和老年父母间的“父子合资购房，顺序居住支配”是可行的，也具有现实意义。比较老人向银行贷款购房，优越性是显而易见，表现为:

（1）老人已到退休年龄，来日并不为太多，应当尽情享受新生活，储蓄款项不足时，借此办法不需要付出太多代价也能居住新房。

（2）合资购房是儿女向父母献爱心的手段，又可借此购得第二套住房作为投房获利的工具。新房买到后，父母保持对房产的终生权利，父母身故后子女继承父母的产权，并借上代的余荫，为自己日后用房产养老打下良好基础。

（3）今日的储蓄存款中，有多达 25% 的款项为老年人所有，给予老人一定的税费优惠减免政策，激发老人购买新房的积极性是可行的，有利于新的经济增长点的形成，激活房地产交易市场。

（4）可增加一种新的代际财富转移的方式或说金融产品，社会资源代际之间的传递与配置更加合理。

（5）老人购买新房，对环境地段等会有特殊要求，大多会选择环境优美的城市郊区，减弱市区的居住压力。

（6）父母与子女合资购房，共享房屋产权，双方订立房契时应将此事项详细载明，并寻求公证。双方同意仅仅签订意向书也可以，程序较为简单。如系父母向银行贷款购房，其间的计价核算、手续流程、表格添置、接受审查、还贷付息等，问题会麻烦得多，也额外增加成本费用发生。

父代联合子代共同购买并居住新房后，要在长达十数年乃至数十年间逐期归还房贷本息。这会大大降低老人在晚年期的资金来源，影响生活质量，可能是父代克尽全力，将房贷全部归还完毕时，自己的大限之年也已来临。自己享受新房的受益不多，而出力却为最大。这些事项是家庭两代人之间发生的，如何妥善处理求得较为公正合理的结果，当然很有必要。但父母与子女之间因血缘关系的天然联结，以及由此而来的浓郁的伦理情感，不大会出现代际纠纷，不必过细算账，至少是不必将这笔经济账算得清清楚楚。

父母同子女联合购房，问题即有若干变化，就是借用亲子关系的特殊氛围，增加了众多伦理亲情的内容，将复杂的事项变得异常简单。相关事项发生的复杂成本计算、利益协调等，都不必给予太多关注。如父母子女间不必过多地计算经济账，风险和收益会在双方的“肉烂在锅里”“胳膊肘不会向外拐”“一家人好说好商量”的气氛中大大减少乃至完全消解。家人之间吃亏占便宜，相互间的权利、利益、责任等的界定及协调等，都不必过多斤斤计较，不必给予严格界定，事实上也无法给予严格界定。

一般地说，家庭内部发生的事项，两代人之间的吃亏与占便宜，固然是不大合理，但只要不太出格，大家都不会计较过多。但如这种权利与义务责任的分担与分享是严重失当，也会出现种种纠纷需要给予解决。问题处置不好时，极可能成为子女“盘剥”父辈的一种新工具；或是父辈尽情享有居住新房之便利，却又不愿承担还款付息之责任。

十三、家内售房养老

（一）家内售房养老的起因

美国实行家庭内售房养老的做法，是父母年老经济能力不足以供养时，如子女的经济条件许可，按照当时的市场价或稍低价格，将自有住房出售给子女，以获得房款用于养老。子女则按照约定的情形和付款方式，一次性或按月按年向父母提供资金补充养老金的不足。该住房的实际交付则待父母去世时再行转移，就是说直至父母双双离世后，子女才收回房产。父母每个月都可以从子女那儿得到一笔退休金补贴，养老压力将会缓解很多。子女用较低价格买下父母的房子，又为自己未来的养老埋下一个伏笔。如此做法还有个明显好处，即“肥水不流外人田”。

当然，还可以采取的办法是父母出售住房后再重新租用该住房，并按约定向子女交付房租。这一事项的处置中，不论是住房出售还是重新租回，都完全按照“准市场经济”的法则行事。这种方法可视为父母子女之间就房产和钱财资源的有益转换，父母养老事宜得以较好解决。

家内售房养老的做法得到美国政府的首肯和支持，并给予一定的税费优惠。如老年人将住房出售掉，按规定应依据售房收入向国家交纳流转税和所得税，但因是家内售房，所得房款又主要用于养老，故此给予 12.5 万美元额度的税前列支优惠；子女购买来自父母的住房要花销大笔钱财，照样可享有税前列支的优惠，从而减少应缴纳税费。

（二）家内售房养老的特性

父母将自有住房出售给儿女，而非通常遗产无偿赠予时，无形中会出现众多事项需要予以考虑：

（1）是父母与儿女之间的家庭内部交易行为，即遵照市场经济的规则行事，同时又附有家庭伦理情感的特殊色彩。

（2）父母有无子女及子女人数多寡，父母与子女是合居或是分居，儿女是否拥有自己的住房，对购买父母的住房是否感兴趣。

（3）儿女是否有兴趣和有必要购买父母的住房，有无相应经济能力，如系在市场随意选择房屋，应有更大自主权。

（4）父母与子女在房价计算和款项支付方面，能否赋予某种不完全等价交换的伦理色彩，房款结算上能否做出某种程度的协商与融通。

（三）家内售房养老的优越性

家庭内售房养老是简捷明快、不拖泥带水，各种以房养老行为中可放在首位选择考虑的，原因是：

（1）祖屋得以保留，尤其是我国的许多地域，还严格遵循“祖业不售与他人”，否则就是“败家子”的说法，若该房屋还凝聚有家族纪念意义，大家对该住宅已积淀有太多的情感，家人间的凝聚力较强时，更应将其保留下来为是。

（2）按照普通做法，儿女在外购买商品房，父母将自有住房对外出售或反向抵押，需要缴纳的交易费、营业税、契税、广告费、中介费、资产评估费等，加总起来不在少数，至少会达到房产总价值的10%以上。现在是家庭内部交易，这笔费用就是全部免除，这对捉襟见肘或精于算计的老年人来说很重要。

（3）免去住房贷款利息开销。目前，大家购买商品房大都是申请按揭贷款，10～20年的按揭期限，5%～6%的贷款利率。总算下来，这笔额外支付的利息相当于房价的大半或全部。现在是分期付款给父母，利息费即可完全免除，如子女愿意多付款给父母，也是分内之事。

（4）可享受税收列支的若干优惠和减免。父母将住房出售给子女，售房收入因系用来养老，故此可给予一定的计税优惠；子女出租房屋所得租金收入，又可分期抵扣购房成本，故此也不必纳税。

（5）减弱家庭内部矛盾。父母与成年子女合居时，往往会因房屋产权或生活琐事等引发纠纷，最终结果是父母补贴子女款项购房自住，或老父母被赶出家门，流落无着，被迫租房自住。家庭内部的售房养老，则可通过和平方式解决好这一矛盾。若父母不愿再住养老院，希望回家居住，或父母一方辞世，单留一方孤苦无依，接回家中养老也是正途。

（6）父母将该住房直接出售给自己的儿女，得到充沛的钱财用于养老，既保证“肥水不流外人田”，又能减少同特定机构之间可能发生的种种不确定性和经营风险，应是一种更好的抉择。

（7）父母仍然居住在熟悉的住所和环境，免受搬迁和融入新环境的苦恼，同时又得到大笔房款，足以弥补晚年生活养老费用的不足。

（8）天上不会掉馅饼，儿女接受来自父母的房产，也应该支付相应的费用，而非像目前大多数情形一样，老父母空有较大额房产，却又养老金无着；子女富有财力却又对此不闻不问，只是等着待父母身故后好无条件、不必支付任何代价地继承房产。借此方式的推出，增强儿女对父母家庭的责任心，十分重要。

当然，让子女出钱买下自己唯一的房子，对中国的父母来说也非发自内心。在大多数中国父母的心目中，将房产无偿留给子女是天经地义的。但在今日的市场经济条件下，或父母与子女间的关系并非很佳时，促动适应市场经济体制的代际关系的建立，父母房产对儿女的有偿出售会大大优越于无偿赠送。

十四、以房换养

以房换养即通常所称的遗赠扶养，老人选择可靠人士负责自身的钱财供给、生活照料的赡养问题，自有住房则于去世后作为遗赠品送给赡养人。遗赠扶养适用于老人和关系亲密的年轻人，如有社区、工作单位或某个特定机构乐意承担此事，似乎更为有益。这一做法为数千年来的民间社会流传运用，并得到国家法律和社会伦理道德的认可。建国后，我国制定的相关法律仍然对此持认同态度。

2005 年春节后，位于南京汤山的温泉留园老年公寓在全国率先推出的一种广受争议的“以房换养”模式，并推出宣传口号为“给我你的房子，我替你养老送终”。这家老年公寓规定拥有 60 平方米以上产权房、年满 60 岁以上的孤残老人，健康状况不论，自愿将其房产抵押，经公证后入住老年公寓，以后终身免交一切费用，待老人去世，住房产权即归养老院所有。

以房换养可称为民间社会长期流传的遗赠扶养的“现代版”，是发达国家倒按揭房产养老的“修订版”。老人将房产的营运权交给养老院就能免费入住，并得到延续终生的全套养老服务。待老人身故后，房产再收归养老院所有。本模式正成为具有中国特色的倒按揭，北京、上海等城市也分别推出不同版本的以房换养办法。

需要说明的是，以房换养是超越经济学范畴的伦理行为，具有先天性缺陷。它既是一种经济行为，要以长期的钱财给付、生活起居照料为代价；又是一种伦理行为，养老事项有过多的伦理情感因素融入其间，原本就很难从纯粹经济学角度予以解释。如扶养双方的一对一行为，有较大风险，某些年轻人为过早得到遗赠的住房对遗赠人或会采取某种败德行为，难以避免，使被扶养人的利益难以得到较好保障。

扶养人履行的扶养义务，既包括有形的钱财给付，还包括无形的生活起居照料等劳务提供，如扶养人每年应当给予扶养人的财力资助、生活起居照料的数额标准为多大，是否做到全身心投入，并将被扶养人视为自己的亲人一般精心服侍照料，这种照料中的情感投入为多大，很难加以计量测度。即使说可以按照某种办法，如以聘请保姆的应付工资作为参照系数得到较合理结果，但与最终可得到的房产遗赠是否等价呢？都是个未知数，很难预期并确切估算。需要切实保护好遗赠扶养双方的合法权益，从制度设计完善入手，防范好行为运作中的风险。

十五、融房理财养老

将住房中蕴含的巨大价值借助抵押贷款，借以融取巨额资金，再将该笔资金通过投资理财获益，实现养老保障的目的，可称为融房理财养老。如此好事能否实现，就是大家异常关注的。

（一）融房理财养老解读

融房理财养老是将住房与养老保障两大事项，通过抵押融资和投资理财两大手段连接一起，以期充分运用住宅中蕴含的巨大价值，变换为现金并通过投资理财取得一笔持续可靠乃至延续终生的现金流入，达到养老保障的目的。它只要客户将自己的房产证书交付业务开办机构全权运营，自己安坐家中等待收款即可，对自己的日常生活居住没有任何影响，故此又可以称为“房产证养老”。

融房理财养老的具体含义可表现为：①融房，即通过住房抵押贷款的方式，将住宅中凝固的巨大价值得以显性化，住宅从一种“死”资产进化为价值随时流动的“活”资产；②理财，将抵押住宅得到的款项，通过投资理财实现价值增值；③养老，将住宅融资理财中得到的巨大收益，或对老人提供日常现金流入，或对老年产业发展提供巨大资金来源，对客户晚年生活的经济保障与服务发挥实质效用。

（二）融房理财养老的操作办法

（1）业务开办机构推出本项业务，中老年人将自有产权的住房与业务开办机构接洽，资产评估所对拟抵押住宅做价值评估。按抵押贷款的规程而言，房产价值评估是必要的，但本项业务为减弱风险，只需要抵押部分产权，且是众多房产打包一揽子评估价值，故此，具体标准与流程又不必过于严格，以期降低评估费用。

（2）业务开办机构将若干住宅产权证书打包，向银行做抵押并取得相应款项。

（3）业务开办机构将抵押房款向既定的各类实业项目投资运作，每年取得的投资收益向抵押房人返还作为回报。

（4）业务开办机构将抵押房款筹措的资本，加上公司自有资金投资养老基地、养老设施等实体性项目。

（5）业务开办机构出售或出租养老基地内的设施，收取款项归还抵押住房向银行的贷款本息。客户凭借房产证抵押融资等事项，取得居住基地设施的优先权，接受养老基地的高质量服务。

（6）抵押期限到期，抵押房人收回住房产权，或办理续期手续，开始新一轮抵押事项。

需要说明的是，（3）模式的房产证抵押、款项取得、投资运作获利并分配，运作简单，收益快捷，业务开办各方的权责利关系明确，客户容易看到现钱而减少众多顾虑；（4）模式是业务开办机构借助客户房产抵押取得资本，用于养老产业开发和养老基地建造，并为客户晚年生活提供高质量服务。（4）模式符合国家产业政策和养老保障的大趋向，但因产业开发和基地建造的期限长和回报慢、收益低等特点，无法使客户当下见到收益。至于说业务开办机构将老年客户的房产抵押，获得资金后投资于股票、债券、期货等项目，虽说收益高见效快，但却蕴含太多的风险，故此应予严格避免。

（三）对老年客户的价值

（1）老年客户将自己手中拥有的房产证书委托业务开办机构融资打理并获益，可保障自己晚年的优质生活，客户不需有任何付出即可在晚年生活中增加大笔财富。

（2）老人拥有房产在自己身故后仍然可以传承给子女，子女对此理财模式不会有太多抵触情绪，反会因业务开办机构帮助自己为老人“尽孝”而心存感激，以房养老的阻力得以消除。

（3）老人拥有财富可为子女提供经济资助，减轻子女养老的物质负担，在家中的地位大大提升。

（4）既可以发挥以房养老的优势，又可以减弱乃至消除倒按揭运作的疑虑，同时还将目前热门的投资理财贯穿其中，为养老资金的增值保值起到较好功用。

（5）目前，养老服务设施的充实、养老基地的建造，是十分必要的，但却苦于资金缺乏难以如愿。借此可以获取大量款项用于此项投资，以尽快发展养老事业，实现养老资金“从老人身上来，用于老人服务中去”的大目标。

这种理财方式的风险较大，如业务开办机构借此从银行大量融资，最终投资失败（这是很可能发生的），无法向银行归还贷款本息，抵押客户的房产证及附带的住房，就不可避免地依法收归银行所有。机构老板可能拍拍屁股跑路，遗留大笔烂账难以收拾。老年客户投资美梦无法实现，晚年赖以存活的住所也因此丧失。现实生活中，此种现象并不少见。

第七章　三子养老

家庭拥有房子、儿子和票子三大财富，也就有了房子养老、票子养老和儿子养老三种养老模式可予选择。三者完全可以并驾齐驱，合作分工、边界界定与利益协调，在我国建立起票子、房子和儿子“三子鼎立”的养老保障新体系。需要说明的是，这里指的“儿子”，只是为了同房子、票子连带起来方便说明而已，并不否认细心认真、贴心负责的女儿在父母晚年生活中所发挥的更为重要的作用。

一、家庭的财富积累与养老模式

大家于年轻时代勤奋工作、经营理财赚取财富，同时有意识地积累财富而非月光族那样“吃光花净”，到晚年年迈力衰时再运用耗费这笔财富，安度晚年生活，就可以称为养老。大家凭借中青年时代的劳动积累了不少财富，也就可以依持这些财富作为晚年养老的资本。广义而言，家庭有养育儿女、储蓄货币金融资产和购置房产三大财富积累方式，并由此衍生出三大养老模式，即儿子养老、票子养老和房子养老。

（一）养育儿女与养儿防老

父母老年时由儿孙精心赡养照料，自己的遗产于临终时由儿孙继承，简而言之即养儿防老。父母抚养教育子女，要历时 10 多年乃至 20 多年，花费金钱数十万元乃至数百万元。父母为养育子女付出了巨多的时间、精力、钱财和心血情感，最终将子女培养成为一名合格的社会劳动者，并取得独立的经济收入自食其力为止。这是父母积累的第一大财富，由此产生的结果，就是子女应当为父母晚年的养老问题做好相应的回报。这一方式的影响因素具体包括拥有儿女的数量、儿女的收入财富乃至情商状况，是否有能力赚钱也乐意于供养父母。以房养老促使青壮年子女自食其力，这是好事。养老需要钱财，但更需要亲情、责任和归宿感。

（二）积累金融资产与票子养老

居民中青年时代通过储蓄存款，投保商业养老寿险，参与社会养老保障，通过购买股票、债券、基金，投资外汇，手持现金等各类形式，以积蓄起雄厚的货币资金准备安度晚年，可称为“票子养老”。这表现为人们在整个中青年劳动期间获取的各项收入，在扣除当期的生活消费外还具有的货币性结余，以及对该笔货币结余的资本运作而产生的受益。这笔积累到晚年生活使用的金融资产的目标指向是明晰的，就是应对整个晚年期间的各项生活医疗保健用费的开销。自己身故之时尚未开销完结的部分，就构成了通常所称的遗产。

（三）购置房产与以房养老

第三个老太太做法的出现，让我们看到一种新的养老方法，就是“房子养老”。老年人经过大半生的辛勤劳动，大都会购买建造属于自己的住房，并构成家庭的重要财富。利用该房产超越自己正常需要的额外的价值、空间与功能的运作，尤其是自己死亡后预期还会遗留房产的巨大价值，采用一定的金融保险机制，将其提前变现套现，同样可作为养老的重要来源。

儿子养老是经济社会发展几千年流传下来的产物，今天仍有着重要价值，需要发扬光大；票子养老是适应今日商品经济发展衍生的产物，目前正是社会养老的主体形式；房子养老还是一个新理念，但已得到众人的极大关注，将来是广有发展前途的。

二、“三子养老”理念的提出

儿子、房子和票子三种养老模式都是需要的，共同构成养老动用资源的三大方面。但他们又是随着时代的发展而与时俱进，随着人们的口味、爱好不同随时加以变换。三者的特性和发挥功用不同，配合使用的话，有利于人们在养老方式的选择上根据自身的需求做出相应改变。“儿子养老”到“票子养老”，再到“房子养老”，一系列变化不仅暗含了中国经济增长与家庭财富种类的增多，更彰显了老年人作为重要的市场群体，已引起众多商家和金融保险机构的注意；彰显了住房作为重要养老资源，参与到养老事业，为解救日益短缺的养老资源危机，发挥自己的特殊价值。

比较家庭拥有的三种财富，评判各种财富积累形式的利弊，以及由此引致的儿子养老、票子养老和房子养老三大模式的优劣，对我们选择适合的财富积累与养老模式非常重要。但是，话又要说回来了，评判“何种养老方式为最好”，这个“好”的标准又是什么呢？一百个人可能给出一百种不同的乃至截然相反的答案。但最为重要的一条，就是何者更符合国家养老保障的大目标，更能满足自己的晚年生活对养老保障与服务的需要。

三种财富的积蓄都需要支付相当的代价，借此又可以得到较高的收益。三种财富的积累与运用中，需要细致认证各自的适用范围和适合条件，之间的利弊可以给予很好的度量与核算。为此做出对比，可促使人们在不同状况下对各种模式很好地选择和决策，选择适合自己的养老模式。核算评析的结果孰是孰非，对我们的抉择是很有价值的。

在我国20世纪的五六七十年代里，每个家庭几乎都是房子没有，票子缺乏，唯一值得称道的就是每个家庭都拥有一大堆孩子，这就是家庭最大的财富，也是父母赖以养老的源泉。20世纪80年代开始的改革开放政策下，中国的老百姓开始变得有钱了，但还很不富裕；严格的计划生育政策下，子女的数量大幅减少，养儿防老受到极大挑战。20世纪90年代的中后期，百姓手中的财产开始增加，国家开始构筑社会养老保障体系，住房制度发生变革，居民百姓用较低的价格购买单位的公房，开始有了自己的房产，这就为票子养老奠定了相应的基础。21世纪以来，住房商品化、产业化大力推行，房价快速翻番增长，居民手中的住房拥有一是普遍化，几乎都有了自己的住宅，二是高价值化，房子成为家庭的主要财富。与此同时，人口老龄化的快速到来，养老资源的严重短缺，以房养老就顺理成章地来到我们面前，引起全社会的热切关注。

以房养老是对目前盛行的养儿防老和货币养老的有益补充，不可能也不期望独力支撑中国的养老保障体系。我们提出以房养老，并将以房养老与养儿防老、金融保险养老、社会保障养老视为互为补充的主体养老，对以房养老给予很高的期望，但并不指望要用它完全替代儿女养老和货币养老，三者的并行不悖是完全可行的。

未来我国的养老模式，将是儿子养老、票子养老和房子养老三足鼎立，共同支撑起中国的养老保障体系。我们应当发扬儿子养老的天然优越性，发挥货币养老、社会养老保障的主导力量，当两者还存有相当缺陷或希望晚年高质量生活的状况下，再增加住房这种养老资源，就可以根据自己的需要自主随意安排，在晚年生活中派上大用场。

三、养儿子还是养房子

我们应用什么来养老，是儿子、票子还是房子呢？有比较才有鉴别。在针对是否需要“房子养老”的大辩论中，问题的核心正是要对儿子、房子和票子三种养老模式相互间的利弊比较和优势与劣势进行评析。

（一）儿子养老的现状

有位 70 岁的老爷子听了笔者以房养老的观点后，深表赞同，还在报纸上发表《养儿子不如养房子》一文，意思是养个儿子要花费数十万元，养个房子同样要开销数十万元，但房子是绝对听话且能保值增值；而儿子对自己的价值就说不大清楚，可能结婚前是儿子，对父母很孝顺，结婚后就不一定。单单依靠儿女养老，不一定能靠得住。靠房子养老，房子永远都是房子，价值只会向上走而不大会掉下来，在相当程度上比靠儿女更为贴切保险。“养房子的风险比养儿子小多了！”父母富有不需要子女的经济资助时，儿子可能很孝顺，父母贫穷最需要来自儿子的帮助时，则不一定能指望得上。

这篇文章发出后，引来意料不到的热切关注，有众多的声讨之音，持有相同意见者也不在少数，这是发人深思的。为何这位老爷子会发出如此“怪论”，若非儿女非常不孝顺，使得老爷子伤透了心，是不会这样讲的。

这就需要我们这些当儿女的都来扪心自问，“我这个儿女当得怎么样，会否也得到老父母这样的评论呢？”

家中养个儿子，同父母间还会有种种“代沟”产生，儿子对父母的话是听或不听，对老年父母是赡养孝敬，或是完全无视应有职责，都有可能发生。子女对父母的安排往往不能体谅和理解，很难说时时、处处都能将父母的利益放在第一位。四二一家庭里，即使说儿女的孝心是足够，但在四个老父母的赡养重压下，也只能是力不从心。有的子女是“喜欢”同老父母住在一起，但引致的结果并非是大家通常设想的三代同堂，共享天伦之美好，而是贪图在父母身上“揩油”更方便。许多子女同父母不住在一起，每逢节假日到老父母处做礼节性拜访，结果是去时提一小包，在父母处大吃大喝一顿，还要“吃不了兜着走”，回来带一大包。

就经济物质的可靠性而言，以房养老强于以儿养老。家中养个房子是绝对听从主人的调度安排，理智、听话，不带有任何情感色彩。房子具有高额价值，房主可以对所购买的住宅做出各种支配安排，如出售、出租、抵押等来充分发挥这一价值功用，为房主的利益最大化服务，住宅自身不会提出任何反抗意见。

目前的现实状况，并非大家是否乐意以房养老，而是两代人之间存有太多的“代沟”，很难像过去那样其乐融融地生活在一起。有位社会学家谈到，中国当前的社会和家庭里，两代人之间存在的“代沟”，广度和深度都是世所罕见，为历史上任何时代和其他任何国家难以相比。缘由就是中国最近的几十年里，经济社会发展的速度太快，思想观念的变革太过于猛烈。

儿女养老是在囿于家庭的小范围内发挥作用，正如大家经常谈到的那样，家庭细小分散、力量过弱，一旦遇到天灾人祸，或香火无人承继时，靠儿子养老就立时成为泡影。商品金钱意识今天已经深深渗透于家庭内部亲情之间，兄弟姐妹、父母子女甚至是夫妻之间，斤斤计较的经济核算也广为盛行时，显然无法对儿女养老的普遍性抱有过高期望。在将来成为家庭结构主体的四二一家庭里，老年父母的数量将会远远大于成年子女的数量，人口年龄结构呈现为“头重脚轻”的倒金字塔形状时，我们更不能对儿女养老的状况和结果做较乐观的预期，“是不能也，弗不为也”。儿女并非不乐意奉养父母，而是时间、精力、钱财资源十分有限，难以对各个方面都做出妥善安排。

随着家庭结构改变及消费水平的不断提高，养儿防老的实施难度是愈益增大，越来越难以保障老年人的正常生活。众多的实际情形是，许多做子女的日常生活尚且自顾不暇，或者还需要经常依赖老父母的资助，又如何能指望儿女养父母呢？事实上，父母更看重的是子女对自己日常起居的照顾和精神心理的慰藉，而非经济物质的资助。但“啃老一族”的大量出现，以及儿女抚养老人中扯皮现象的增多，使得老人不敢完全依靠子女养老。

如仔细观察养老院里居住的老人，其间又有各不相同的境遇。固然有众多老人是自愿进入养老院，将同众多老人共同生活视为极大乐趣，但不堪子女虐待而被迫进入养老院者，恐也不在少数。我们可以从众多的新闻报道看到这一传统模式存在的众多问题，很多子女因为各种原因不尽孝道，或者无法尽到自己的孝道，使父母的晚年生活得不到应有保障。众多老人面对不孝子女的现实，只能认为“靠人不如靠己”，不再寄望于儿女养自己。

在中国诸多的思维意识中，养儿防老的观念是根深蒂固、源远流长，并被人们广泛传扬。但养儿防老尽管很好，却未必在如今社会行得通，尤其是在各种家庭都能行得通。那些行不通的家庭，养老问题应当怎样解决呢？以房养老就是个好办法。随着社会经济发展和人口结构的老化，这一观念已被逐渐改变。以房养老推出的一个重大副产品，就是它极大地冲击了国人几千年来的传统养老观念。在老人急需用钱的时候，子女可能因经济条件限制拿不出太多的钱，但银行和房子却可以做到，这是以儿养老难以做到也无法做好的。

（二）养儿与养房的解说

养儿子与养房子，似乎是风马牛不相及，完全不相干的两大独立事项，今天却在高昂的获得成本和养老保障的大旗下，紧密地联系在一起了。事实上，养儿子与养房子两者都需要有较大花费，这种花费之后的成果——“儿子”或“房子”，又都可以在家庭生活乃至父母的养老保障中发挥种种积极的功用。

养儿与养房都是成本颇高，某位来自深圳的金融理财师对大家授课时，就风趣地讲到在自己的小圈子里，当某位朋友喜添贵子，大家纷纷前去道贺，花钱的礼品和不需要花钱的贺词纷至沓来，其中一句贺词就是“恭喜，负债 100 万”。为何父母养个孩子同负债 100 万元连接在一起呢？这就是说，按照今日的行情要养个孩子，并按常规将孩子培养到大学、研究生毕业，各种费用开销要达到百万元之多。今日养个房子需要花多少钱呢？以居室 100 平方米计算，每平方米以万元计算，再加上装修和各项税用，也是百余万元。若在北京、上海这样的国际大都市安家，在杭州这样风景如画的西子湖畔养老，就至少要逾越三五百万大关了。

我们今天花费很大的代价养儿女，还要花费更大的代价养房子。据不完全统计，因考虑婚后买房和养育子女的负担太重，已经有许多小青年选择一辈子过“单身贵族”式的生活。女性中希望不婚或不孕不育者也占到一定比例。养儿与养房果真有如此大的压力吗？如果我们在这两者间只能很残酷地选择一个，大家是选择房子，还是选择养育孩子呢？

从养老保障的角度做出选择时，儿女和房子的比较，首先要考虑何者能更好地满足年老时养老的需要。老人的晚年生活需要稳定可靠、持续足够的现金流入，需要儿女在自己生活不能自理时能主动伸出手来，切实照顾好自己的生活起居，更需要有来自亲人的情感慰藉和亲情陪伴，即前面讲到的经济资助、劳务照料和精神慰藉。三方面内容中，现金流入是纯经济物质性的，劳务照料可用经济物质内容予以取代，如雇请保姆、钟点工来代替自己担负生活起居照料之职责；精神慰藉固然有经济物质取代的成分，如雇人陪伴、聊天以慰藉心情，消磨孤独时光、减弱无聊心理，但来自儿女亲情的精神慰藉，则为简单地花钱陪聊难以取代。

老人的需求还可以分为经济物质和精神心理两个层面，又有着可予替代和不可替代之分。养老不仅仅是物质钱财给付的经济问题，还更需要在老父母日常生活起居无法照料之时的精心关照，寂寞无聊时的亲情抚慰。老人对儿女亲情的依恋，并非其他人员参与能媲美，经济物质因素也有种种精神心理功用蕴含其间。许多父母的养老金是足够的，平日生活也不大需要使用钱财，却对来自儿女的财物馈赠看得极为珍贵。它体现了来自儿女更为珍贵的一片亲情和孝心，至少比每月领取的养老金，从保险公司收取的寿险金要看得贵重得多。如儿女不再定期馈赠，父母感觉失去的不仅是数百元的钱财，还往往意味着儿女亲情、孝心的失落，这是单用钱财无法衡量的。

相较子女养老，以房养老也有一定缺陷。住房作为养老保障的工具，对赡养老人显然只能发挥钱财供养的基本功能，不可能在劳务照顾和精神慰藉方面大有裨益。这为子女养老无法比拟。虽然住房买得档次、品位高一些，坐落地段好一些，更适于养老生活起居时，未尝不能精神慰藉，但终究同子女与父母间的情感伦理的精神寄托无法相提并论。这正是今日的众多父母明知养育子女是很不合算之事，但仍乐此不疲的原动力所在。

（三）将养儿防老转化为房产养老需要考虑的

对养老行为的综合衡量中，绝不仅是儿女将钱财交付父母就万事大吉，还包括对父母晚年生活起居照料、劳务服务提供、精神抚慰等诸多内容。今天，大家衡量一切行为的重要与否乃至对与错，已经习惯用金钱为标准。这种“一切向钱看”的做法固然简单易行，却非放之四海而皆准的真理。生活起居的照料，固然可以参照家政服务员的工资标准，计算一个大致价值，儿女对晚年期父母精神抚慰的功效，却绝对无法以金钱物资的计算所能包容。

养儿防老为人们极为推崇，需要考虑的因素或说实施的前提条件：一是必须有儿女；二是儿女有足够财力，除供养自己外，还可以拿出一定数额供养晚年的父母；三是儿女必须有足够的孝心，愿意节省自己的生活用度奉养父母。没有儿女或儿女手中没有钱财，心有余而力不足，固然谈不及此；儿女手中广有钱财，却无足够的孝敬之心，“力有余而心不足”时，也难以谈及于此。

传统社会里，每个家庭大都有两三个乃至更多的儿女，父母虽然不能指望每个儿女长大后都有大出息，都能指靠得住，但在诸多儿女中指靠其中的一两个能成才，有孝心，还是可做指望的。今日独生子女的状况下，这一可能性的概率就明显减弱。这时可以采取的办法是：一是将节省的子女抚养费做养老储蓄或商业寿险，将养儿防老转化为货币养老；二是将这笔节约的费用先行购房，用房屋蕴含的价值养度自己的晚年，即以房养老。为此大致可以考虑的因素有：

（1）老年人晚年有足够的现金流入，如养老寿险返还、退休金、儿女馈赠等现金流入，足以应对晚年生活用度时，将自己的住房作为遗产传承给子女，是自然而又合理。但如老人晚年生活中的现金流入较少且很不稳定，所可依赖的仅是一处房产，而子女的经济状况又是颇佳，且已购置了功能齐全、面积颇大的住宅时，父母继续这种传承房产的做法，显然是很不必要也不恰当的。我国目前的状况，是儿女的收入和积聚财富的状况，要远远高于贫穷的老父母。若继续传统老观念，就是既不合理更不合情。

（2）倘若子女对父母是孝敬而又体贴，乐意尽自己的绵薄之力，给经济拮据的父母以相当帮助，两代人同甘共苦，相依为命，养儿防老、遗产继承最为恰当。倘若子女对父母是只知索取而无任何奉献，整日都在尽力琢磨如何能尽快获得父母的房产，却对父母晚年生活的情感抚慰、生活起居等不闻不问，一概置之不理。在这种情况下，父母是否可以这样思考：我自己购买的住宅，为何一定要由子女继承，将这处房产作为养老保障在自己生前尽量消耗，轻松舒适地度过晚年生活，岂非更好？

（3）倘若该住房是由子女居住，或未来准备留归子女者，也可以同子女达成协议，子女每个月都需要向父母支付房租费和赡养费若干，然后才能取得居住、继承该住房的权利和资格。天上不会掉馅饼，即使来自父母的房产也非平白无故就可获得。

（四）要儿子养老还是要房子养老

养儿子与养房子，都是家庭长期生活的重大事项，对家庭长期资本预算带来重大而显著的影响。一般而言，房子、儿子都为家庭长期生活安排、家庭延续等不可或缺。两者属于不同范畴的事项，无法简单对比优劣，两者又都需要有一定比例，并对比例协调与否给予积极关注。

养儿子还是养房子，首先它都符合投资的一般定义，即以目前的较少付出，期望在将来得到较多的回报。家庭对此应当持有何种观点，采取何种决策，并抱有何种观念呢？需要明确是站在何方角度来思考这一问题。站在父母养老的角度加以分析，养房子即将较多的储蓄钱财投资于住房的购买，使其形成家庭的一项不动产，并于晚年时用房子的价值变现套现来实现养老目标。养儿女则是将较多钱财用于子女接受高等教育，使其形成为家庭的一项人力资本，并于自己晚年时依靠子女的孝敬供养来实现养老。

随着我国快速老龄化，独生子女一代将逐渐成为“上有老、下有小”的中年群体，“四二一”的人际结构终将成为未来家庭的主体，需要同时照顾双方的老人，精神压力和经济压力都是很大。“头重脚轻”的家庭人口结构，单单依靠一对中年夫妇绝不可能同时赡养两对老年夫妇和一两个子女。在这种状况下，“四二一”或“四二二”结构的家庭，用房子养老就是天经地义，它有助于两代人的交流沟通，增强亲情，足以给老人富足的晚年生活，却不意味着必然会由此引致两代人情感的缺失。

物质钱财需要的满足是必需的，是父母养老的基础；伦理亲情需要的满足，则使老人的晚年生活上升到更高境界。儿女能长久守在父母身边，养老送终，并继承父母遗留的房产，即是天经地义，具有天然优越性。但儿女养老在今日的时代又有天然的缺陷，忙碌的工作，激烈的社会竞争，子女无力给父母以过多关照。不要说钱财物质上无法给予过多，即使说“常回家看看”也可能只是一种奢望。老人自立自强，用自己拥有的住宅价值养自己的老，就是一种很好的选择。

今天的多数状况下，养儿防老已经不再能继续发挥自己的神圣职责，子女因上有老下有小，经济所迫未能为父母很好地尽到孝心。房子养老主要用于丰富老人晚年的经济物质生活，父母乐意办理以房养老时，实质是减轻了儿女一代的沉重压力，对自己或子女而言，都是一件大好事。儿女借此从养老的经济重负中得到解脱，而倾向于增加老人晚年生活的亲情需求。正像某位记者清晰指出的，“以房养老可解放两代人”。这之间不需要顾虑任何的舆论压力。到将来的某一天，当以房养老成为一种社会风气，大家争先恐后这样做时，就更不必要顾虑社会舆论了。房子养老和儿女养老都能得到很好保障时，其结果并无太大差异。差异的产生就在于，现实社会中家庭养老保障功能的急剧弱化，老人从儿女处不能得到满意的结果。

应当说明，父母与子女之间的血缘关系因系天然发生，为代际间的抚养赡养行为运作提供了强有力的支撑，不论经济社会是如何发展演变，都不可能予以改变。只是由于物质产品的丰富和人们收入水平的极大提高，孩子抚养和老人赡养方面附加的经济物质因素的影响力在逐步减弱，精神社会文化因素的影响力则在逐步增强之中。人们在决策安排子女生育、老人赡养的行为时，就可以更多地排除经济物质因素的干预，而从事物的本来面目出发，考虑如何将其做得更好一些。

如上比较可以看出，以房养老有很多明显好处，以房养老补充以儿养老和票子养老，完全可行，应该给予大力支持。

（五）以房养老与养儿防老应当相辅相成，共同合作

老人既需要儿女无微不至的照顾，也需要来自金钱的支持。赡养好老人是做子女的应尽义务，只是赡养的内容和方式发生较大变化而已。老人用房子养老，并不影响儿女为父母献上一片孝心。简单地说，房子养老主要是用于丰富老人晚年的物质生活，物质生活得到较好满足后，儿女从经济重负中得到解脱，就可以倾向于增加老人的生活服务照料和亲情需求。

我国自古以来就有着养儿防老的优良传统，人们年老后的行为能力随着时间推移不断减弱，此时最需要的是来自他人尤其是自己儿女的照顾。孝顺子女无微不至地照料老人的生活起居，就像当初老人照顾孩童时代的他们一样，这是保姆养老无法做好、房子养老无法做到的。“血浓于水”的亲缘关系，让老人更加注重亲情的维护；“向下疼”的传统情结，则让中国老人关爱自己的儿女。这份亲情与庇护，使得我国形成了几千年来一直流传足以让国人为之自豪的优秀传统——养儿防老。子孙成群，膝下萦绕，更是中国老人的天伦之乐，这份情感诉求，是其他任何养老方式都不能取代的。

房子是留给孩子还是为自己养老，个人的生存条件是决定这一选择是否正确的关键。新浪网站有个调查表明，约 74.8% 的父母表示会把房产留给孩子，不会把房产留给孩子的则仅占 10.9%。即使像美国这样的国家，我们一直认为美国人的家庭观念比较淡漠，但反向抵押贷款在 20 世纪 80 年代中期初始推出时，仍是举步维艰，社会关注多，实际参与少，原因之一仍然是遗产传承的观念发生作用。老年人顾虑用房子养老，将房子养没了，以后无法将住房留给子女，临终时对子女不好交代。一直到了 21 世纪，在各方面力量的推动下，参与这一业务的人士才逐渐增多起来，直到出现一种井喷式的爆发效应。

以房养老与以儿养老，各有各的时代特征和鲜明特点。对国人来说，几千年的养儿防老观念根深蒂固，要想改变恐非易事。以房养老作为一种

新形势下的新理念，有着它的成长土壤。特别是改革开放和市场经济体制的逐步形成，赡养老人作为一种应尽义务，在很多地方和很多人的眼中早已淡漠，遗弃老人的事情也经常见诸报端。相反的是，年迈的老人，还要尽力讨好已成年成家的子女，帮助已婚的子女带孩子、做家务，照管家中发生的一切事项，目的就是尽量在子女面前能得到个好印象，使未来的自己在生活无法自理时，仍然有子女乐意围绕身旁。今日这种现象已是见怪不怪，这就不是以儿养老，而是“以老养儿”了。

2006年，以房养老理念引起各种新闻媒体的关注，有个网站提出“以房养老将要取代养儿防老”的观点，大家纷纷对此发表意见，见仁见智，掀起一场大讨论。网民纷纷提出自己对以房养老的各种看法和设想，同时也谈到对这一命题的疑问。我们提出房子养老，并将其说得天花乱坠，是否一定要用房子养老取代儿子养老和票子养老呢？否。将儿子养老同房子养老对立看待，命题本身就是有缺陷的，是对以房养老的极大误读。

事实上，以房养老是对养儿防老和货币养老的有益补充，三者是一种相辅相成、相互补充的关系，是不同层面的概念，并不存在相互间的替代关系，更非非此即彼、水火不相容的对立物。房子养老与票子养老、儿女养老三者相辅相成、分工合作，是最完美的养老方案。房子养老不仅是社会养老保障体系的辅助和补充，还完全可以成为一种基本养老方式，构成整个养老体系的重要组成部分，但它绝不会也不企图要取代前两种养老方式。

总之，老年人以房养老，自我养老，既是对子女巨额经济负担的解脱，也可以视为当前乃至未来客观形势的“压迫”下，不得不实施的必然产物，还是老人在家庭养老功能弱化下，必须采取的自我保护、自我供养的强有力手段。

四、房子养老与货币养老

一般而言，最适于承担养老保障功能的资产有两种，一是流动性最强的金融资产，包括手持现金、储蓄存款、养老寿险、股票债券；二是流动性最差而保值增值性最强的住宅、建筑物等不动产。余外的家具衣物、电器设备、锅碗瓢盆等实物资产，尽管为晚年生活不可或缺，却无法将其长期储备作为养老资源发挥功用。这里比较货币养老与房子养老的优劣，供大家恰当选择。

（一）货币养老的形式

货币养老有多种选择，都是养老的好办法。

（1）大量积蓄养老保障金，如在银行中存放数十万元乃至更多作为养老金，是众多家庭乐意采用的。2018 年末，我国城乡居民储蓄存款的余额已达到 72.44 万亿元，按全国 13.95 亿人口计算，人均存款 51931 元；居民积聚在股票、债券、养老寿险、外汇乃至手持现金等方面，也有十数万亿元之多。这笔货币金融资产的相当数量，约 20% ~ 25% 应是由老年人持有，这正是他们赖以养老的雄厚物质基础，同为子女上大学受教育做准备的储蓄款并驾齐驱。

（2）参加寿险公司开办的商业性养老寿险业务，这是完全依据养老的实际生命需要开设，人的寿命有多长，保险金给付就能延续到多久。这一业务在国外尤其是美国，已有很大的运作规模。我国最近多年来也在快速增长，成为货币养老的重要补充。

（3）职工或受雇佣人员向单位或雇主，按工资的一定比例交纳养老保障金，加上单位为其代缴的资金共同形成社会保障基金，由国家社保基金专门管理并运营。参保人员退休后即可借此按月领取养老金，一直到死亡为止，简称“社保”。我国最近多年来大力倡导制度化、规范化养老，目前已形成全民参保、积累资金数万亿元的规模。

（4）其他货币积累，如大家运用债券、基金、股票、期货等今日工具，参与投资理财取得收益用来养老。投资股票、期货的风险过大，除有此专长的少数老人，不宜推广使用。养老信托基金能尽量吻合当事人的意愿和实际状况行事，是养老资金筹措运用的较好办法，但我国目前尚未得到很好开展。

（二）货币养老的好处

货币资产的流动性最佳，老人手中握有的货币，可用于结算晚年生活中需要购买的任何物品和劳务服务，支付任何需要随时支付的款项，还可以用作财富积累、投资、储蓄、保险、购买、结算，以方便快捷地达成所希望达到的任何目标。货币养老的最大好处是便于结算使用，不需要经过任何变现套现等环节，就可将其直接用来养老。即使说用房子养老，房子蕴含的价值最终还是要变现套现为货币，以获取持续稳定的资金流入来养老，而非依赖“啃砖头吃瓦片”过日子。

对养老储蓄和各类围绕养老目标的资金筹措而言，养老寿险归根结底是一种风险保障机制，大家根据自己的实际需要和经济能力选购养老保险产品，转嫁财产利益风险和人身风险，保障晚年生活的金钱无缺。目前是知识经济和高科技时代，具有强烈的不确定因素。个人的力量毕竟薄弱，通过保险公司这种拥有强大财务能力的专业机构，避免个人在未来养老问题上的困境，自然是一种明智选择。

货币养老的最大好处，就是可以脱离小家庭的束缚，在一个更大的范围内发挥作用，如国家目前大力倡导并不遗余力打造的社会养老保障等，就是在全社会的范围内对养老金的余缺，在时间和区域范围上组织有效地调剂安排，以满足全社会的养老需求。小家庭有贫困有富裕，自管自身自然可以，在不同家庭之间来点“一平二调”，显然是无法做到的。

（三）货币养老的缺陷

储蓄存款积聚数额适度时，是家庭财富的象征，可起到养老保障之功效。货币积蓄过少或全无，晚年生活即是自顾不暇，但若货币积蓄过多，远远超越自身生活消费和养老需要时，日常生活中除满足“有备无患”的心理情感对财富积累的渴求外，就只能是对自己毫无效用的一大堆价值符号，对晚年生活并无实质性影响。正像某位大老板所讲，公司投资营运、项目策划中，1 亿与 10 亿固然有很大差异。但个人家庭消费生活中，存款 10 万元或 500 万元，晚年生活质量和品位有很大差异；但若达到 1 亿与 10 亿，就只是“1”的后面多个零与少个零，并无特别感觉，难以在家庭生活质量提升方面发挥特别效用。

货币养老的最大缺陷在于：①人们手中握有大量货币财富并非合算，货币会“发毛”，使钱财越存储越少，购买力下降，保值功能和抵抗通货膨胀的能力变差；②通货膨胀时期的货币随时处于贬值之中，即使将货币转化为储蓄、债券等金融资产，也会因利息收益过低，难以逃脱这一噩运；③筹措和储备养老金过多时，会减少企业的投资经营能力和居民的购买消费能力，进而使国民经济的整体发展减缓；④货币筹措的额度过少则会坐吃山空，形成养老保障金的空账运行、无钱使用等弊端；⑤货币运行中会出现某种人为的跑冒滴漏、截留挪用等现象。

老人不论是储蓄存款、缴纳社会养老保障金或参与商业保险养老等，虽有一定增值效应，但投资收益率却是明显偏低。投资于资本市场，如股票、债券、基金等，固然可以获取较高收益，却有较大风险并不适合老年人运作。多年来，大家都说投资股票可以赚大钱，但真正在股市中赚到大钱者可能是 10% 不到，多数股民都是亏损累累当炮灰。长期的晚年生活中，老年人只能是轻装上阵，已很不适合再像年轻人那样在股票交易市场上摸爬滚打冒太多风险，作为“活命钱”的养老金并不适于这种高风险投资。

（四）房子养老相较于票子养老的好处

以房养老有如下好处，是货币养老无法比拟的：

（1）老人将房产抵押后，一边享受住房作为生活居住场所的便利，一边享有住房价值提前变现套现的现金收益。从住宅的购进到最终的产权转移、传承、出售的长时期里，大家还可以享有房产价值的增值和融资便利的特殊优惠，十分合算。住房的使用价值与价值相分离，使它在人们的养老生活中发挥了最大功用。

（2）住房价值转换的周期与人的余存寿命周期，无法做到完全一致，往往是人的寿命已经结束，住房还具有较高价值未能很好利用。以房养老就可以较好地将这一周期演变得吻合一致，从而使住宅的价值能在人的整个余生顺利完成这一转换，得到最大限度的利用。住房价值转换的进程与老人生命延续的进程一致后，住房是每时每刻都在发生价值形式的转换，转换后的结果——货币也是根据老人当期消费生活的需要，一次性或分期分批转移于老人手中。

（3）住宅作为不动产，既是生活居住的场所，又是一种很好的投资融资工具。除非遭遇大的房产泡沫或房市崩盘，出租出售都不存在太大问题，且投资收益在一般情况下要高于各类货币金融资产。人们在年轻时用结余的钱财购置房屋，年老退休后，又可以依靠房屋的出租、出售、反向抵押等多种形式，变换为自己很需要的现金，以补充养老金的不足。

（4）储蓄存款同住房资产的相同点，是都可以发挥保值增值之功效。不同点是住宅资产可在家庭生活中实实在在发挥功用，居住生活质量大幅提高。上午买到的住房，下午即可在家庭生活中派上大用场，享有舒适居住为人们带来的愉悦。再者，用 30 万元购买的简陋住宅，300 万元买到的舒适公寓，3000 万元购买的豪华别墅，在居住与外观、可发挥功能等方面，还真是有天壤之别。尤其是老年时代手中积蓄大量货币，居住环境却很差时更是如此。故货币养老的状况下，还应再加房子养老作补充，庶几可扬长避短，将养老保障事业做得更好。

（5）住房资产相比较货币资产的最大好处，是保值性能好，能生活居住，是投资增值的有效手段，不怕流失损耗，不怕被盗丢失，安全系数高，足以抗衡通货膨胀风险。房子功能远高于货币，房产养老的功能也远高于货币养老。社会经济发展良好的情况下，土地资源严重稀缺，在人们追求居住生活质量提升有增无减的前提下，房产增值的比率肯定比储蓄利率高，更难谈到缩水贬值。把现金存款变成房产再用于养老，比单纯存款更具有投资意义。和房屋等额的现金，并不能提供同样的安全感和“家”的归宿感。就此而言，养房子比存现金更合算，房子养老大大优越于货币养老。

（6）货币养老的最大缺陷，是通货膨胀的侵扰难以忽视，今日存储数十万，感觉是笔巨款，但真正到了退休的那一天，就会发现该笔钱财已不可能做太多的事了。住房则天然具有保值增值的特性，房价在币值趋于贬低、通货紧缩时不会下跌；在通货膨胀，币值趋于上升时，则会以更高的势头上升。

（7）老年人将住房反向抵押后，愿意到更适合养老的地域如老年社区、养老基地居住时，可将该住宅对外出租，得到一定的租金收入，还可以出售房屋住进养老院。有必要时，还可以将这笔售房款办理养老年金寿险，以保证自己的有生之年里，每年都可以得到价值不菲的钱财用于生活保障。若是储蓄货币养老，除整日要考虑货币贬值，购买力下降外，绝不会设想能带来这种好事。

货币养老是需要的，人们于中青年时代将货币积蓄于银行，或交纳养老保险金，或购买商业养老寿险，到晚年期即可取出供养老使用。当然，房子养老在这里并非完全不可行，如实行投房养老的方法，集中较多财力购买第二套住房，待其价格上涨后再予售出，用投资回报作为养老资本，比将货币存储银行、买保险效益更高。尽量购买环境优、地段好、增值潜力大的住房，除了可以带来优厚的收益外，还可带来居住环境的彻底改善和身价、地位的提升，带来家人的愉悦和每日的好心情。

（五）买房养老与买保险、储蓄养老

这里对买房养老与买保险养老、储蓄存款养老做个简单比较，看看何者更为合算。

现以目前较流行的分红保险计划为例：某位30岁的男士每年缴纳4920元保费，到50岁20年期满共计交纳保险本金98400元，此时可一次性得到10万元生存保证金的返还，除外，每年还可以领取保险公司支付的不确定红利。按照保险公司的宣传资料，红利分高、中、低三档，高档20年累计分红可达220415元，低档则可能是血本无归。高档能否有效兑现呢？从最近几年寿险公司开办的相关业务来看，很难。按照平均状况的保险系数来算，大致可匡算为5万元。

为方便计算，我们以趸交方式支付保险费，这样保险公司还可以打点折扣，假定买5份，一次性付款45万元。20年期满，投保人获得50万元现金回本，加上分到25万元累计红利，总数75万元。假如，一次性付款买到价值45万元的房子，20年后该房产可能增值到150万元，按照某些大城市的房价上涨幅度，增值到300万元乃至更多也有可能。

不买房单单买保险时需要租房住，每个月要缴纳价格不菲的房租。即使按月租金1500元计算，20年的房租费也有36万元，如考虑房价在逐年上升，房租也会随之上扬，租金费用还应大幅上调才对。而购房自住，这笔房租就完全节省下来了。如系买第二套房，也可出租获得租金收益，效果远好于租房花费。可见，购买住房比购买分红险要合算得多，既能拿到房租红利，又能获得房价增值作为生存保证金。当然，保险费可以一年一年缴，房产也可以分期付款，两者差异不大，只是计算起来比较麻烦。

买保险不合算，将资金存银行生息如何呢？现在买套45万元的住宅，20年后升值到100万元或更多。到时将这套住宅用于养老，正好满足晚年生活对资金的需要。如将45万元存入银行，经过20年能否达到100万元呢？今日的存款利率是3%左右，按照著名的7.2法则，20年存款本息累计只能达到72万元，距离终期100万元和红利（或租金）36万元的目标甚远。

全国政协委员、国家建设部科技司司长赖明曾经讲到，“要想晚年生活过得体面优裕，就不能把希望只寄托在养老金上，而主要是靠个人攒钱，途径就是买房养老。仅仅把钱存进银行，不但利息微薄，一旦遇到通货膨胀，钱还会贬值，投资资本市场的收益大，但风险同样大，而房子呢，由于产权严格，市场稳定，一般都能升值不菲”。

（六）房子养老的缺陷

房产养老也有缺陷。房子本身不能直接安排养老，长期的晚年生活中，并非指望“吃砖头啃瓦片”度过余生，最终还是要转换为票子，才可能购买晚年生活所用的任何物品和劳务，结清任何需要支付的款项。这就需要将房产转换为货币，即房产能否在市场上出售掉，以及以何种价格出售的问题。以房养老是房产价值转换的好形式，但这种变现套现中又会发生一定风险。如房价波动风险、支付风险、市场风险等。房产价值变现套现的过程中，还会产生诸如价值评估、税费缴纳、签订协议并履约等费用，这都是额外负担需要考虑。

又如，近些年我国是房价高企且持续上涨，未来数十年里否能一直保持这种状态，值得怀疑。大家现在买房的态势，不仅是将自己的住宅安排妥当，而且将自己的儿女、孙子女的住房也都安排妥当。未来移交的大量住宅，又应当卖给谁呢？再如，我国的人口出生率近年来呈现持续下跌趋势，衡量人口生育状况的一个重要指标是总合生育率，是反映每个育龄妇女一生所生育子女的数量的指标。20世纪五六十年代里，这一指标曾经超过了5，即每个育龄妇女一生生育的子女数达到五个之多。严格的计划生育政策后，该指标大幅下跌。2010年以来的10年里，已跌到平均1.60的可怕数据，距离2.06的正常生育率差距甚远。这又必然会给未来我国的房地产市场以根本性的影响。

第八章 风险

谈到以房养老，大家纷纷表示赞许的同时，又会马上举出若干实践操作中的种种繁难与缺陷，最后得出结论是“理念好，实践难”，或认为实施这一模式需要各种操作的平台，要制定大量新的法规，还要经过长期的市场调研与理论探讨等，望而却步。

一、风险初评

对以房养老说了诸多溢美之词，肯定会有人询问：“谈了如此多的美妙之处，难道它就没有一点坏处或负面效应吗？格林童话中的糖果屋住着一个魔女，现实生活中的糖果屋有没有魔女呢？”有，而且不是一个。这就是大家众说纷纭的，伴随着以房养老尤其是反向抵押贷款业务开办的各种风险。风险就是诱人的糖果屋中的“魔女”。现在就让我们打开“潘多拉”魔盒，见识这些魔女，并寻找防范、抵制这些魔女的好方法。

收益总是与风险紧密相伴，这个风险就是不确定性。尤其是像以房养老这种内容复杂、联系广泛、历时漫长的大事项，既然能给大家晚年生活带来种种丰足和收益，也就会将风险一同带了进来。反向抵押贷款存在的风险与不确定性之多，复杂程度之大，正是其魅力所在，可供研究的内容也是繁杂众多。这些风险的大量出现，使本项业务的推出变得困难重重。但将风险看得过于严重，甚至于完全丧失研发推行这一金融产品的动力，则是完全不必要的。

我国的经济社会发展状况目前还处于转型期和快速调整期，导致房地产市场的价格走势、人均预期寿命、贷款利率等相关因素，都不可能长时间保持稳定态势，给业务操办的双方控制风险带来一定难度。推行以房养老尤其是反向抵押贷款会遇到众多的不确定性和风险。相较传统的住房抵押贷款，反向抵押贷款的业务开办不仅有一般商业贷款的共有风险，更有涉及国家政策、房价波动、利率调整、个人消费、住房市场、老人预期寿命、居民养老、以房还贷等引致的特殊风险。使得机构开办本业务面临很多经营风险和不确定性，影响到以房养老涉及的各种利益相关者。这些因素对借款人和贷款机构的影响是此消彼长，存在着多个关联方的利益博弈和关系协调行为。

道高一尺，魔高一丈，办法总比困难多。面对众多的风险，并非完全不能解决。事实上，我们已经做了众多研究，出版了专著，就以房养老的各种风险予以深入、专门的研究。研究成果是喜人的，当事人固然要冒一定的或较大的风险，但都可以通过各种方法予以很好防范。

二、主要业务风险列示

反向抵押贷款的众多业务运作风险中，产品定价即老人将住宅抵押给业务开办机构后，每期可以从机构领取的款项达到多大，是风险之集大成者。如欲本业务得到双方的青睐并能长期运营下去，公平合理、不偏不倚是重要的。为达此目标，需要涉及预期老人的生存余命、房价波动以及贴现率的测定与调整三大方面，也可以说是本业务运作的三大基本风险。此外还有政策风险、住房维护风险、道德风险等内容。如下分别加以介绍。

（一）利率风险

反向抵押贷款的实质是“今天花销明天的钱财”，是要将若干年后，抵押房产人死亡时的房产价值提前变现套现用于养老，这就必须要考虑价值贴现以及贴现率的定位问题。如测算目前三两年的利率走势，经济学家可能会打个保票，但要按目前状况对未来长达十数年乃至数十年的情形加以评判时，货币的时间价值即利率的预期几乎是无法测定，这就成为本贷款业务的一大挑战。如贴现率应当为4%或5%或是其他，是复利计息或单利计息，利率高点低点的影响会达到多大等，都值得好好研究。

利率风险是指由于利率变动给业务开办机构和客户带来的收益或损失。抵押贷款市场上，利率是金融机构提供融资服务的价格，银行开办抵押贷款业务必定要承担利率调整的风险。利率调整是国家宏观经济调控的主要手段之一，国家调整利率引导资金的流向，进而影响国民经济结构。以房养老需要资金量大且使用期长，不可避免地存在着市场利率变动产生的风险。以前多使用固定利率的抵押贷款，实际上是将利率风险转嫁给了金融机构。目前，金融机构愈益强调资金的流动性、盈利性和安全性，投资者已难以得到这类贷款，放款策略转向短期融资或浮动利率贷款。

反向抵押贷款的期限较长，在贷款双方按照合同发生信用关系以后，利率可能会在贷款存续期内发生变化，而其具体的变动方向和变动幅度，事前是很难准确知晓，特设机构只能给出一种预测。该利率设定是否恰当，将会对贷款机构的盈利情况产生重大影响，并最终关系到该贷款业务能否顺利推行。引起利率变动的因素很多，如国民经济发展前景预期、通货膨胀、国家金融政策、周边国家的利率情况等，都会影响到利率的变动。

（二）长寿风险

一切事项的预期中，人的寿命预期无疑最为振奋人心而又最难以猜度。我们可以根据大数定理得知人们的平均寿命集合，却无法确知具体到张三、李四某人会活到多大岁数。以房养老的具体实施中，寿命预期必须给予认真考虑，并据此确定每期应支付房款。这就需要在通常的大数定理精算数据的基础上，采用某些特殊办法，如加点保险系数、打点折扣、给予某种防范措施等。

随着人们生活水平的提高，医疗保健事业的进步，人们的寿命在逐步又是快速地延展中。建国初始，我国的人均寿命还只有 50 多岁，今日已是 77 岁之多，京沪等大城市人均寿命已创纪录地达到 80 岁。寿命延长是个大好事，但对以房养老特别是开办反向抵押贷款业务的机构而言，就意味着业务运营的风险急剧加大。

我们可以根据大数定理计算出生命表，得到老年人的大致寿命预期，并经过精确的统计计量，确知目前状况下，全国或某地域的老年人平均余命会达到多少。且老年人的群体数量越大，预测就越为精确。这种整体预测是容易的，但具体到张三、李四等单个人士，将会在哪一天或哪一年死亡，则无法推断清楚。我们不是算命先生，事实上，算命先生测算别人的寿数说得是天花乱坠，头头是道，但自己的阳寿告终是哪一天，也是个未知数。

以房养老中需要冒的最大风险，即最令人头痛的是：当老人的预期寿命与实际存活寿命不一致时，特别是老人依靠房产的变现而格外长寿，住房价值已是花销得干干净净，依然是身心健康地快乐生活着，提供贷款的机构将如何应对？由此造成的养老金制度出现的巨大逆差，显然是必须由某个层面，如国家、机构自身、子女等予以贴补。假若该老人没有子女，则应当考虑由国家予以相应制度安排，或动用保险机制对这种长寿风险以很好策划。某个寿险公司曾经制订反向抵押贷款养老的产品方案，就明确规定若遇到这种长寿事项时，为维护机构自身的利益，可以将抵押住房的产权收回做拍卖处理。但需要询问的是，住宅拍卖似乎简单，如将这些白发苍苍的老年人“扫地出门”，赶到大街上，就非如此简单了。

这种因“长寿”引致的风险，在各类寿险业务中都有较多存在，需要给予相应措施防范。如保险公司开办寿命预期新业务，老人每期从住房变现中应当得到的款项，拿出若干部分参与这类长寿保险业务，某老人的寿命特别长时，就可以从这笔业务款中支付额外款项。再如，遵循谨慎性原则，将每期应支付给老年人的养老款打个 8 折发放，每月应支付 3000 元时，实际只付出 2400 元如何。抵押房产的老年人会否因此吃亏了呢？并非如此，待该老年人最终身故时“盖棺论定”算总账，也是个好办法，多出部分正好作子女的遗产继承。

（三）房价波动风险

以房养老实质是老年人用住房蕴含的价值养活自己，但该价值是个变量而非常量，经常会出现起伏不定。在一切资产的计价中，不动产的价值衡量是最为困难，它不仅在于住宅本身的价值高低，更在于附着土地价值的涨跌、人口年龄结构的变化和周边环境的变幻如何。我国的经济大势是大家长期看好的，住房价值的持续走高也是可以预期的。但对某城市、某地段、某幢住宅价值的增减波动，则属于特殊案例，需要给予仔细盘算，住房价值保险正可以在这方面发挥积极功用。

地产价格上涨必然伴随着房产升值，地价下跌也随之带来房价的大幅贬值。物价涨跌是个经常性趋势，鉴于同附着地产的强相关性及土地资源的极度稀缺性等，住宅价值几乎是稳升不降。但天下没有只涨不跌或只跌不涨的物品，房价持续升高，养老就可以养得好一些；房价如持续下跌，依靠房子养老自然要打个大折扣。故此，房价波动风险必须给予极大关注。

反向抵押贷款业务的开办中，如某位老人需要抵押房屋的当前市价是60万元，这是清楚的，权威机构的评估论证也确是如此。但到该老年人死亡的那一天，该房价的态势会是上升、下跌或仍呈现大致持平态势，则是不大清楚。即使说住房价值上升是确切无疑，但上升幅率会有多大，是50%还是80%，或像某些人员推断的那样翻番增长，同样难以判断。既然老年人什么时间死亡，没有办法搞得很清楚，死亡这一天，老人遗留住房的价值会达到多高，将是更不清楚。

房价贬值风险更需要关注，它主要是指业务开办机构最终取得住房产权后，因产权变现的净额低于预期的评估价值而遭受损失的可能性。反向抵押贷款业务结束后，抵押住房主要是通过出售或出租营运实现价值。贷款到期时住房价值的变动情况，决定了房价贬值风险的有无乃至大小。从单个住房的交易对象来看，抵押住房多是房龄长、折旧率高的旧房，房价增值主要依赖于地价上涨。但地价是否增值，增值幅度能否抵消住房本身的折旧等，都存在着较大的不确定性。

引起房价贬值风险的两种情况是：（1）地价上涨的幅度赶不上住房自然折旧引起的房价下跌；（2）经济区域规划、交通布局调整、资源衰竭、人口持续减少等引致地价下跌。地方政府调整城市规划，也会使机构开办业务面临极大的不确定性，如住宅拆迁时的补偿费不足引起的损失，产业结构重新布局引起地价下跌等，都会影响到机构推动本贷款业务的积极性。

（四）信息不完全、不对称的风险

以房养老的交易双方在对有关信息的了解及把握程度上，存在着某种信息不完全和不对称现象。本模式运作只有房屋持有人和业务开办机构两个当事人，如某当事人拥有另一当事人所不拥有的信息，也未能针对此种状况建立适当的激励约束机制，将会由此对该业务运作产生某些负面影响。双方的信息不对称现象，对本模式执行效率的影响十分明显，某方当事人极可能利用自身拥有的信息优势，为追求自身利益的最大化，引致所谓的“道德风险”和“逆向选择”，从而危害了对方的应得利益。

加强对信息不完全、不对称风险的防范是必要的，除了尽可能使业务开办机构占有较多信息外，还需要在制度设计方面做出根本性防范。应当指出，当反向抵押贷款以个体形式出现时，其间蕴含的风险及不确定因素很难预期，但当该模式以大规模机构操作的形式出现，且成为一种带有普遍性的养老行为时，这种风险和不确定性就可以在较大程度上恰当预期和测度，并在事前通过精心设计安排，得到各方都较为满意的结果，至少是将其中隐含的系统性风险予以极大消除。至于说具体业务执行中可能出现的某些个别行为，即非系统风险也容易防范，至少是不会造成太大的社会问题。

老年人的身体健康状况、既往病史、预期寿命及尚可存活年限等因素，对以房养老业务的开办至关重要。但这些事项的测定，如查询借款人的病历，从其亲朋好友处打听，或要求借款人到指定医院进行检查等，则需要花费较高成本。因金钱与时间的限制，业务开办机构如要得到全部信息，需要花费高额代价，但当花费成本超过因此所能获得的收益时，这种调查就会变得很不划算。再如借款人参与反向抵押贷款申请时，并未能真正理解该业务的具体操作、费用及贷款本息计算情况。导致本贷款业务的交易双方，对相关信息的掌握存在着一定程度的信息不对称问题。

反向抵押贷款是老人将自有房屋抵押给银行，从而取得相应的款项。如某老年人拥有的住房颇为值钱，但限于自身年事已高，价值不菲的住房在其心目中并无确切概念。这就出现了某些机构试图以较低价格从老年人手中谋取住房，为自己谋取不当利益的行为。当老人从银行取得借款并承诺日后（即死亡后）用住房来归还贷款本息时，会否出现某些因品行不佳、行为不端而导致的欺诈违约行为，如将产权界定不清晰或不具备完全产权的住房，视为抵押品向银行做抵押，如抵押权人已死亡，或该住宅已出售或做其他产权形式的变更，却未向银行机构报告；或将一处房屋向多个银行机构申请抵押、重复抵押，取得多份借款，或已抵押房屋的权属已发生变更，却未告诉贷款机构，或采取虚拟抵押、故意遗漏共有抵押人的方式，骗取机构的款项，导致贷款机构利益受损。上述做法会使抵押贷款缺乏充分的法律效力，并导致抵押物处分的纠纷。

（五）逆向选择风险

本贷款业务运行时间可长达十几年或数十年，住房抵押双方因事项的长期性、有关事项极高的不确定性、信息不对称等状况下，类似寿险业务开办中经常谈到的“逆向选择”及道德公害行为，就极有可能发生，并引发较高风险。机构希望每个参与业务的客户都对自己有利，如拥有足够价值和质量的房产，而该房产又确实能给特定机构带来较大收益，更重要的是该老年人的预期寿命不会很长。为此，要获取与老年户主相对称的应获信息，如专门确认和查询老年人的病历情况，其间的测定、调查，走访老年人各个年龄阶段的朋友，请权威医生对老年人的未来健康状况做全面检查等，都需要较高的费用成本和时间精力。事实上机构很难花费极其昂贵的代价，将这些事项搞得很清楚。这种行为的出现，将极大地损害业务开办机构的利益，也使得业务运作遇到极大障碍，监管成本表现得过高。我国的市场经济秩序还未能完全建立健全，信用缺失、道德沦丧现象还时有发生，这都迫使业务开办机构不得不加大对此监管的力度。

逆向选择是指本贷款开办过程中，业务开办机构因不能切实掌握老年人的种种状况，而错误地估算借款人的预期寿命，使其遭受损失的可能性。针对上述缺陷，参与双方都会采取相应的对策。特设机构应采取一定的措施来防范或减少逆向选择行为的发生，并根据客户的平均剩余寿命，结合住房未来交割时的余值，以及适度“留有余地”的策略，来确定每期应支付客户的费用，以求自己的收益合理化。

本贷款业务开办中，老年人每期应领取养老款的多少同其预期存活年限的长短有直接关系，这又取决于老人的身体健康状况和既往病史、居住环境及医疗保健条件等因素。这里所说的存活期限，通常是指参与以房养老后的剩余存活年限。老年人对自己的各类私人信息，是清楚的。但购买或接受抵押住房的业务开办机构，对这些相关信息的掌握则是不够完全。

这就是说业务参与双方对信息资料的掌握是不对称的，逆向选择现象就是非常明显。机构事前并不知道房屋持有者的风险程度，从而使保险水平不能达到对称信息情况下的最优水平。即该金融机构乐意接纳的客户不愿上门，而机构不乐意接纳的客户却大量上门要求提供服务。

应当说明的是，这里谈到的机构愿意接纳的客户，同健康医疗保险正好相反。对该业务开办机构而言，客户存活年限越短，机构需要花费的款项就越少。因此，客户是身体越差越好，疾病越多越好，存活年限越短越好。如该客户是身体健康，疾病全无，预期存活寿命会很高时，该机构为客户支付的养老用费，将会远远超出住房的实际价款，这笔交易即是明显亏损。反之亦一样。但对该客户而言，情况则是正好相反。客户的要求同该业务开办机构的利益要求，在这里是完全对立的，在信息严重不对称的状况下，该机构开办此项业务即表现得很不合算。

美国有专门的咨询机构帮助借款人了解本贷款的优缺点和业务开办机构的特点，避免陷入不良贷款机构的陷阱。我国也应做此借鉴。

（六）道德风险

今日的市场经济社会里，道德风险即“败德”现象有必要特别说明。以房养老行为也会因“败德”现象的侵蚀，使得业务开办成本大为加大，这笔成本又必然会转嫁到老年人身上，造成社会资源的无谓消耗，也使老人参与以房养老的获益大幅降低。如反向抵押贷款养老合约已经签订，按揭款也由机构逐期向老年人支付。长期的履约期间，如房价出现大幅上涨，借款人会否感觉到不合算要求毁约；该业务开办机构计算经营损益后如系严重亏损，要求毁约又应当采取何种措施？再如，老人希望参与反向抵押贷款，但子女对此事却是坚决反对，这些问题都有可能出现，但又事先很难一一判断明白。

双方在业务初始开办签订合同时，会对可能发生的种种事项做出各种明确规定，但房屋的具体使用中，则极可能会出现某种违背合约的行为。业务开办机构为避免所抵押房屋的这类灾难性损失，随时的上门监管是必要的，却无法做到事无巨细，对此的监管成本也会显得过高。这就会发生某些不利于业务开办机构的现象，使机构的利益遭到损失，且又是事先无法予以明确。一般而言，我们大家都是有知识、懂道理的人士，处理相互间的各类事务都是相当理智讲规则，但参与本业务的对象都是老年人，难免在某种情况下神志变得不大清楚，或是不可理喻，这就很难说仍然是时时处处讲道理。这时，机构的经营就是一大难题。

对此种风险可采取的有效防范举措，就是加大对住房价值评估的次数和力度。比如，业务开办机构每期支付养老房款时，首先需要对该住房的价值邀请权威机构予以评估，假若将该评估价一次定终身时，就无法有效防范日后长达十多年的住房价值波动风险。如该价值评估是每经过几年搞一次，再根据新评估结果调整每期支付房款的数额，这一风险就会大大降低。另外，以房养老的制度设计中，尽可能将条款制定详尽，灵活性加大，特殊状况下的变通措施考虑完备，非常情形下的财政补贴、优惠举措，都是需要的，有必要预为防备。

还需要特别说明，养老是深受社会关注的热点话题，机构开办业务的状况如何，必定为全社会所关心，一旦出现某种差错，就很容易演变为一种社会性事件，引起公众的极大关注。假如，某位老人参与反向抵押贷款后，日积月累获得的贷款本息，已将该套住宅的价值花销得干干净净。但如机构真要依照事先制定好的规章制度，断绝对该老年人的养老金供应，同时将该抵押住房收回，也就是说要把该老年人“扫地出门”。这固然是按规章办事，但如真正要这样做时，社会舆论就是谁也受不了。

（七）房屋维护风险

一般而言，人们对自己拥有完全产权的财产，譬如所居住房屋等的保管及维护使用等，都会是小心谨慎，为保障该房产的安全完整，延长其使用年限而精心维护保养，煞费苦心。但如反向抵押贷款合同订立后，该房产虽然仍归由自己长期居住，但住房的产权已出售或抵押，不再完全属于自己，房屋持有人对这套住房就极可能在心理上发生某些微妙变化。相比贷款机构，对房屋维护的积极性将会打个很大折扣，住房维护的开销倾向于大幅减少，出现某些微妙景象难以预料。

房屋维护风险是指房屋拥有者随着反向抵押贷款业务实施中对房屋净权益的不断减少，而倾向于减少房屋维护保养支出的行为，是造成道德风险的重要原因。引入这一风险的原因是，鉴于贷款到期时该房屋极可能归贷款机构所有，借款人对该房屋将没有任何净权益，今后的受益权也不再归属该老人所有，就极可能会出现某种对房屋的破坏性使用或维护不善等行为，如将该房屋对外出租、转租、招入新客户，将房屋用于有风险的对外抵押、担保产权，或对该房屋有意无意进行某种破坏性的装修活动，对居住安全如火灾水灾等放松警惕等，都会使得住房的价值受到严重损耗。

房屋维护风险会对本贷款市场的需求和交易产生重要影响。申请反向抵押贷款的借款人大都是经济贫困的老年人，住房维护费可能超出他们能承受的范围，借款人有可能健康状况表现较差，体力不支，精力不足或神志也不大清楚，这些都可能导致住房未能得到应有的维护。伴随着不可避免的贷款本息数额的增加，住房的日渐损毁，使借款人在住房上的经济利益受损，借款人愈发没有动力维护住房，很快到了住房价值与贷款相等的临界点，住房贬值的风险就会完全转由贷款机构承担，这是不公平的。

住房的出售阶段也存在一定的风险。目前的住房出售通常委托法院拍卖或对拍卖价格无经济利益的亲属进行。法庭拍卖涉及复杂的手续和时间，出售价格一般都会低于市场价格。可能存在懒惰和合谋等情形，由亲属处理时情况会更糟一些。

（八）流动性风险

流动性风险是机构实施反向抵押贷款时要注重防范的。反向抵押贷款的最大好处是将住房不动产转换为价值流动的资产，对社会家庭的资源配置优化是功劳莫大。但需要说明的是，老人的房产通过这一模式是价值搞活了，贷款机构拥有的货币却不可避免发生大量沉淀，这就造成机构运营资金的流动性风险。

流动性风险是指贷款机构持有的住房抵押资产，到期不易变现而可能遭受的损失。它包括：①贷款机构因住房贷款债权不易变现，会丧失资本市场上更为有利可图的投资机会，由此带来大量机会损失；②贷款机构因住房资产不易及时变现，当存款人挤提存款，或债权人要求清偿所欠债务时，出现资金周转困难，最严重者可能是贷款机构因资金周转不灵而被迫破产或倒闭。

大多数反向抵押贷款业务的期限较长且不确定，要等到借款人死亡、永久性搬迁、出售房屋后才能收回资金。贷款机构的资金周转就极易于陷入困境，造成流动性障碍。

流动性风险的解决并非难事，国外银行大量开办的资产证券化业务，我国目前正在试点，就是减弱甚至消除流动性风险的好办法。贷款机构可以将反向抵押贷款形成的大量债权资产集拢后，形成一个个资产包，再将该资产包对社会发行出售。居民或企事业单位购买该证券资产是一种很好的投资项目，这就将不动产变成了长期债权资产，又将长期债权资产变成了时期可随意调整的中短期债券。若事情真正能像设想的这样达到理想状态时，对整个社会经济发展与居民生活、企业经营和金融机构的运作等，都是莫大福音。

（九）经营风险

国内银行一直没有推出反向抵押贷款业务，重要原因之一是该业务要求银行主动经营房产，这为现行法规不允许，实际运作也很难办到。这就是说银行可以被动当房东，却不能主动当房东。老人身故之后，能否将贷款所涉及的住房变卖处理等环节搞好，如房产抵押品要随意自主变卖，房价升值或贬值后的利益和损失，应如何在机构和老年人个人之间办理分成结算，抵押的房屋被拆迁或毁损怎么办，甚至遗产的处理是否合理，等等，显然超出了银行现行经营范围的限制，都存在着诸多问题。

金融机构讲究货币流动的“短平快”，要收益高，风险小，流转快。但反向抵押贷款行为则是正好相反，收益不会也不应当很大，且获得盈利一般都要在十多年甚至二三十年，老年人最终将住房交给金融机构后才得以实现。风险与不确定性，明摆着比其他金融业务大得多。即使要实现经营现金流的正常运转，将向老年人付出的钱财重新收回，也会在十多年或更长时期才能最终“盖棺论定”。再者，大部分银行对经营部门的业绩考核，都是按年度进行，这就使得在任的经营部门负责人，很难对后任期间才能产生效益的贷款品种产生兴趣。

我国银行、保险公司的传统经营范围，从来都只是货币的吸纳、贷放、结算、汇兑等，即使有抵押物估价、拍卖等事项，也只是不得已而为之。

反向抵押贷款等以房养老模式的推出，则还涉及对到住房等实物资产的抵押、拍卖、出租等的经营运作，是传统业务的一大变革，会明显超越目前银行、保险公司等法定经营范围、经营体制的限制，不可避免地会由此引发其经营范围、运作体制，乃至业绩、利润指标考核等的大幅变革。

随着经济社会形势的发展，金融机构经营范围的突破是必然的，并非大难题。我国的金融业最终是要走向混业经营，但趋进的道路则是漫长的。关键是其中众多事项需要深入探讨，众多国家金融政策法规制度需要修订完善，要做的工作显然很多。尽管金融混业经营在目前法律制度上已没有障碍，但具体的经营试点和探索还需要较长时间，不可能是一蹴而就之事。关键是其中众多事项的变革，如涉及国家现行的金融政策法规，适应新贷款业务的经营考核指标的设定，业务开办中太多风险的界定与计量，都有艰苦卓绝的大量工作等待我们完成。再如适应反向抵押新业务的经营考核指标的设定，如混业经营对目前分业经营的最终替代等，对反向抵押贷款中太多的风险的界定与计量等，都需要给予认真深入的探索。

（十）政策法律风险

国家有关住宅土地使用的法规、养老保障乃至金融保险政策的现状，大家是清晰的，至少是专家对此很清晰。国家政策法规未来长时期的变动趋向，大致也可加以测定，总目标肯定是向着“和谐社会的建立完善，以人为本理念的全面贯彻，发展养老事业，居者有其屋，维护和保障居民居住权益和养老权益”等方面大做工作。法规制度变革的结果是日趋完善，日益反映了人民群众的根本利益，愈益向着顺应民心、顺从民意的层面趋进，朝着制度容易推行、老百姓乐意接受的趋向演进。但长达十数年的具体政策走向，却又是极难把握，这就构成了政策风险。国家若干相关政策的未来变化，对以房养老的业务开办肯定会有较大冲击。对政策风险的认真考虑，并在本贷款制度设计时给予足够预防，显然很有必要。

引进反向抵押贷款制度的过程中，完善相关的法律制度十分必要，本业务推出对政策法规制度的变革有极大影响，还可能存在与现行政策法规相抵触之处。我国的市场经济体制尚未健全完善，国家对房地产业的宏观调控及土地、住宅政策的变动，都会影响本贷款业务的执行。这就造成了反向抵押贷款业务运作中的政策风险。尤其在我国目前尚处于转型期，经济体制、政治体制以及与之相关的金融保险体制、养老保障体制、房地产管理体制以及与之相关联的法规政策等，都正处于长期而激烈的变动之中。对此业务的开办中，法律缺失需要新建，不相容法律要修订完善，尽量将相关工作做在前面，将可能发生的政策法规风险消除在萌芽状态。

应当说明，我们设想的以房养老模式，是运营耗时长，涉及面广，内容复杂，集融资与融物于一体，各种利益关系协调不易，预期未来经济发展前景也有很多不确定因素，且因涉及亿万老人的居住和养老问题，社会影响大，搞不好还会出现严重的负面效应。我国现行土地政策规定城市土地的产权归国家所有，居民只是通过向国家缴纳土地出让金获得70年的土地使用权。反向抵押贷款这种长时期操作的特殊金融产品，权属关系的演进就值得权衡了。本模式的具体操作中，无法事先将制度设计得十分齐全，准备工作做得相当完善。业务开办机构是否愿意参与这种特定事项，寻求这个参与要求付出的代价有多大，都需要事先明确界定。若要求的成本很高时，这一事项的实际操作效用就打了很大折扣。

三、其他业务风险

（一）购买力风险

实施以房养老的各个利益相关者需要考虑购买力风险，即通货膨胀导致货币购买力下降而使贷款机构遭受的损失。本贷款是一种中长期贷款，贷款期间一旦出现通货膨胀，即使借款人到期能按时还款付息，贷款机构也会遭受损失。购买力风险是指因通货膨胀导致货币购买力下降，使借款人遭受相应损失。反向抵押贷款若采取年金支付方式，借款人每月能拿到的养老金数额是固定的，如某套住房反向抵押之后，未来20年里，借款人每月可以拿到2000元。从目前的眼光来看，这笔数目是很可观，足以弥补养老金的不足。但随着时间的推移，通货膨胀尤其是生活标准的提升，其中蕴含的实际购买力则会大大下降，到10年或20年后，同样的2000元就只是个小数目，难以很好地应对生活需要了。

通货膨胀时期，房价会有一定程度的上升，利率随着实际情况变化而发生相应变动，房价涨幅一般会超出利率上升，住房资产价值更为坚挺。即使在通货紧缩时期，许多物品相继跌价，存款利率下跌而变得极不合算，住房资产却依然会价格坚挺，或还表现出上扬态势。房价上涨得到的好处应在业务开办机构和抵押房产人之间较为公平合理地分配，使这一问题得到较好解决。所以，这一风险并非十分可怕。

（二）违约风险

住房抵押贷款中，违约风险一般是指借款人因收入水平、经济状况、就业或经济环境变化等，因不能顺利履行按期清偿贷款的协议。但在反向抵押贷款行为中，违约行为主要表现为两个方面：一是贷款机构因资金拮据、流动性减弱等出现支付危机，无法按合约定期向借款人支付款项；二是指贷款机构因借款人不依照合约按时偿还贷款本息而遭受的损失。

借款人在业务持续期间，是否会因为某种原因不能按合约规定偿还贷款本息出现违约，是贷款机构需要积极防范的。而且在具体的履约期间，借款人也可能因而反悔要求提前终止合约。此时，贷款机构应采取何种措施，都需要在事先制定的合约中详尽说明。此外，借款人若以不具备完全产权的住房申请反向抵押贷款，或将同一住房向多个机构取得多份贷款，都将导致贷款机构的利益受损，必须加以防范。

（三）市场风险

市场风险的提出，是将反向抵押贷款业务视为一个市场。该市场包括贷款机构的业务供给和老年人的业务需求，以及相关交易规则及制度设计，市场培育开发和维护管理等，还应包括政府作为该市场的监管人和协调人。反向抵押贷款业务是否有足够的需求和供给，会否出现“有市无行”或“有行无市”现象，当贷款市场的供需双方出现利益冲突时，能否很好地协调处理。

比如，我国目前推出了反向抵押贷款业务，但实施状况并不很好。缘由就在于，大家习惯于认为以房养老就只是反向抵押贷款，附带谈到本业务实施的复杂性与难以操作性，最终结果就是以房养老看起来美好，用起来糟糕，实际上难以实施。这种看法对本业务的推出起到了极大的负面效应。

可以设想，本业务开办的初期，民众多会采取“积极关注、消极参与”的姿态，发展势头不会很快。只有随着以房养老的理念日渐深入人心，贷款制度的日趋完善，业务参与者真正得到好处，再加上人口老龄化和养老保障问题的日渐严重，大家才会从热切观望转变为踊跃参与，或者大形势压迫下不得不参与。如经济发达国家推出这个金融产品，已有 20 多年历史，虽说刚开始走了一些弯路，但最近几年发展的势头却是相当之好。我国相比较国外而言，老年人口之多，老龄化发展速度之快，为其他国家难以比拟；我国居民的产权住宅比率之高，房价之高，更为他国难以比肩。所以，我国发展反向抵押贷款业务是更为必要，也更为急迫。借鉴国外好的做法，并根据我国的实际情形加以适当改造，洋为中用，应当是完全可以的。虽说目前本贷款业务参与人数尚少，但未来的市场之大却是可以大加预期。

（四）变现风险

反向抵押贷款的通常做法，是机构开办业务长期持续地抵押进大批住房，当老年人死亡或对该住房做其他处理时，宣告该项贷款到期，并就整个贷款期间的一切事项组织清算。清算的结果是贷款机构拿到了大量住房来抵消贷款期间累计支付的本息，而这批住房最终又要通过市场的变现套现或营运等来取得销售收入，补偿贷款期间的款项给付和各项费用消耗实现赢利。为此，该机构应采取何种方式将这些不动产予以变现，能否顺利变现，变现额度有多大，怎样才能在变现过程中不受或少受损失，就成为本贷款业务能否顺利推出和经营成败的最后关键。一般而言，若只论其地上物即房屋本身，无论是其使用价值或价值都已大为衰减，唯一值钱的就是其附着地产还有较多价值。但这一价值的充分体现应如何进行呢？

贷款机构收到的住宅最终是要变现的，但它能否以合理的价格出售，当无法出售或被迫以较低价格出售时，应当采取何种防范措施，这些都需要事先加以界定。住房价值变现的方式有出租营运和二级市场出售等，但抵押收进的住房能否出售得掉，销路不畅要遭受损失时，又应采取何种措施加以防范等，都要在房地产市场进行。房地产市场的走向决定了住房的变现能力，也决定着业务开办机构能否盈利。再如，面临房地产市场低迷时，如何采取强有力措施避免损失，就是我们这里所说的房产变现风险。

变现风险需要重点考虑，防范本风险可采取的方法如下：

（1）抵押权人已经死亡，但其继承人如希望收回该抵押房屋时，应享有优先权。有的子女认为父母遗留的住房对自己有纪念意义，反对父母参与反向抵押贷款，这个纪念意义正可以通过赎回抵押产权的方式加以体现，机构也借此减弱了变现风险。

（2）在计算每期应给付的贷款额度时，考虑谨慎性原则的要求，有意识打点小“埋伏”，适度少付部分，以备将来清算留有余地。

（3）贷款机构并不收回住宅，而是要求抵押权人的继承者变卖该套房产后，将变卖款项支付机构的累计贷款本息。这就是将变现风险归由抵押权人承担，从而转嫁了机构的风险。

（五）机构破产风险

反向抵押贷款业务运作中，业务开办机构经营不善或其他缘由导致破产，是可能发生的。对选择年金支付的借款人来说，业务开办机构的信用记录至关重要。如本业务是由政府承保，借款人按期收到的款项会得到政府担保；如是由业务开办机构自己保险，机构一旦破产，借款人的年金支付就会丧失保障。显而易见，在借款人签订贷款合同时，应对此做出必要的风险提示，并增加对这一风险的理解。选择具有良好信用记录的业务开办机构，提高贷款业务的准入门槛；相关部门加强对机构开办本贷款业务的必要监管，对某些资产信用状况较差的机构，则不允许其开办本贷款业务，都是规避这一风险的重要手段。

需要说明，银行是会破产的，寿险公司依法则被界定为不破产机构。老人选择参与这一贷款业务时，选择寿险公司，比较选择银行，显然更有保障。

反向抵押贷款制度设计中，无追索权条款的加入是一大特色。它使得借款人的债务只限于到期抵押房产的实际价值。当发放贷款的总额超过业务到期时的房产变现价值，机构对借款人的其他资产不享有追索权利，这就会使贷款机构得不到完全的偿付导致亏损。

（六）机会风险

机会风险是指各类金融投资的报酬率上升，超出反向抵押贷款的利率时，给业务开办机构造成的损失。机构可以投资的金融产品种类很多，既有普通住房贷款，也包括各种有价证券、信托投资等。各种金融产品的投资报酬率，会随着市场收益状况发生变化，并非固定不变。如债券利率上升了，在资金量既定的状况下，贷款机构会把资金投入反向抵押贷款业务，无法享受更高的债券收益率，如其他项目的收益率更高，就可能使贷款机构面临机会风险。

（七）抵押物风险

反向抵押贷款模式的运作中，抵押物风险十分明晰。这是指因抵押住房的价值下降、实体灭失或处置成本过高，而使贷款机构最终收到抵押物时会遭受损失。住房抵押贷款以住房为还贷保证，属于有担保事项，贷款的安全性较高。但在长达 10 多年或更多年份的抵押过程中，住房本身也可能存在种种风险。如住房可能会因各种自然灾害和人为原因而遭受损毁，从而导致住房实体本身的灭失或价值下跌；还可能会因周围经济、交通环境恶化、城市规划变更等原因使房价下降；即使住房完好无损、价值依旧，一旦借款人违约，在处分抵押房产时因产权纠纷、交易费上升等原因，需要花费高昂的处置费用时，贷款机构同样会遭受损失。

反向抵押贷款尽管有借款人的住房资产作抵押，贷款安全回收有一定保证。但在整个业务运营中，抵押物的价值直接关系到借贷双方的利益。房地产的价值受众多因素影响，如土地价格、建造成本、市场供需、购房人口波动等，其中多数是不可预测，这就使得预测未来房地产的价格变得十分困难。抵押物未来价值的不确定性，是反向抵押风险的主要来源。

反向抵押贷款的特点是历史长久，关系复杂，涉及面广泛。贷款业务的运营中，借款人有义务维护、保养抵押住房的完好，并为此花费相应的代价。但借款人都是老迈年高之时，自身尚且不保，何以能对住宅提供保障。借款人是否真的采取了这些行动，行动的结果是如何，业务开办机构却无法直接观察得到，或为此要加大观察力度，却又因成本过高，从而加速房产的贬值。可以采取的办法之一，就是每隔三五年定期或不定期地对房屋的价值重新做出评估，促使借款人主动维护、保养好抵押的房屋。

（八）城市规划变更与拆迁补偿风险

我国目前正处于经济社会的急剧扩展期，许多事项都处于不确定状态，城市规划设计变更、住房拆迁补偿的风险应当认真考虑。随着城市规模的不断扩大，城市周边建造的商品房愈益增多，年轻人大都购买新住宅迁移到城郊居住，老年人聚居的老城区大都位于城市的中心区域，住房面积小，功能差，设施旧，楼层低，亟待给予更新改造。再者，过去建造住房时几乎不大考虑城市统一规划问题，目前则已摆在极重要位置。这部分濒临拆迁住房的反向抵押应如何解决呢，就是摆在大家面前的一个重大问题。

反向抵押贷款产品的实施中，抵押的住房极可能会因城市规划、老城区改造等发生征用拆迁事项。位于老城区的老住宅，大多居住着年迈退休的老年人，即反向抵押贷款的业务参与对象。因现代城市发展和功能活动的需要，必然会对这些老城区、老住宅优先拆除重建。这类事项导致的住宅拆除等，显然不属于保险范围，保险公司没有如此大的经济实力，就此业务给予保险，即使提供了保险，日后城区改造拆迁事项真正发生并导致相应损失时，也无法对此做出大规模赔付。

地方政府的拆迁补偿款及时足额到位，是本问题解决的关键。贷款机构必须对住房拆迁毁损的风险采取措施给予防范。如拆迁补偿的相关政策是如何应对，能否按市场价全部补足，弥补不足时的损失又应由谁来承担；市场价与账面价的差异形成的盈亏，应由谁来承负等。这些问题能否解决，直接关系到机构参与本贷款业务的积极性。

大家用自有住房参与养老，该住房眼前应是完好无损，现实地摆在这儿，但在未来长达十多年或更多的年份里，会否遇到城市规划设计的修订等，如住宅周边建造大广场，或修条大马路，要对现有住宅拆迁改造，或面临回迁或其他变动事项。这都是漫长的养老期间很可能出现的。皮之不存，毛将焉附，如此状况下，以房养老的命运是可想而知。

（九）支付风险

反向抵押贷款业务的开办特点，首先是现金流动呈现“反向”运行，且表现为贷款机构向借款人源源不断的长期流出，而无相应流入。本贷款合同签订后，业务开办机构要投入大量资金，并在接下来很长时期内，持续不断地向对方支付抵押房产的价款，资金周转期往往长达十数年、数十年之多。机构能否筹措到可供长期运作的足够资金，支付能力是否充足长久，对业务的持续顺利运营是非常必要。为避免非系统风险的大量出现，此项业务非常有必要大规模运作，但每年用于支付的款项就可能高达数十亿之多，并在长时期内只有现金流出而无现金流入。这就使业务开办机构存在着严重的支付风险，并在客观上要求机构有长期稳定的资金来源与之匹配。

业务开办机构现在付出的大量款项，在现金支付枯竭的时刻，应能从收回的住房收益中得到有效足额的补偿，否则将会使业务开办机构面临严重的支付风险，甚至导致机构的破产，老年人未来的生计也会直接受损。在不出现提前还款的现象时，只有借款人去世后，才会有现金流入。为使本贷款业务能顺利开办，机构必须寻找到足够的资金来源，或设计某些资产流动化制度来获取资金支持前期的年金支付。为避免出现这一风险，必须有相应的政府主管部门对业务开办机构实施有效的监管。最好的方法就是限定业务开办机构的从业资格并设立准备金制度。为从根本上防范这里谈到的支付风险，建议本事项直接由大型银行或大型寿险公司操作，问题即可迎刃而解。

（十）自然灾害风险

住房在长期使用中，会因洪水、火灾、台风、地震等原因带来损失的可能性，这就是自然灾害风险。反向抵押贷款业务开办中，机构是无法人为控制这些人力不可抗拒的异常变化的。受此影响，房地产变现时价值低于累计的贷款本息总额的可能性大大增加，业务开办机构遭受损失的可能性加大，既毁损其使用价值，也提前贬损了住房蕴含的巨大经济价值。对此应当将房产保险同本贷款业务有机组合，反向抵押贷款业务保障房产的价值，并用于养老保障，财产保险业务则用来保障房产的物质实体。

反向抵押贷款的业务开办中，住房价值保险、房款给付保险、财产保险乃至抵押人的人身保险等，需要联合举办，并要求抵押人强制性参与。其中财产保险和房款给付保险，正好可以相辅相成地配合发挥作用。发生应赔付的损失时，财产保险赔付不足的事项，但在同时承担房款给付保险的状况下，这种赔付不足直接受影响的是寿险公司。

（十一）中介风险

我国的住宅商品化、市场化已实施多年，住房按揭贷款业务也开办了较长时间，虽然已建立有众多的中介机构，但整体来说还不够完善，中介机构的相互配套机制等更是如此。主要表现在：（1）尚未形成完整的中介机构体系；（2）已建立的中介机构业务范围狭窄、规模小，业务水平低；（3）中介机构经营不规范，缺乏有效监管机制，造成机构的稳定性差。房地产市场一有风吹草动，就会引起行业内不少中介服务机构的关门大吉。如最近多年来，因政策变动导致房地产交易行情的大起大落，导致近乎半数的房地产中介机构的开办、兴旺与衰落、关闭。这种状况必然对反向抵押贷款的实施造成一定风险。

（十二）土地使用期70年风险

我国城镇居民住宅用地的法定使用期限为70年，原本规定期限到期时，该使用权及附着建筑物等，是要无偿由政府取得。随着这一行使权利期限的日渐临近，它将会对房价波动及居民生活产生剧烈影响，由此构成了本项风险。但我国目前推行了物权法和物业税后，居民的住房70年使用期到期后，按规定可以自动续约，可认为这一风险已不复存在。

（十三）家人意见分歧风险

反向抵押贷款业务的开办中，父母子女之间会因是否参与本项业务及如何参与等，发生众多意见分歧。某些子女可能因父母抵押住房之举，会威胁自己继承房产的利益而横加反对，使本业务的顺利开办增加许多阻力而难以成行。许多父母即使勉强参与此项业务也有诸多顾虑，往往会产生反悔。签订合同时，最好是父母子女共同在合同上签字认定，并由公证处给予公证。

（十四）地域差异风险

我国经济社会发展的一大特点，是各地域发展状况的严重不均衡性。如某人同时在甲、乙两地分别购入面积相当、质量相近的两套住宅，各花费 50 万元，数年后，甲地是蒸蒸日上、发展活力强，房价迅速攀升为 80 万元乃至 100 万元；乙地则是发展缓慢、建筑物日益破败不堪，预期未来也很难有大的起色，该住宅只能以 35 万元出售。业务开办机构对住宅抵押和收购时，对此类事项应给予较多关注。考虑各地区经济发展的周期性，经常有“三十年河东，三十年河西”的说法，考虑长时期的业务运作中，各个地域间暂时的经济不发展，并不意味着长期永久性地无法发展，故这一风险并非表现得十分严重。

未来以房养老业务的运作将是一种跨地域、大规模推行，业务初始必须要经过试点，该试点又必然会选在沿海经济发达地域，取得经验后再逐步向内地推进。故这一风险并非很严重，某地失误必然会为其他地域的欣欣向荣所弥补。

四、防范风险的若干举措

为了应对反向抵押贷款业务开办中可能会出现的各类风险，业务开办机构需要采取如下防范措施：

（1）定期或不定期地组织房产价值评估，随时上门察看抵押住宅的维护使用状况。

（2）积极取得社会各界，尤其是金融、财税的政策优惠和资金扶持，多方筹措资金的来源渠道。

（3）取得各类社会中介机构的共同协作，媒体组织积极宣传，促动老年人大力参与本项业务。

（4）推行资产证券化，将金融机构运作本项业务所支付的资金通过证券化的方式予以搞活，分散风险，并为社会公众增加一种新的投资工具。

（5）将反向抵押贷款以房养老与基地养老事宜融会配合使用，增大本贷款模式的社会价值，减弱可能会发生的各类经营风险。

（6）提倡子女对父母参与反向抵押贷款业务持积极支持态度，并写入合同，待合同执行出现某些事先难以预期的风险时，子女给予相应的资助和“兜底”。

（7）房屋拆迁改造时，政府应当及时足额给予补偿，借款人可以及时足额用这笔钱来结清本贷款业务的累积本息。

（8）建立完善个人信用体系，加强贷款业务运作时的信用服务和监管。

（9）修订与完善相关法律法规，不适合本业务运作的旧法规需要修订，新的法规要推动尽快建立。

（10）遵循谨慎性原则，款项给付时给予一定的折扣系数，待最终清算时再多退少补予以弥补。

（11）政府在财税政策上，对此业务的开办予以积极支持，并对业务运作中可能出现的亏损事项实行兜底，为机构开办业务和老年人参与本项业务吃一颗定心丸，对贫穷无助老人和房产低额度老人参与本业务给予贴息优惠。

（12）贷款机构为了降低自身的经营风险，一般会先拿出小部分资金购买再保险，从而在风险到来时能有效转移和规避风险。

反向抵押贷款运作中的风险防范固然重要，但对不同人员而言，风险承受度——即各人对风险的承受能力等，也是个重要因素。它受到个人年龄、家庭地位、职业、居住地域、财产收入等因素的影响，个人的能力、素质、面对新生事物的认知和接受能力等，是影响风险承受度的直接因素。

以房养老的参与者，大都是已进入退休期的老年人，风险承受能力明显下降。这就需要在各种以房养老业务的开办中，尽量选择收益稳定、风险较小的方案，摒弃那些预期收益高、风险也会很大的方案。尤其是要注意留有余地和适度保守性，勿使老年人陷入既失去房产又丧失种种现金流入被迫流落街头或坐待他人救济的境地。

第九章　需要做的工作

以房养老演变的大趋势如何，大家是否乐意参与以房养老，为了本项宏大事业的顺利推行，还需要做好哪些工作？是大家关心的。

一、调查

我们在对以房养老的研究过程中，限于时间、人力尤其是财力的严重短缺，先后组织了几次近百人的访谈调查，尽管规模小，质量却较高，除得到某些相关数据外，还得到了许多活的思想和诉求。

调查数据显示，多数国民对年老后的生活非常关注。65% 的人表示在自己的理财计划中有针对养老保障的内容，66.5% 的受访市民购买了相关的养老寿险，有 17% 的受访父母打算购买养老保险，35.9% 的受访父母购买过储蓄返还型保险。该调查显示，在现行的养老保障机制下，储蓄养老仍是人们保障老年生活的主要途径，81.3% 的受访者选择储蓄养老，14.9% 的受访者表示会通过其他方式完成养老目标。其中有 1/3 的人选择把养老储蓄控制在 30 万元以下，54.4% 的人限定在 30 万至 100 万元，9.6% 的人认为要 100 万元以上，才能安享晚年生活。当然，也有某个教授认为“未来没有 1000 万元无法很好养老”。

许多网站、媒体不约而同组织了民众的以房养老调查，内容是细致的，涉及多个层面，调查资料和网民对此发布的意见评论众多，取得了令人信服的结论，使我们掌握了许多一直未曾掌握的活的资料信息。这一调查是我们多年来一直想做，但限于人力和财力未能如愿的。近年来，一旦有关以房养老的两会提案、政府文件或消息发布，都立刻会引起众多的社会关注。尽管有众多不友好言论，也说明大众对此话题是十分关切的。

（一）以房养老调研内容

要想顺利推出本项贷款业务，需要对国内老百姓参与以房养老的需求状况做认真、深入的调研，调研的内容是很多的。

（1）中老年人拥有房产资源的状况，包括住宅面积、价值、地段、产权归属，自有住房的比例，房产已使用年限、尚可使用年限、住房新旧程度，房价预期波动等多方面状况。

（2）老人的货币财富状况，积累财富的数额与表现形式，如储蓄存款、股票、债券、基金，购买养老保险、大病重病保险的状况等，拥有车辆及其他大件财富的状况。

（3）老人的经济状况，每月可以获取收入的状况，如退休金收入、发挥余热收入、寿险收入、储蓄存款、儿女定期馈赠收入等。

（4）老人每月生活费用开销状况、意外事项的发生与费用开销、医疗保健费及其他用费；养老金欠缺的情形、欠缺额度，应用何种方式加以解决等。

（5）老人对以房养老的心态与意愿，是否乐意参与这一业务，儿女对父母参与以房养老的行为是否支持，对由此导致的遗产继承影响将持有何种看法与设想。

（6）金融部门对以房养老业务开办的想法，开办条件是否已经确立，相关技术、思想的准备是否足够，对可能出现的风险及不确定性的应对举措等是否完善。

（7）房产可为弥补养老保障金的不足起到多大效应，住房变换现金将在多大程度上发挥养老功用，对住房使用价值的评判和价值计量间的背离，背离的深刻含义及理性分析。

（8）当地政府部门对以房养老的支持力度、支持的方式与可能实施的举措等。

（二）调查渠道

市场调研的渠道很多，如电视台、报刊、网站等各种渠道组织相关的社会家庭调查和市场调研，了解公众对此新型养老模式的可接受程度，对此贷款事项的要求和希望等，为本业务开办取得较多的第一手资料。开展市场调研和咨询服务工作，建立以房养老网站，同老年客户建立相关问题咨询解答的互动平台等。

市场调研包括了对北京、上海、浙江、广州、西安、武汉、重庆等不同区域、经济发展状况的城市，组织深入的实地调查研究；调研部门包括住房与建设部、社保部门、民政部门、金融保险部门、老龄委、房地产开发企业等，同时到财税部门寻求政策支持的力度。还可以通过调查问卷、互联网等形式调查居民对此事项的支持力度和意愿能力；到民政、公安部门调查、询问有关居民房主、低保优抚对象方面的资料。

二、以房养老市场

（一）以房养老有较好的市场预期

我们对以房养老和反向抵押贷款的未来持乐观态度。从调查结果看，预期它将会有广阔的市场前景和社会需求。随着住房商品化进程的快速演进，我国已实现了“居者有其屋”的大目标，为以房养老奠定了雄厚的物质基础；大量四二一家庭的存在，使晚年养老用资的准备成为非常现实的广泛需求；人们的观念发生急剧变化，传统代际间的凝聚力在弱化，养儿防老已非人们的必须选项，自我养老保障的空间趋大。

美国的反向抵押贷款业务，自 20 世纪 70 年代末期开始推出，一直都是“雷声大，雨点小”，关注者众，参与者寡。到世纪之末累计也只有 5 万多例参与业务，远远小于预期。直到 21 世纪初，贷款利率大幅下调，股票交易市场出现滑坡，房屋价格大幅升值，政府对此业务的优惠支持，尤其是本业务的好处为更多的人员知晓，才得到快速增进。2007 年即一举达到 10 万多例，业务开办总数累计达到 50 多万例。2008 年，美国发生重大金融危机，房价下跌，此业务仍然保持有限增长。迄今为止，本业务的累积总量已经超越百万例。新加坡推出的反向抵押贷款业务也处于同等状态。韩国于 2007 年推出反向抵押贷款业务试点，2014 年正式推出这一业务，短短数年间参与人数达到 4 万多例。

我们在调查中也发现，很多人仍将金钱摆在养老的第一位，认为攒钱养老最有现实意义。某位做餐饮生意的被访对象说，养老靠子女已不大靠谱，靠房子养老其实还是要先有钱来买房子，所以年轻时候多赚钱最实际。多赚钱是很对的，但赚的钱总应当找个地方存放，存储到银行、交纳养老寿险金，显然不如买房投资更为牢靠。

我国居民拥有的房子多，价格高，在家庭财富中占据的比值高，对养老保障的发挥力度大。我国的诸多城市已经出现众多的以房养老现象。缘由是，银行不断降息，股市风险难以预测，众多市民选择投资房地产作为养老保障的手段。很多被访者对此问题持观望态度，他们表示现在说什么都为时尚早，还是到时候才能具体决定选择何种养老方式。但大家都承认，目前能提出以房养老并有众多人员赞同，本身就折射出众多深意，是个了不起的成就。将来社会大形势的逼迫下，大家不论是否认同，以房养老终将成为众多养老方式中可供选择的一员。

事实上，我国开办以房养老业务的迫切性和必要性，大大强烈于欧美等发达国家；预想将来的参与人员及增长速率将会远超业务开办最好的美国，这是可以乐观预期的。这同我国的养老保障体系相对不够完善、未富先老、养老资源欠账严重难以弥补以及老龄化速度快、人口发展态势的不容乐观相关。大家对目前的养老方式和养老资源短缺还存有种种疑虑，对未来养老的前景并不很看好，还说明经过数十年间市场经济和商品意识的熏陶，大家对新观念、新模式的接受程度已经大大增强。

（二）以房养老可对养老保障发挥较好功用

以房养老能够引起全社会的轰动，关键在于它对老人的养老生活将会发挥积极功用。中宏保险联合零点咨询集团历时两个多月，对我国 22 个城市的中产家庭养老规划进行调研，保证了调研的准确性和权威性。2011 年 8 月，该公司发布了中国首部以中产家庭幸福养老规划为研究样本的白皮书。它为全面、客观地反映中产家庭养老状况，为中产家庭规划养老生活、社会发展和政府决策提供了重要参考。白皮书显示，中产家庭的养老方式和观念较之父辈有很大转变，有 54% 的中产家庭愿意接受以房养老。接受调研的部分中产家庭谈及以房养老优势时，普遍认为“幸福养老是场马拉松，房子比孩子更靠谱”，住房既可以保障养老生活居住的独立性，又可在缺少养老金时折现，保障养老资金的供给，有很强的抵御通胀的能力。中宏保险的理财规划师建议，中产家庭做养老规划时可先咨询专业机构，根据每个家庭的实际情况制定保险、储蓄、固定资产投资等多形式并存的养老规划。

三、各种难题制约以房养老

谈到以房养老，大家纷纷表示赞同之时，又会举出实践操作中的种种繁难与缺陷，最后得出的结论，就是“理念好、实践难”，或认为这一模式的实施需要构建各种操作平台，组建大量新的法规，要经过长时期的市场调研、媒体的宣传推动和公众的价值观念转换。总之是需要旷费时日，短时期内难以运作，这些顾虑都是对的。当前，在我国实施以房养老，尤其是反向抵押贷款式的以房养老，不可避免地会遭遇如下难题。

（一）合理稳定的市场环境尚不具备

房价如合理而稳定，会对以房养老行为产生极大的促进效用，但人们就一定会选择以房养老吗？不一定。以房养老实施的前提，是使用者必须拥有自己名下完全产权的住房，且市场稳定，一般能保值增值。然而，目前是房屋的价格持续呈现非理性攀升，普通人要想拥有一套赖以生存的住房，不仅要倾其所有，还要透支未来。在这种情况下推广以房养老，会将“住房”与“养老”这两大生存命题，推向对立的尴尬局面，若房价下跌，未来房产的抵押评估是在贬值，人们所领到的钱财不足以弥补当年的买房款；若房价持续上涨，则当前支付的住房成本更加昂贵，中低收入者将难以承受，从而影响以房养老覆盖的范围和效果。

我国房地产交易的市场尚未完全成熟，住宅资产交易转换的成本费用过高，资产评估、信用管理等中介部门的发展还较为缓慢，会限制这一行为的大量出现。

（二）贷款成本过高，业务参与不大合算

反向抵押贷款业务的开办，内容复杂、事项繁多，业务推行中存在种种不确定性，使金融保险部门对此事项的具体运作中，为避免过多的风险起见，必然会设置种种的禁区和障碍，或人为将以房养老的进入门槛大幅提高，使其发挥养老保障的功用大打折扣。

美国的这一业务开办中，老年客户要支付起始业务费、利息费和服务费等诸多费用，项目多达 20 多种，合计金额占到总房价的 6% ~ 10%左右，显得过高。房价较高时，各项费用占比相对较小，若住房过小过旧，房价过低，参与这一业务就显得颇不合算。若老年客户出现重大疾病急需大笔资金时，还需要先偿付所有费用，才能领到房屋的剩余价值款。

以房养老的具体开办方式多种多样，我们设想，许多人在综合考虑健康状况、遗产税等因素后，不大会选择反向抵押的以房养老，但却会对房产置换、售房入院、租房入院、投房养老、基地养老等其他各种非金融式的以房养老感觉满意，甚至是选择家庭内部的售房养老，以尽量做到简便易行且“肥水不流外人田”。

当然，反向抵押贷款要付诸实施还有不少环节亟待解决。笔者认为，像房产价值评估、产权确认、老人预期寿命确定、每期应支付房屋价款即养老款项的计算、运行风险规避、国家相关政策支持等，都是有待解决的难点。

（三）金融机构的技术水平和监管能力有限

国家金融保险监管的大政策、严格分业经营的大环境下，许多大型、复杂、新型金融保险理财产品的推出与运作，是十分困难。目前我国的经济社会环境，还不完全适宜以房养老模式的推出。本业务推行可延续时间往往在 10 多年以上，如此长的时间跨度内涉猎因素众多，要对此做出合理而较为确切的预测，并非易事，且时间越长风险越大，给本业务的开办和监管带来诸多难题。

以房养老模式推行中具有太多的风险与不确定性，使得这一模式的推

出附有相当的局限性。从技术层面的可操作性看，金融机构存在着风险控制问题。普通住房按揭贷款的风险随着时间推移在不断减小；反向抵押贷款式的以房养老则恰恰相反，随着时间推移而风险不断加大。如贷款期限比较长，房屋现有价值的评估会发生变化，对房屋损耗、未来房价走势、利率走向的判断、抵押老人的健康状况及预期寿命的不稳定等，风险控制的难度较大。同时，反向抵押贷款又是一个跨银行、保险的金融理财类产品，对保险精算的要求非常高，具体操作难度大，使国内多数保险公司望而却步。金融机构在得到房子后如何处置以及抵押房屋的管理与维护，收回房屋后的整理与出租、销售等，都是无法回避的现实问题。

（四）养儿防老的传统伦理观念会产生较大影响

几千年来流传的养儿防老、遗产继承的观念，在人们的心目中仍然具有根深蒂固的影响，对居民实施以房养老会产生一定的观念阻碍。尤其是老年人的心理状态一般趋于保守，希望生活稳定、安土重迁，不乐意在正常生活之外节外生枝，不到迫不得已不大会选用新的养老方法，就会影响以房养老模式的推行。房产在遗产中占据分量最大，好不容易拥有的住房产权，一般情况下不愿轻言放弃，对房产的处置往往是死后将其遗赠给子女，而非自己生前就将它消耗殆尽。

对以房养老这个新生事物，父母与子女双方能否很好地接受，老人是否乐意将自己居住的住宅出售或抵押，用所得钱款来应付养老事宜；儿女又是否乐意看到父母这样做，使得自己继承父母房产的权利无形中被人为“剥夺”。父母将自有房产申请反抵押，提高自身晚年的生活水平，必然会使将来传承给子女的遗产数大幅减少。需要提出的是，父母的这一做法是否对子女应有经济利益导致某种伤害呢？可能会有较多的人们这样认为，特别是较为自私的子女更会寻找种种借口反对父母的这一做法。

这里需要指出的是，父母参与以房养老，完全是父母对归属自己名下房产的正常处理，是合理合法的，这一行为并未伤害到子女的经济利益。如果是儿女出资为父母买房，这套住房待父母百年后通常会移交给子女，但在大多数情形下，父母都是自己出资买房，甚至儿女的婚房也大多由父母出资购买，子女再反对父母以房养老，就是既不合法，也不通情理了。

（五）相关法规不完善

发达国家法制和监管措施比较健全，以房养老已成为一种成熟的融资方式，但这种养老方式在我国还是新生事物，由于缺乏实践经验，对老人和保险公司来说存在的风险都不小。本业务能否在我国开展下去，不但要看国人观念的转变，更要考虑到国情、法律法规及具体操作层面的完善。如住宅土地使用 70 年以及遗产继承法规等的种种设定，对以房养老的实施还有一定的障碍。

法律政策的监管是必要的，政府能否为民众的以房养老行为，在政策上提供更多的扶持资助保障，当某种权益受到不法侵害时，也能帮助其得到必要的维护。这对以房养老业务的开办而言，是非常必要的。对大多数老人而言，以老迈之身奋起维护自身的合法权益不受侵犯，已显得很不现实，必须有来自社会的、政府的权益维护。

大家在菜市场买个小菜，到超市买点日用品，只涉及交易双方，事情也很简单，只要双方对交易的价格、数量与质量达成协议，这一事项即宣告成交。以房养老行为牵涉房地产业、金融业、社会保障、保险公司、老年客户及相关的政府部门，对这些领域的运作质量要求相当高，如何保证这些部门、行业公平公正地经营、管理和执法，在当前法律规范还不健全的条件下，是个大挑战。现阶段我国还没有出台任何相关规定的情况下，贸然实施这一养老模式，一旦发生纠纷，就会导致无法可依、无规可循。

（六）以房养老需要资产证券化

本业务运作中，老人将房屋贬值的风险转售给保险公司或其他机构后，自己的现金收入固然是增多了，但同时又会带来一些新的问题：如保险公司得到大量抵押房产后，将用这些房产干什么？已经对老人投放的大量钱财，将如何通过房产的变卖等重新收回？这个问题不解决，就很难设想拥有庞大现金流出的保险公司，能够顺利生存下去。

需要强调指出的是，以房养老需要真正发达的资产证券化市场，以便于各金融机构能够在市场上自由进行资产的买卖。只有这样的市场条件，才会有足够多的机构愿意承担和分散资金占用、资产贬值的风险。资产证券化又要求政府能做到市场经济所需要的“兜底”，没有机构愿意承担的风险，政府必须承担。

如上讲到以房养老业务推出的六大难题，事实上还可以找到更多难题，确实会影响到以房养老尤其是反向抵押贷款业务的实施。随着客观环境条件的逐步具备，公众对本业务属性和功用认知的逐步深化，尤其是随着老龄化形势的快速进展，大家乐意参与或被迫参与的比例，将会越来越高，最终成为一种主体养老方式。

四、形势展望

目前我国以房养老的大形势，可以用“形势大好，问题不少，前途光明，共同努力”四句话总结。

（一）形势大好

以房养老理念自推出 10 多年来，在整个社会引起轩然大波，公众对此展开了激烈讨论，相当部分人士纷纷表示认同以房养老并愿意参与其中，各类新闻媒体对此大肆鼓吹、宣传炒作，真正做到了深入人心。国务院相关文件将以房养老寿险产品纳入试点乃至全面推出；学术界对以房养老理论与反向抵押贷款制度研究给予较大关注；金融保险机构对此产品研发和推动做出积极反响，中国人寿和幸福人寿先后开展了这一业务。反向抵押贷款而外的其他各种以房养老的做法，如房产置换、房产租换、招徕房客、基地养老等，正在全国各地遍地开花。

（二）问题不少

新生事物的出现，往往面临着诸多新问题。以房养老要变为现实，还要牵涉伦理、法律、技术等难关，但其大趋势已是极大显现。以房养老的实际运作中，社会公众、金融保险机构对此是顾虑重重，有着众多质疑和担心。如社会各界对以房养老的支持，还仅仅限于表面；新闻媒体对以房养老的宣传，大多还停留在表面文章，深层次的文章较少；学术界对以房养老的研究，目前还仅仅是少数人的自发行为，在人力、物力、财力支持上都有太多不足。尤其重要的是反向抵押贷款产品的研发和推行，因联系面众多，涉及事项过于复杂，风险过大，无法得到相关金融保险机构的积极反响，业务开办机构过少，结果并不乐观，业务实际开办数年来仅有区区百余例，状况很不理想，并未达到一呼百应的态势。

（三）前途光明

以房养老的研发与实施，在我国有着广阔的社会需求和市场前景。随着老百姓住房状况的大幅改善，养老需求标准和质量的提升，为以房养老奠定了雄厚的物质基础和社会需求。随着我国经济社会的快速健康发展和公众传统观念的转变，以房养老将有越来越多人员的关注和参与。以房养老的前途是光明的，市场也是无穷无尽的。在我国乃至世界各国的老龄化危机都是日益严重、养老资源日益短缺之机，能够用每个家庭都拥有的住房蕴含的价值实现养老的目的，有其重大而特殊的价值所在。面对未来的人口和养老形势的发展，大众无论是接受或反对以房养老，都必须要参与这一事项。

（四）共同努力

以房养老事项复杂，联系广泛，运作难度大，不确定成分高，尤其是反向抵押贷款更是金融保险机构开展业务的难关。为此，需要政府、金融保险机构、房产商、养老保障部门、新闻媒体、学术界及亿万老年人自身及其子女的共同努力，方能将这个好事办好。

以房养老行为的具体运作，涉及房地产、金融保险、社会保障三大领域内容，需要以金融保险部门为中介，连接房地产部门、社会保障部门共同操作，财税部门的税费减免等政策优惠。各种以房养老模式中，反向抵押贷款是其中设计最为精妙、计算最为复杂、制度最难确立、涉及面最为广泛、相关制约因素最多的一种。今天，我们如贸然实施这一金融产品，并非完全不能操作，只是还有众多的工作要做，有若干限制条款尚待克服，相关理论体系有待进一步构建，有关政策法规支持的平台还未能完全建立，金融保险体制与机制还需要做相应构筑，居民百姓的伦理习俗观念还有较大障碍要予以突破，相关联的众多中介机构还不能完全服务到位，具体的产品研发、市场调研、制度要素设计等，也都有众多工作等待大家齐心协力共同完成。

五、应做工作

以房养老业务的顺利实施，仅有家庭观念具备和资源拥有是远远不够的，还需要社会能提供充分施展以达到最终目标的平台，这些社会平台包括有财税政策、房地产交易、价值评估、信息提供、金融保险手段的提出与发挥作用等。以房养老的推出及兴旺发达，或者说为顺利推出以房养老这项大工程，需要做好如下几方面工作。

（一）观念转变

搞好以房养老，需要老年人乃至整个社会公众的观念意识转变。老年人接受新事物总是缓慢一拍，对此的理解与接受会相对难一些。期望参与以房养老的老人担心自己的行为会伤害子女的尊严和面子，或由于自己过世后总要为后代留些财富的复杂感情，难以定夺。这就使得这项面对亿万老人的业务，迟迟难以得到众多老人的积极呼应。

拥有住宅且愿意在晚年用住宅价值养老的中老年人，是以房养老得以推行的基础。我国传统的观念意识，一向沿袭着“子女继承遗产是理所当然，父母给子女传留遗产是责任所在”的观点。以房养老模式推行的最后结果，就是将住房的产权交给业务开办机构，势必使老人留给子女的财富大幅减少，这就同中国几千年传留的遗产继承观念产生严重冲突，并使子女赡养老人的责任心受到较大影响。为此，促使老年人乃至整个社会公众较快改变意识观念，从传统的养儿防老，目前的货币养老到未来的以房养老新型理念，就是至关重要。

（二）宣传倡导

广泛的市场调研与舆论推动，了解认同以房养老并愿意参与本项业务的公众的数量，理解大家对此事项的看法和要求。并尽量在相关产品的设计上有所体现。

再如，民众思想观念的转变、社会观念倡导、舆论宣传鼓动等，同推动新生事物的出台是分不开的。可以通过广泛的新闻媒体宣传来实现，如在电视台、报刊、网站宣传以房养老的基本理念，普及以房养老的基本知识，让公众了解我国面对老龄化危机的严重状况，使得整个社会能够形成对以房养老模式的普遍认同和积极参与。舆论宣传倡导，促使大众转变养老模式与遗产继承的观念，踊跃接受新生事物。

在以房养老业务推广前期，应做好老年客户的咨询教育、宣传倡导等多方面工作。如编制与发放有关以房养老业务开办和问题解答的小册子，宣传、解惑、推广。使社会能普遍形成一种养老的新思想、新模式，分析儿子养老、票子养老和房子养老三者的利弊，对传统的养儿防老、遗产继承的优点及今日尚存的不适应性等，予以很好总结。

（三）借鉴成熟经验

美国、日本、英国、加拿大和澳大利亚等国，较早开办了反向抵押贷款业务，取得较好成绩，尤其是美国开办该业务的状况更为各国同行的翘楚。我国推行这一业务时，应当主动向这些国家学习先进经验，如收集与翻译国外以房养老的相关资料文献，查阅国内房地产、金融保险、养老保障等运作的相关数据，组建资料库；组织考察，引进相关的运作模式并加以本土化改造；同各国的同行建立信息交流和运作现状的评析。

我们搜索了美国的以房养老网站，同相关方面接洽、交换研究信息，已检索到各种研究性论文500余篇，专门书籍和宣传读物十余部，翻译了100多万字的相关资料文献，内容涉及产品介绍、制度设计、社会效应、政策监管、财税优惠、伦理法律、人口结构等多个层面，对本项研究工作起到了非常好的效用。

（四）各关联方协同配合

反向抵押贷款业务的推出，需要有保险、证券、投资乃至房地产、养老保障部门的相互配合，需要国家财税部门的相关优惠政策，需要从目前的分业经营过渡到混业经营模式，需要国家出台新法规和调整原有不适用的法规，需要转变老百姓数千年传统的习俗观念，显然不是一朝一夕之事。

但除外所谈的各种办法，则大多都是每个家庭从现在开始就可以实地操办，并实现收益的。反向抵押贷款在中国的最终推出，笔者认为它应当是由国务院牵头，综合各个相关部门，共同研究实施的事项，绝非单个银行、保险公司或住房公积金管理中心，就可以率先推出并顺利成行的。

就某种程度而言，以房养老的推出，应当是由国务院统率和牵头，相关金融机构、老龄委、社会保障部门、城建部门、房地产业、财税部门、学术界等，共同就本事业开办出谋划策，取得养老保障、金融保险、财政税收、土地管理、遗产继承等相关政策的大力支持和优惠。金融保险机构带头先行，住房与建设部、劳动保障部大力倡导并予实质性推动，财税部门优惠支持，理论界和高校积极研发推动，新闻界大力宣传，亿万老年人的大力认同和积极参与，房产商和众多中介机构的配合等，共同发挥作用。

（五）相关理论研究

强大理论支撑体系的建立，是搞好以房养老实践的前提，为此需要做的工作很多。需要将相关科学研究放在首位考虑，深入系统的相关理论依据的前期探讨；国外相关资料文献的收集、翻译、引进、消化，尤其是目前国外先进经验做法与教训的借鉴，为我所用。如美国反向抵押贷款产品的制度设计、法规保障、实际操作、运行状况、存在问题等的引进借鉴。相关资料文献的内容包括房地产、养老保障和金融保险三个方面，应尽力寻求三者之间的结合部。大量撰写研究性文章，构建以房养老模式研究的基本框架，在此基础上建造以房养老的理论体系并用于指导实践。组织国内有关以房养老的大型研讨会，邀请学术界、房地产界、金融保险业界、养老保障部门人员，邀请经济学、法学、伦理、人口、社会、家庭学等研究专家和学者，共同讨论分析以房养老在我国的可行性和具体操作思路等。

（六）金融产品研发

组织相关专家对以房养老的机理与运作模式展开深入讨论，组建适用于金融保险业务运作的环境和相关金融保险产品研发的总体运作框架。反向抵押贷款具体操作事项的制度要素设计，产品定价精算、资金流量、筹措、运用、配置，成本收益的分析。设想本业务开办中应予涉及的种种方面，并给予深入、细致、全面的对策分析，尽量做好这一工作，将一切可能出现的问题在产品研发和制度设计中尽量设想完满，真正推出时也会少出些纰漏。

业务具体运作中，涉及巨额抵押养老资金的筹措、运营、营销及投资管理，涉及各关联方的责权利机制的建立，还有机构内部围绕产品运作的相关规章制度的构建、部门产品运作流程设计及监管等工作，都需要事先做好准备。

以房养老业务复杂、技术要求高，需要有具备多方面知识技能的复合型人才，对业务开办机构的状况和资质，提出了严格要求和承办条件。若要使以房养老能在我国顺利推行，必须培养或引进相关的人才，组建有资质的机构承担这一重任。同时，需要结合国情，积极开展相关法律和政策保障体系的研究，发展老龄产业，开发相应老年金融产品和服务，适应老年人日益增长的物质文化需求，提高养老服务水平。

（七）政策法规修订完善

以房养老是个新生事物，政策与业务推行中，有关法规政策的完善和修订是必须的，需要政府机构对此业务的推出颁布相应的制度法规，对同推出本业务不适用或有抵触的政策法规加以修订。比如，遗产税法、物权法、土地使用权 70 年的规定等，都有修订完善的必要。美国政府给予反向抵押贷款业务经营亏损时的“兜底”政策，就在相当程度上解除了机构开办业务的担心。

（八）在合适城市先行试点

以房养老不仅是理念听起来很美，还是一种可行的操作模式。但要具体推行这种模式，至少要在合适的城市多搞些试点，使人们有个基本认识和接受的缓冲，再逐步改进方法，调整政策，全面推广。任何问题都要三思而后行，何况是以房养老这样的大系统、大工程呢?

在科学研究的道路上，大都是科学家出思想，实验室做初步产品，经过中间实验后再修订完善、大面积推广。以反向抵押贷款为典型的以房养老行为的实施，同样应当遵循这一路径。我国地大物博，人口众多，各地域间的经济社会发展极不平衡，差异表现得很大，人们的收入、财富、思想观念也有较大差距。我们在浙江一带组织对以房养老认同度的调查，认同率高达大半数；在西部地区组织同样的调查，认同率则只有少许。当然，以房养老的理念是我们最早在浙江等地发动，近水楼台先得月，人们对此认知得较早，感受较深有相当关系。但同浙江人思想开化、观念创新，对新生事物的接受度较高，也有较多关系。

以房养老模式的具体运作，可首先选择若干经济发达、有活力，社会状况好、居民素质高、居民收入水平高、观念创新、乐于接受新生事物的大城市，如京、沪、杭、穗、深等给予先行试点，待取得大量经验，并不断完善相关政策法规后，再在全国各地做大面积推广。

小资料

推进以房养老试点工作应当把握的原则

推进以房养老尤其是反向抵押贷款业务的试点城市选择，大致设定的原则可包括如下几个方面：

1. 当地的经济发达且增长势头强劲，有后劲、有活力，走上健康发展之路。城市化、产业化进程处于全国前列，农民纷纷走出农村，进入城市，必将带动城市的经济增长和地价的进一步上扬。

2. 当地迅速走向老龄化，老龄人口数量及在整个人口中占据的比例、未来发展趋向等，呈现为典型状态，养老途径拓宽很有必要。当地的养老保障与服务工作开展得较好，能够对此业务推出予以大力配合。

3. 金融保险业务发达，运作机制好，管理服务水平高，不良信贷资产的比例低。银行、保险公司的分支机构众多，且大都经济效益好、资金充裕，有财力支持这一事业的拓展。金融机构工作人员的素质高，能够接受新生事物，并给予很好的领会与支持，即使在运营中出现某种差错，也能有较好的预警与防范措施。

4. 当地居民的收入水平较高，自有房产的拥有比例高，价值大，绝大多数居民家庭都拥有完全产权的自有住房，或还拥有第二套住房。老百姓安居乐业，生活稳定。

5. 居民个人的思想活跃、观念新颖，理财意识浓郁，易于接受新生事物，愿意接受这种新型养老模式，或者说参与这一业务的人员多，有较为广阔的市场和发展前景。以房养老模式推出后不致于发生“有行无市”之现象。

6. 当地政府重视这一项工作的开展，对此业务的开办能给予各种政策优惠和财力支持，如税费优惠减免等。当地的财政收入、居民个人收入的增速快。

7. 当地的生态环境优美，天然适宜于居住，并有较高档次养老机构的设立。老年人将住房反向抵押贷款后，既可以在自己家中安然养老，又可以在养老机构中舒适度日。

8. 当地的房地产市场交易活跃，房价趋于稳定并逐步看涨，但又能控制过度的价格上涨，能够支持以房养老模式的推进。

9. 相应的配套措施齐全，或者说这些配套设施的建造有广泛的社会基础。如会计师、律师、资产评估师、理财规划师及相关的中介机构等，都有较多的设立。

测试：你适合哪种养老模式

以房养老有多种运作方式，供各类老年人根据实际情形和意愿喜好等给予相应选择，以期为老年人的养老问题提出一个切实可行的“菜单”。各种以房养老的办法并不矛盾，可根据自己的实际情形和意愿爱好随意组合融会，从一种方式自主随意转为其他更适用的办法。

一、以房养老的模式有哪些

如前文所述，以房养老可归纳为售房养老、投房养老、换房养老、售房入院养老、租房入院养老等多种形式，各有特色、适用范围不同、优劣不等，以适用于不同类型的老年人。

这些用房子养老的各项可行手段，为老人的以房养老行为，提供了包容有多个“大菜”，可供大家自主选择的一桌丰盛大餐，并帮助老年人在该“大菜单”中，根据自己的经济能力和意愿喜好，自主随意地“点菜”，选择最适合自己的以房养老模式。各种以房养老的办法，总有一两种正好能对上您的“胃口”。各种以房养老手段的使用也非“单打一”和“一次定终身”，而是可以根据时势变幻的需要，给予相当的模式转换与综合融会使用，以期能对养老保障事业发挥更大功用。将来，我国的老年人要达到四个多亿，对此的需要量肯定会大幅增加，从现在开始就对未来的生活预为筹谋，显然很有必要。

今天反向抵押贷款业务的开办，还有较多的条件限制，业务开办机构、具体的业务条款等，对老年客户并非十分理想。大家无法对此参与运作之时，先试试较为容易的非金融操作的办法，如房产置换、异地移居、合居共住、合资养老、招徕租客等，都是解决养老问题的有效方式。真正适合老人身心特点和经济状况的老年公寓、养老基地的建造，更应尽早提上议事日程，将养老这一大事业做好。只要老年人愿意参与这些事项，每个家庭从现在开始，就可以自行随意地给予很好操作并实现养老重任。同时，还需要来自政府政策的大力推动和各界的积极配合。老人们出售原有房屋，购买新房屋，相关的税费应有所减免，金融保险机构尚未开办年金养老寿险、反向抵押贷款等业务，应尽早开立。

各种以房养老模式齐头并进，交相辉映，将给老年人的晚年生活提供一份盛大的“晚宴”，大家在这个晚宴上各取所需，尽力补充养老资金的短缺，从而使养老生活变得丰富多彩。

二、了解自己的基本状况

俗话说，知己知彼，百战不殆。每个老年人都应当在安排退休时询问自己：我是否应当参与及以何种方式来参与以房养老。这就需要首先明晰自己的状况，再明晰各种以房养老的具体情形，然后通过仔细的分析判断，最终做出符合自己实际情形的科学决策。如上述介绍的以房养老模式较为常见，或在我国有一定的推广可行性，或是笔者力主在国内推行，这些模式满足了不同需求的人群。用心做过下面测试后，你的答案就很清楚了！

1. 年龄。老人有低龄老人、中龄老人和高龄老人，年龄高低与身体状况好坏有极大关联度。初始退休到 70 岁的低龄时代，身体状况好，可参与异地养老、基地养老或旅游观光养老；70 岁到 80 岁的中龄时代，可选择中高档次的老年公寓舒适养老；进入 80 岁的高龄时代，最好是同子女住在一起，便于接受来自子女无微不至的照顾和情感慰藉，如无此条件时，选择入住高品质、高护理服务质量的养老机构。

2. 预期寿命。自己的年事已高，或者身体状况并非很好，预期自己的寿命已非太多，日常生活不必玩过多的新花样，安安稳稳住在家中舒适养老即可；如预期寿命还有较长时间，可根据自己的兴趣爱好和经济条件，为实现晚年幸福生活做出各种新打算。为此需要增加的各项费用，就要考虑以房养老做弥补了。

3. 性别。性别与养老有一定关系，女性寿命总是比男性长一些，经济状况差一些。男性退休后喜欢做一些愿意做的事情，女性退休后，往往是“退而不休”，马上又成为家务操持的主力军，对子女、对孙子女的关照也以女性为多，很少能随心所欲做自己喜欢做的事。能干的女性很难随心所欲地考虑所谓的以房养老。但如两夫妻中某一方先行死亡，又总是孤老太太比孤老爷子要多出不少，这部分贫弱女性的养老应给予特殊关照。

4. 每年收入状况及收入来源。包括退休养老金、子女定期馈赠、国家补贴救济、个人发挥余热的报酬、投资收益和其他收入等。收入高而稳定者，显然要强于收入低而不稳者。前者可以较少顾忌地做自己喜欢做的事，实现中青年时代未竟的事业或追求；后者则受到经济条件的过多制约，难以成行。收入低而稳定者，只能降低生活标准，使有限收入满足基本的生活需要；收入高而不稳定者，则需要中青年时代有较多的财富储备，以备晚年不时之需。

5. 拥有货币金融资产的数量及质量。晚年生活中能拥有一定的“老底”，满足不时所需，对能否妥善养老很为重要。如已积累有雄厚的金融资产，是否实施以房养老并非很为重要，相反还会对异地养老、旅游观光养老产生较多兴趣。物质基础有较大欠缺时，发生某些大病重病就要“抓瞎”了。优先考虑反向抵押贷款、房产养老寿险等，将住房价值提前变现补充养老金，就是十分需要考虑。

6. 拥有房产的状况与价值。房产状况如住房的产权、坐落地段、朝向、面积等；价值则包括住房的成本价、市场价、预期升值前景等。住房价值高、预期升值前景乐观时，选择以房养老未尝不可。若房价较低，或坐落地段、周边环境等都不是很好，首先要确定该住宅是否有资格并值得参与这一业务。

7. 拥有子女的状况。老人是否参与以房养老业务，同拥有子女的状况有密切关系。没有子女，或子女经济状况颇佳，且情商甚佳，或对继承父母的房产不感兴趣，而所居住宅又很有价值时，父母会在需要时义无反顾地参与这一业务。如老人有子女，会考虑先征求子女的同意。子女的状况有优有劣，情商有好有差，子女会有很好的住宅，或还没有自己的住处。

这些都会影响父母是否参与以房养老。许多父母往往顾虑子女的意见，而打消以房养老的打算。

8. 父母与子女的感情。老年人对物质条件的要求并非很高，但对心理状态的满意与否则有较高要求。子女能否常回家看看，并在月底年终时为父母包个大红包，是父母十分看重的。若双方情感状况很好，三代同堂共居一起，或尽量保持在较为近便的距离内，便于相互间的生活照顾和服务，自然是最好。若双方感情并非十分融洽，也不必定要居住一起，父母参与以房养老的必要性就要远远大于前者。

9. 遗产传承。父母将来是否一定要将住房遗留给子女，子女又是否需要该住房，传承与获取该住房的愿望是否强烈。若父母很希望将住房遗留给子女，或子女对继承父母遗产的兴趣很大，养儿防老较好，子女应将赡养父母的事项给予很好安排，并于父母过世时取得该住宅。反之，则父母采取以房养老的办法较好。但不论如何，父母对住宅的安排运用应有主动支配权，不应尽早将住房的产权交付儿女，免得某些不肖之子既不肯很好履行赡养义务，又要过早强占住房。

10. 子女的经济状况。子女的经济状况很好，又很有孝心，对老人有较大经济资助时，父母的晚年生活可过得很好；若子女经济条件差，负担重，全家人居住一起相依为命，互帮互助就很必要，父母一般都会尽量拿出自己的钱物帮助子女，不会只顾自己。若子女的经济状况很好却是个“白眼狼”，时刻都在觊觎父母的房产时，父母就应义无反顾地选择以房养老，彻底打消其不良盘算。

11. 养老打算。老年人对自己的晚年生活大都有种种打算，如是就地居家养老，或到养老院、养老基地、豪华公寓居住养老，或初始退休时选择旅居养老，老迈年高时再固定某处安居等。如此做法所需要的钱财都有较大不同，可据此选择是否参与以房养老等。

12. 退休安排。老人对自己的退休生活有何计划安排，如旅游观光、继续发挥余热、积极学习新知识、体育锻炼、参与社会文娱活动，帮子女做家务，带小孙子，在家安享天伦之乐等，也可能没有特别打算，“走一步看一步，过一天算一天”地混日子。有科学合理的规划安排，自然要大大强于无规划的随波逐流者。

13. 心理健康状态。老年人的心理状态对其养老决策有密切联系，是喜欢热闹或是清净，对群体生活是否感兴趣，群体生活兴趣蛮大时，可选择养老院或基地养老，同众多老人居住一起，热热闹闹，又有护理人员提供各式服务；若喜欢清净，或很留恋旧环境、老邻居时，可选择居家或社区养老。

14. 身体健康状况。老人身体健康时可到处游走观光，做自己乐意做的各种事项，生活颇为舒心适意。老人年事已高，身体健康状态又非乐观时，最好同子女居住一起，享受天伦之乐，或选择周边有优质医院的养老机构，或生活在自身附有医疗健康护理设施的养老基地。

15. 同子女合住或分居。子女同父母住在一起，对父母十分孝敬，是否参与以房养老是无所谓之事。子女很好地孝敬老人，老人遗留住房理所当然归由子女继承，避免“肥水流入他人田”，也减少向银行反向抵押贷款的种种额外花费。若子女同老人是分开居住，相互间关系又非十分融洽时，父母将住房用于自我养老也是理所应当。

三、评析原则

我国的以房养老市场应该是色彩缤纷，产品多样。各种新型以房养老模式评判的标准为何？需要有个利弊评析，其间需要把握的原则有：

1. 简便。以房养老的模式操办，相关程序和手续不必过于复杂，否则易使众多老人感觉无所适从。如新换旧、大换小、市区换城郊、城郊换市区，如售房入院、租房入院、典当质押、基地养老、异地养老、合居共住等，都属于以房养老。且操作相对简单方便、经济实惠，只要能达到用房子养老的目标，都是切实可行。

2. 适意。能根据晚年生活的需要，根据自己的心情和意愿爱好，随时调整所选用的养老模式，从一种办法变换为他种养老办法。各种以房养老模式的实施或参与，并非一次定终身，而是可以根据经济情形和晚年生活的需要，在各种模式中自主随意转变，或将几种模式混杂一起运用，总之是以自己最大满意为原则。七十而从心所欲，不逾矩，正是晚年时代的最大乐趣。而且这种选择的主动支配权是自己完全把握，而非事事听从他人的指令，看他人的眼色行事，即使是自己儿女的不当指令也罢。

3. 合情。该养老模式能为老人带来最大收益，不仅是物质钱财的经济收益，还包括精神心理、人际交往的社会收益。养老事务处置应合乎情理，能让大家尤其是家人尽量给予理解和支持。老年人不仅要依赖金钱生活，还依赖于各种情感寄托和精神慰藉。相比常人而言，后者更为重要。当然，人的情感、对同一事物的看法、价值观等又是会发生改变的，以求更适应现实社会的要求。

4. 合算。大家做出各类决策时，合算不合算，值得不值得，是很重要的一步。以房养老运作时，大家在取得各类经济、精神情感收益的同时，总会不可避免地随之发生各种成本费用。这种成本有税费缴纳、钱财支付的经济物质成本，也有心理状态不佳、客观条件限制不被允可、生活不便、原有人际交往链条被迫中断的社会成本。这里需要比较权衡所引致的各项成本与收益，择其要者而参与。还要能做到促进国民经济发展，促成人际关系和谐和社会进步，促成资源环境协调城乡一体化的大业实现。

5. 合理。选用以房养老模式要注意合情合理，既要有伦理亲情的浓郁萦绕，又应避免过多伦理亲情对本行为的过度干扰。它需要在各相关联方勤算经济账，讲究成本效益的全方位核算，又不能算账过细过多，使伦理亲情完全笼罩在冷漠的利益计算之中。同样，它也不能完全不算经济物质账，致使此项行为难以顺利运行。这里需要权衡情与理、钱财与亲情，需要考虑家庭生活和代际关系得以幸福美满，抉择最优。

6. 安全。各种以房养老模式的运用，应保障老人晚年生活的安全性，尽量减少可能存在的种种风险和不确定性，给予更为持久的经济保障。老人参与反向抵押贷款业务，尤其是出售抵押住房的产权，而只保留居住权时，也要避免房产价值消逝干净，自己仍健康长寿，更应注意勿使老年人临期被“扫地出门、无处安身”之境况发生。参与基地养老的集资时，也需要注意该基地的素质与资金运作状况，勿使某些上当受骗的事情发生。

7. 合法。对住房的各种处置举措，或出售、出租或出典、置换，均应依照相关法律，在法律允可的范围内行事，不应在满足自身利益最大化的同时，损害了社会公共和其他公众的利益。某些事情的发生如法律未曾加以明确规定，但只要有益于社会进步，老人安居乐业、安度晚年，就应当大加鼓励。当然，一个新事物的出现，也需要国家法律法规予以修订完善来配合。

8. 优化。老年人手中掌握资源有限且分布不均，最多见到的就是所谓“现金穷人、房产富人”。手中握有房产价值巨大，足以变现后富裕地安度晚年；但因使用期长久，可延续到自己死亡后的若干年仍有众多价值未曾发掘。而手中拥有的金融资产却远不敷日常用度，更难应对偶尔突发性事件对货币的大量需求。这可谓“端着金碗讨饭吃”。此时最可行的方法，就是拿“金饭碗换饭吃”，将该住房通过抵押、出售、出租等多种形式，来换取所需要的货币资产。

9. 持久。大家退休伊始到寿命宣告结束，时间可能长达二三十年之久；晚年生活期间的花费，也需要数十万元乃至更多。发生大病重病之时，需要的资金更是难以确知。老年人需要有长久的经济物质供应和服务照料的打算，当这种供养和保障显得不足，打起家中最重要财富——住房的主意，就是十分必要。房产价值巨大，使用期超长，用房产养老具有持久性，即在老年人的有生之年里，能够持续不断地供给所需要的物质钱财。具体操作中，切勿出现本事项刚刚开始，就立时三刻将住房的价值全部变现套现，花销得干干净净，此时如此，日后该做何打算呢？

10. 节约。老年人手中掌握的资源有限，尤其是赚钱的能力已基本丧失。每日进少出多，坐吃山空，很难通过自己的努力创造出新资源，来弥补已有资源的日渐耗竭。年轻人失败了可以东山再起，从头再来，老年人却绝对无法这样做。故此，有限资源的配置优化、合理节约、减弱风险、效用提升，低成本、高品位，在较低的资源耗费下得到较好的生活品质等，应置于养老资源使用的首位考虑。

最后需要说明，以房养老只是为养老模式增加一种新的补充，为大家的晚年生活安排多出一种选择。大家可以选择或不选择以房养老，而改用其他养老办法。关键是家中拥有的票子、房子或儿子三大财富，何者在养老生活中表现得最好最多；同时还要看何种办法更适合自己养老的特点，更对自己的胃口，更有利于自身拥有各项资源的合理配置和效用优化，安乐富裕地安度晚年。

四、以房养老研究课题列示

以房养老的思路和方法颇为新颖、超前，大家对此非常关心，各种疑问纷纷而来。面对以房养老的纷纷扬扬、轰轰烈烈的宣传或“炒作”的背后，切实需要来点冷思考，认真研究这一养老行为的本质，及与此连带的众多相关内容，包括内容有：

1. 什么是以房养老，怎样界定以房养老的行为，才能做到用房子蕴含的巨大价值养老？

2. 以房养老的机理何在，如何将房子与养老连接一起，构架以房养老理论的依据有哪些？

3. 目前，我国老年人拥有住房的数量、质量、价值的状况如何，能否担当起养老的重任？

4. 以房养老是否只能是反向抵押贷款，有无其他更为合适的多样化做法，以满足众多老年人的差异化需要？

5. 我国的老年人是否乐意参与以房养老，有多少老人能真正接受这一新观念？

6. 参与以房养老和反向抵押贷款模式，需要具备哪些条件，参与资格是否要做出某种限定？

7. 父母的房产留作自己养老而非传承给下一代，子女的心态如何平衡？会否导致子女逃避赡养义务的事情发生？适应市场经济体制的新型代际关系应当如何建立？

8. 房子养老、票子养老和儿子养老，三者的关系如何，各自的利弊如何评价，“三子养老”的养老保障新体系如何建立，如何合理分工，各司其责，发挥好各自的效用？

9. 以房养老模式的实施，会给整个社会、家庭和老年人带来哪些好处，产生何种积极效应？如何将这种积极响应发挥到最大？

10. 以房养老模式的推出，会出现哪些负面效应？应当如何尽力消除这种负面效应？

11. 以房养老是对养儿防老、遗产继承观念的大调整，推出这一理念能否得到大众的积极认同并参与，将会遇到哪些阻力，大家对此还有哪些疑问和障碍，怎样消除这些疑问和障碍？

12. 以房养老这种全新的养老模式应当怎样操作，具体操作模式应如何建立，将涉及哪些层面？

13. 以房养老的运作机构需要具备哪些资质和条件，相互间应如何配合，共同完成这一大业？

14. 以房养老在整个养老体系中的地位为何，只是一种辅助和补充，还是可承担主力军的重要功用？

15. 以房养老这一庞大工程的施工中，需要哪些机构和部门的大力参与，各自应担负何种角色，承担哪些职责和义务？

16. 反向抵押贷款的产品运作机制与体制应当如何设定，是一种普通商业性贷款，还是附有相当的政策性贷款因素？

17. 反向抵押贷款的制度要素应当如何设计，同住房正向抵押贷款相比较，有哪些特色需要把握，如何体现其“反向”的特点？

18. 老年人将住房反向抵押给金融保险机构，每期从机构得到的养老款项是多少，即产品定价，这一数值如何给付，才能做到机构与个人双赢的局面？

19. 以房养老的具体实施将会遇到哪些风险，这些风险如何规避和防范？

20. 反向抵押贷款业务开办中，对抵押人寿命远远超过预期而引致的长寿风险，以及由此对本贷款产品定价带来的影响为何，应如何消除？

21. 反向抵押贷款业务开办中，对长时期业务运作中住宅价格波动引致的风险，以及由此对本贷款产品定价带来的影响为何，应如何消除？

22. 反向抵押贷款业务开办中，对长时期业务运作中利率波动引致的风险，以及由此对本贷款产品定价带来的影响为何，应如何消除？

23. 以房养老模式的实施中，相关制度法规将如何构建，阻碍以房养老模式实施的制度法规，又应如何予以修订与完善？

24. 政府应否给老年居民的以房养老行为以相应的政策支持，这些支持和优惠应如何体现？

25. 展望我国未来人口老龄状况、居民住宅拥有、养老保障资金来源渠道的态势，以房养老的未来发展趋向为何？

上面提出了25个问题，事实上如仔细思考，还可以再增添上百个问题之多。大众对以房养老是见仁见智，提出了种种的设想与思考，还有着众多的疑问、焦虑和关切，需要我们给予全面深入的探讨与科学认真的回答。